學校情緒教育
理念與實務

饒見維　著

五南圖書出版公司 印行

自　序

　　近年來，臺灣社會產生很多新興教育議題，如：資訊教育、環境教育、性別平等教育、海洋教育、人權教育、安全與防災教育、藥物教育、消費者保護教育、多元文化教育、媒體素養、生命教育、品德教育、新移民教育、國際教育、理財教育、觀光休閒教育、食農教育等。本書的主題「情緒教育」也是另一個新興的教育議題，但卻是一個沒受到應有的關注之教育議題。

　　自從 Daniel Goleman 的 "EQ"（張美惠譯，1996）一書引進臺灣之後，臺灣社會曾經興起一股 EQ 熱，也引起一些人開始重視「情緒教育」。筆者在 2004 年寫了《情緒涵養》一書，除了延續 "EQ" 一書的情緒議題外，更提供一套完整的情緒涵養方法，任何人都可以透過練習這些方法，持續提昇自己的情緒涵養。

　　然而，「情緒教育」這個議題甚至都還沒有形成熱潮，很快又被其他新興的教育議題所取代，如今「情緒教育」的呼聲似乎又逐漸沉寂下來。我們的學校教育如果一直被這種一波波的教育議題潮流所驅動，不只是學生的負荷沉重，教師也將疲於奔命。

　　我們對學校教育的內涵需要更多本質性的探討。什麼是根本的、重大的議題？什麼是學生要從小持續學習，然後持續深化的素養？什麼是不管從事什麼行業，不管什麼身分或年齡都需要學習的基本能力？當然，教育工作者對於什麼是根本的、重大的議題，往往也是「一人一把號，各吹各的調」，不容易達成共識。即使如此，持續的對話與討論，持續地檢討與改進，絕對是必要的。只要教育工作者能持續進行此種本質性的探討或檢討，我們的學校教育才能持續改進。

　　在這個基本立場下，本書邀請所有教育工作者再次檢視「情緒教育」的重要性，也希望未來的學校教育中，「情緒教育」能受到應有

的重視，且分配到應有的課程份量與教師的心力。

　　本書名爲《學校情緒教育——理念與實務》，因爲筆者把「情緒教育」視爲一種教育理念。所謂「理念」是指一套「有理想、有條理」的信念。就「理想」而言，本書把情緒教育視爲一種值得我們重視的教育理想，因爲我們的現況離這個理想還很遠。就「條理」而言，本書有條理地整理出有關情緒教育的各個層面，把目前很多關於情緒教育的零散資訊或知識加以淬煉與統整，協助讀者簡潔地掌握情緒教育的全貌。就「信念」而言，筆者相信情緒教育對我們社會的必要性、重要性與價值性，否則也就不用費心寫這本書了。就「實務」而言，本書除了闡述「情緒教育的理念」外，也探討很多情緒教育的實務，以供有意實施情緒教育的教師之參考。

　　如果我們都知道爲學生從小安排「身體教育課」（physical education，一般簡稱爲「體育課」）來鍛鍊學生的體魄，爲何我們卻不知爲學生從小安排「情緒教育課」來鍛鍊學生的情緒涵養？很多人以爲情緒涵養乃是人類天生就會，或以爲情緒涵養隨著年齡長大自然就會成長。然而，事實並非如此。情緒是人體內的一股巨大能量，使得人生充滿了喜怒哀樂的各種滋味，同時也深深影響我們的行爲，有時可以提高我們的生存競爭力，有時卻反過來使我們喪失正確的抉擇或判斷，甚至危及我們或他人的生存。駕馭我們的情緒能量不是那麼容易的一件事，正如同要駕馭我們的身體也不是那麼容易的一件事。有人的確天生就懂得如何駕馭自己的情緒，然而多數人其實都需要持續學習如何駕馭自己的情緒，否則很容易就被情緒淹沒。情緒涵養絕對需要長時間的練習，而且要從小練習，甚至要終身持續練習。

　　在我們的學校教育裡，情緒教育之所以被嚴重忽視，更大的原因可能是，大多數教師本身對於自己的情緒就難以掌握，遑論要教導自己的學生。此外，很多人的情緒涵養並非很好，在日常生活中也常常都被自己的情緒帶著走，甚至成爲情緒的奴隸，但是卻從來沒有意識到可以透過學習來提昇自己的情緒涵養，進而成爲情緒的主人。這種

人當然也不會想到情緒教育的可能性或必要性。

　　教師當然要先學習情緒涵養，否則如何協助學生提昇情緒涵養？從這個觀點來看，本書乃是《情緒涵養》一書的續集。如果教師想實施情緒教育，當然應該先練習情緒涵養。一個人如果不會游泳，如何期待他能下水教別人游泳？當然，我們不需要成為游泳高手或選手才能教別人游泳，但是起碼要有某種程度的游泳能力，否則很難教別人游泳。同樣的，教師的情緒涵養當然也要有一定的水準，才能教導學生情緒涵養。由於情緒涵養可以終生持續提昇，教師在從事情緒教育的過程中，自然也會持續提昇自己的情緒涵養。這才是「教學相長」的真諦。

　　本書耗時十幾年才完成，在這個過程中，我一面指導研究生針對情緒或情緒教育完成博碩士論文三十二篇。其中，我也要感謝王瑞琪、張玉真、賴淑敏、蔡淑華、羅盈茞，她們的論文部分內容充實了本書的「實務」層面。此外，我也曾經請研究生針對本書初稿深入閱讀並提出修改的建議，我要特別感謝徐佩君、徐欣、邱庭瑋、鍾韻如、石秝、陳愛華、褚秀敏等人所提出的寶貴意見，對於改進本書也有很多貢獻。

　　當然，每一個人——不管什麼身分、什麼年齡——終究都可以是自己的情緒涵養與情緒教育之火車頭。每一個人終究都要成為自己的情緒的主人，而在學習成為情緒的主人之過程中，我們都可以相互提攜、相互分享。這才是本書的真諦。

饒見維

於東華大學教育與潛能開發學系

2020 年 12 月 9 日

目　次

自序

表　次

圖　次

第一章

情緒教育的
意義與理念背景

　　由於情緒涵養是情緒教育的基礎，本章先簡單敘述情緒涵養的意義與重要性，然後開始探討情緒教育意義，以及一些學者對於情緒教育理念之詮釋與倡導。接著，本章探討一些和情緒教育相關或近似的概念：情緒輔導、情意教育、品德教育、生命教育，並釐清這些概念和情緒教育的關係與意義範疇。最後，本章以「德、智、體、群、美、情六育均衡的教育理想」作為小結。

······················· **第一節　情緒與情緒涵養的意義**·······················

　　人類有各種情緒（即：喜、怒、哀、樂等），且人人都擁有豐富的情緒經驗。雖然很多學者都曾經對情緒下過各種定義（馮觀富，2005：5-9），然而這些定義並無助於我們對情緒的理解與掌握。其實，多數人早已知道情緒（emotions）或心情（moods）是什麼，無須心理學家來幫我們下定義。多數人比較欠缺的是對情緒的掌握與主控，因為多數人在日常生活中時時都受到情緒的支配或影響，甚至成為情緒的奴役，而不是做情緒的主人。

　　於是，「情緒管理」開始成為一項重要的課題，或者說成為一項值得學習與發展的能力，因為我們都想成為情緒的主人，而不是被情緒支配或淹沒。Daniel Goleman的 *EQ*（張美惠譯，1996）一書問世之後，更是引起世人的廣泛注意。社會大眾開始逐漸意識到且重視到：我們不僅可以成為情緒的主人，我們更可以學習如何提高自己的EQ，以增進自己的生命品質與職場成就。這一類書籍開始如雨後春筍，紛紛問世，其他和情緒管理或EQ有關的研究論文或期刊雜誌文章更是多如過江之鯽（詳見本書參考文獻）。

　　筆者在《情緒涵養》（饒見維，2004）一書中，獨創「情緒涵養」一詞，把情緒管理或EQ的相關概念整合起來。「情緒涵養」有時是一個動詞，有時是一個名詞。當動詞用時，「涵養」意謂著「包涵、照顧、養育、愛護、觀照、關照」我們的情緒。「情緒涵養」指的是，我們可以學

習一些方法來涵養我們的情緒，就像父母在照顧小孩一般，用很大的包容心在面對、處理、照顧、觀照、愛護、管理自己的情緒，讓自己不至於被情緒所淹沒。就此而言，情緒涵養的意義類似許多人所說的「情緒管理」，但是在意義上更寬廣、開放與包容。易言之，筆者不把「情緒」視為需要去除或壓抑的「不好的東西」，而是要包容它且和它和諧相處，但是不受它的控制。

當名詞用時，「情緒涵養」這個詞指的是一個人對情緒真相的領悟程度以及對情緒的掌握能力，類似許多人在談的「EQ」、「情緒智商」（emotional intelligence, Daniel Goleman, 1996; Bar-On & Parker, 2000）、「情緒素養」（emotional literacy, Growald, 2002; Orbach, 2002）或「社會情緒素養」（social emotional literacy, Jonathan Cohen 主編，鄭雅方譯，2004）。就此而言，情緒涵養代表一種可以學習、可以成長、可以提昇的能力，而非一種與生俱來無法改變的人格特質。正因如此，也才有情緒教育的可能性與必要性，此乃筆者編寫本書的主要動機。

綜合言之，筆者在《情緒涵養》一書所闡述的要義是：我們可以藉著學習與練習一些情緒涵養的方法，用來涵養我們的情緒，以逐漸提昇我們的情緒涵養。如此一來，我們可以初步成為情緒的主人，然後進而逐漸掌握快樂的奧祕，最終找到究竟快樂的泉源，徹底了悟情緒的真相，甚至了悟生命的真相。當然，一個人如果想提昇情緒涵養，方法與途徑很多，不一定是經由「上對下」的關係或參與教育活動來進行。夫妻之間、朋友之間、同儕之間也都可以互相提攜、互相學習、協同成長。一群朋友之間也可以透過「協同成長團體」來提昇彼此的情緒涵養（饒見維，2004：83）。一個人也可以透過網路及圖書館來自主學習情緒涵養，或者透過個人成長活動、宗教活動或靈性修養活動來持續提昇自己的情緒涵養。

第二節　情緒涵養的重要性

在《情緒涵養》一書中，筆者曾經從「情緒涵養對健康的影響」、「情緒涵養對職業與生涯成就的影響」及「情緒涵養對人際關係與家庭生活的影響」這三個角度探討情緒涵養的重要性。以下針對這三個角度簡單重述情緒涵養的重要性。

壹、情緒涵養對健康的影響

所謂「健康」，其實包含「身」與「心」兩個層面。已經有愈來愈多的人體認到，在現代社會中，心理的健康其實比身體的健康還要重要。我們的心理狀態會影響生理狀態，我們的生理狀態也會影響心理狀態。一個健康的人必須兼顧身心兩個層面，否則不是真的健康。美國的「健康教育體育休閒舞蹈學會」對健康提出了整體性的概念。他們認為健康是由五個成分的安適狀態（well-being）所構成：

1. 身體適能（physical fitness）：包括了解身體發展、身體照顧，發展正向的身體活動態度與能力。
2. 情緒適能（emotional fitness）：包括思考清晰、情緒穩定、成功的調適壓力，保持自律與自制。
3. 社會適能（social fitness）：包括關心配偶、家人、鄰居、同事和朋友，積極地與他人互動和發展友誼。
4. 精神適能（spiritual fitness）：包括尋找個人生命的意義，設定人生的目標，擁有愛人與被愛的能力。
5. 文化適能（cultural fitness）：包括對社區生活改造有貢獻，注意文化和社會事件，能接受公共事物的責任。

這五種適能中有三項和情緒涵養有密切的關係：情緒適能、社會適

能、精神適能。由此可見,情緒涵養對健康的重要性。

美國健康研究所指出(The American Health Institute, 2002),一個人的情緒狀態影響癌症的發展以及許多其他疾病。在細胞分裂上,情緒扮演核心的角色。在癌症治療中,一個關鍵性的因素就是改變不正常的細胞分裂。除了醫學上的治療之外,情緒涵養的介入已經成為一個重要的共同部分。Larson(2002)指出,我們的情緒和感覺對於健康有重大的影響。負面的情緒對於我們身體的荷爾蒙與免疫系統有不良的效應。

情緒狀態不僅會影響身體的健康,也會影響一個人從疾病康復的速度。Daniel Goleman(李孟浩譯,1998)指出,根據大量科學資料指出,憤怒、焦慮和憂鬱等負面情緒對於健康的影響特別強烈。一個人若長期處在這些負面情緒狀態,不但抵抗力會減弱,症狀會惡化,康復過程也會大受阻礙。另一方面,平靜和樂觀等正面情緒則有增進健康的效果。此外,也有很多醫師根據他們的臨床經驗與研究,直接或間接在提倡所謂「情緒療法」(Emrika Padus主編,黃明正譯,1999)。根據「情緒療法」,我們的情緒與態度有強大的防衛能力,保護我們免於受到各種疾病的侵害。因此,控制、改造我們的態度與情緒,能產生讓我們快樂與健康的力量。美國健康研究所(The American Health Institute, 2002)則指出,如果要從癌症康復,就要改變我們感覺與表達情緒的方式。他們建議病人要學習如何感覺快樂,如何強化、擴展自己喜歡的情緒。這是他們對癌症患者所提供的強烈訊息,而對所有關心情緒涵養與健康的人,這的確也是一個值得重視的訊息。

Elias等人(1997)的研究發現,一個人的社會與情緒狀態決定了個體抵抗疾病與從疾病復原的能力。美國健康研究所(The American Health Institute, 2002)列舉癌症倖存者的有效康復公式,包括下列七項條件:(1)決心要康復;(2)以似乎你會康復般來行動;(3)感覺並表達你的情緒;(4)把焦點多放在喜悅上,少放在痛苦上;(5)發掘出什麼讓你覺得生機蓬勃;(6)尋找一種適合你的生活風格,並積極邁向它;(7)追尋你的夢想並強化你的生存慾望。

綜合說來,這些醫學上的研究與臨床經驗都指出,正面的情緒狀態不

僅讓一個人心理上覺得愉悅，對於生理機能、抗病、復原等都有正面的影響。

貳、情緒涵養對職業與生涯成就的影響

情緒涵養是影響職業生涯成就的一個關鍵因素。當今的工商業社會，人的生計多半都和別人有密切的關係。人際互動與合作愈來愈密切，如果想要謀生，就不能不學習人際互動與協同合作的能力。情緒涵養則是一個關鍵因素，深深影響到一個人是否能成功地和他人進行互動與協同合作。

"EQ"（Daniel Goleman著，張美惠譯，1996）這本書問世後，造成全世界的轟動，成功地引發人們關注EQ的重要性，尤其是EQ對於職業與生涯成就的影響。Daniel Goleman認為，人生的成就只有20%歸諸於IQ，EQ比IQ對一個人的生涯發展與成就影響更大。現代社會中許多職業都需要成熟的情緒涵養，否則對己、對人都不好，例如：醫師、教師、護理人員、公職人員、服務業等等。這些行業的從業人員主要是以「人」為工作對象，因此格外需要高的EQ，否則無法勝任工作的需求。有些人常常讓自己的激情壓倒理智，火爆的脾氣往往釀成無法挽回的悲劇。被情緒淹沒時，再高的智商也是枉然。

社會與情緒能力使得一個人能夠理解、管理、表達生活上社會與情緒的層面，並成功地面對生活上各種大大小小的任務與問題，包括自我覺知、衝動的控制、與人合作共事、關懷自己與他人等（Elias et al., 1997）。一個EQ不高的人，不容易找到工作，即使找到工作，可能會毀在自己的情緒失控之中。至於要做到樂於工作、工作愉快，EQ的高低更是一個關鍵因素。

此外，Daniel Goleman（張美惠譯，1996）也指出，影響任何組織整體表現的最重要因素乃是集體EQ。Elias等人（1997）也指出，各種大小公司都已經逐漸了解到，生產力依賴員工的社會與情緒能力。當員工在和同事或顧客互動之際，能夠管理他們自己的社會與情緒互動時，這些員工通常比較能夠有效改進自己的工作。他們的社會與情緒能力遠比員工過去

讀過什麼學校、獲得什麼學位、考試得幾分、學會什麼技術知識等等都來得重要。根據美國勞工部的調查（引自Elias et al., 1997），雇主們認為青少年最應該擁有的能力包括：如何學習的能力、傾聽與口語溝通能力、適應力、個人管理（含自尊、設定目標、自我激勵、個人生涯發展等）、團體效能（含人際技巧、協商、團隊工作）、組織效能與領導力、讀寫算的能力。這些項目中有三個項目屬於社會與情緒能力的範疇。

　　不管是員工或領導階層，情緒涵養與人際互動能力已經逐漸被視為有助益於成功的關鍵能力。任何一個組織、機構的領導者尤其需要有很高的EQ，因為領導者不僅需要穩定的情緒，更要能因應部屬的情緒，否則無法帶領一群人達成組織的目標。因此一個人如果EQ不高，比較難以得到信賴，獲得晉升到領導階層的機會也比較低。畢竟，一個人受人信賴的程度和他的情緒穩定度有密切的關係。

參、情緒涵養對人際關係與家庭生活的影響

　　在人生的每一個階段，人際關係始終是一個很重要的課題，包括親子之間、兄弟姊妹之間、同學之間、師生之間、同事之間、長官與部屬之間等。人類畢竟是群居的動物，而且是社會互動很頻繁的動物。影響人際關係的因素當然很多（如：溝通表達能力、情緒涵養、禮儀態度、品德操守等），特別值得我們重視的是情緒涵養。根據Daniel Goleman（張美惠譯，1996），EQ高的人，其人際關係和諧。一個人如果經常感到很輕鬆、愉快、安詳、快樂，必定會散發出某種讓人願意親近的「芬芳」，他的人際關係必定比較和諧與豐富。反之，如果一個人經常生氣、憂鬱、焦慮，他的親和力必然比較低，因此人際關係總是顯得很緊張、貧乏與封閉。

　　在所有的人際關係中，家庭生活中的人際關係最為密切，也最為重要。因此，家庭成員的情緒涵養必然會影響家庭生活的品質。家庭生活中，家人間的差異是難免的（例如：個性、看法、價值觀等）。如能做適當處理，往往能促成家庭成員的良性互動與轉變，而帶來正面的後果，甚

至還可能增加家庭分子的凝聚力及關係的成長。但是如果不去面對或處理不當，衝突及彼此的差異則可能造成家庭成員的人際關係冷漠、失望，甚至引起家中成員彼此的傷害。

家庭生活也包括夫妻間的感情生活，而感情生活是否美滿，關鍵在於情緒涵養。對許多人來說，感情生活的主要目的乃是要追尋幸福美滿的感覺與快樂的情緒。然而，並非每一個人都能從感情生活中得到幸福、美滿與快樂，許多人反而得到的是痛苦與煩惱。關鍵就在於雙方的情緒涵養是否得宜。

肆、小結

一個人的情緒涵養得當，就代表他的EQ高超，不但能夠安然面對與處理各種境況，更能經常過著悠遊自在且快樂的生活。也就是說，他的生命品質比較高。生命的品質不是由工作成就、職位高低、職業貴賤等因素來決定，而是由一個人時時刻刻的心境品質來決定。地位高的人可能心境品質好，也可能品質不好。同樣的，地位低的人可能心境品質很好，也可能不好。心境品質也和年齡無關，有些人雖然年紀已經很大，卻仍然經常有各種憂悲苦惱，心境品質很差。一個人如果能掌握情緒涵養的竅門，不僅能夠擁有健康的身體，也能在職業生涯上有適當的成就，更能夠時時刻刻過著幸福、美滿與快樂的家庭生活。

第三節　情緒教育的意義與倡導

本書所謂「情緒教育」是指，任何意圖協助他人提昇情緒涵養的教育活動，包括：在家庭中，父母如何協助孩子提昇其情緒涵養；在學校中，教師如何協助學生提昇情緒涵養。以下分別探討國內外對情緒教育的理念倡導與實施現況。

壹、國外對情緒教育的理念倡導與實施現況

Gardner在1983年出版的 *"Frames of Mind"* 一書中，提出「多元智能」（Multiple intelligences）的理論，他指出傳統IQ測驗只注重人類在邏輯與語言方面的智能，沒有完整照顧到人類各種不同層面的智能，包括：語言智能、音樂智能、邏輯數學智能、空間智能、身體智能、個人智能。多元智能理論對教育界產生廣大與深遠的影響，不僅提醒我們不能只是關注在傳統上狹隘的智能觀點，也促使許多人重新檢視我們的教育系統與教育歷程。Gardner於1993年進一步把多元智能延伸到八項，包括：語文、數學邏輯、音樂、視覺空間、身體動作、自我反省、人際互動以及自然探索等八種智能。他也針對父母或老師所應具有的教養理念，提出下列建議：掌握社會變遷的脈動、了解新舊人類的差異、預留親子溝通的時間、善用溝通增強的技巧、打破分數第一的迷思、管理控制自己的情緒。Robert Sylwester也指出，多元智能理論是基於社會互動的，很難想像抽離了社會合作活動之後的語言智能、音樂智能、人際智能。其他各種智能也同樣基本上是社會性的智能（引自Elias et al., 1997）。這些都是情緒教育理念的濫觴。

自從1995年，Daniel Goleman的 *"EQ"* 這本書問世以來，全世界都掀起一股「EQ熱」，各行各業的人士都在強調EQ的重要性。這股熱潮並非短暫的現象，而且也已經對教育界造成深遠的影響。許多學者與教育家都在倡議情緒教育，或者已經開始付諸行動，把情緒教育正式引入學校教育之中（Brill, 2002; Cohen, 1999; Elias et al., 1997）。因此，情緒教育逐漸成為各國教育改革的關注焦點。

聯合國教科文組織（UNESCO）甚至從2002年起，發起全球推動「社會情緒學習」（Social & Emotional Learning，以下簡稱SEL）的計畫。美國以外，也有不少國家不遺餘力地推動情緒教育，包括：亞洲、歐洲、非洲、紐澳、拉丁美洲等。各國愈來愈重視情緒教育是為了因應大環境變化所帶來的新挑戰。多數研究發現，情緒教育不但能有效預防許多校園問題、減少偏差行為，甚至能提高孩子在學業上的表現，並提昇競

爭力（許芳菊，2009；Goleman著，張美惠譯，1996）。Littlefield 等人（2017）也指出，由於對心理健康的關懷逐漸提昇，家庭中、工作場所及社區裡的人際關係逐漸失能，全世界很多國家在其教育系統中都逐漸重視與採納SEL。此外，有些歐美國家（包括：荷蘭、比利時、英國、威爾斯（Wales）、挪威、加拿大、澳洲、以色列，以及美國七個州）也在實施一套EQ教育課程，稱為「促進另類思考方法」（Promoting Alternative THinking Strategies，簡稱PATHS，Kusche & Greenberg, 1994），以提昇孩子的社會與情緒技巧（Ming-Tsung, 2008）。

以下分別探討美國、英國、日本及澳洲對情緒教育的倡導與推動情形。

一、美國

許多美國教育學者都曾相繼指出，美國的學校教育有一個受到忽視的重要環節，就是學生的社會與情緒發展。他們也極力倡言把SEL引入學校教育之中（Elias et al., 1997; Langdon, 1996）。有一批學者則提倡「社會情緒教育」（Social and Emotional Education, Cohen, 1999; Jonathan Cohen主編，鄭雅方譯，2004），泛指一切有助於學生增進「社會情緒素養」（Social and Emotional Literacy）的過程與方法。他們主張社會情緒教育應納入學校課程中，且認為美國社會大眾對此已經逐漸達成共識。美國甚至有人倡議，學校應該每天至少安排一節有關情緒教育的課，幫助學生的情緒穩定（Wright, 2002）。雖然我們的社會經常有各式各樣的教育改革措施與倡議，但是這些點點滴滴的改革措施多半沒有命中問題關鍵，而且缺乏協調與一致性。但是，現在新一代的SEL課程正在成千上萬的學校開始實施。很多學者發現，當學校有系統地注意學生的社會與情緒能力，學生的學業成就提高了，他們的問題行為減少了，孩子的人際關係品質也改進了（Elias et al., 1997）。

Elias等人（1997:5）也發現，社會情緒能力乃是長期以來被許多人所關注的教育運動之核心，諸如：品格教育運動（character education movement）、暴力避免運動（violence prevention movement）、價值教育運動

（values education movement）、公民教育運動（citizenship education movement），尤其是「品格教育」和SEL有許多共通與重疊的目標（Elias et al., 1997:2）。他們也指出（Elias et al., 1997:6），許多這類教育運動的失敗乃是因為忽略了社會情緒能力的培養。最有名的例子乃是「避免物質濫用方案」（substance abuse prevention programs），這一類方案往往只是提供學生違禁物品的危險之相關資訊，但是卻沒有協助學生理解與處理同儕壓力、焦慮、誠實等社會情緒層次的問題。他們也沒有教學生如何面對自己各種複雜的、困惑的感覺。因此，這類方案最後也難逃失敗的命運。有效的SEL能力乃是幫助學生對抗諸如毒品誘惑、青少女懷孕、幫派暴力、逃學曠課等問題之關鍵（Elias et al., 1997:5）。Elias等人（1997:3）檢視各類在學業表現上很成功的學校，其公分母乃是他們都有一個有系統的程序來提昇學生的社會情緒能力。總之，學生的SEL應該加強，且可以加強，這已經逐漸成為許多教育家的普遍理解（Elias et al., 1997:1）。有些學者（Jonathan Cohen主編，鄭雅方譯，2004:303）甚至認為，社會情緒素養的提昇乃是二十一世紀全人類的重要課題。

為了彌補上述缺失，美國有一群教育學者及政策推動者組成了一個學術社群「學業社會情緒學習協會」（Collaborative for Academic, Social, and Emotional Learning，簡稱CASEL，2005）。CASEL多年來致力於SEL的研究與發展，並協助美國很多地區學校推廣與實施有效的SEL，甚至逐漸推廣到世界各國。他們的核心任務就是要讓SEL深植於從幼兒教育到高中的各級學校之中。

以曾經榮獲美國教育部與健康人道服務部首獎的「Second Step」為例，由於課程內涵貼近學生生活經驗、具備普世文化價值觀而獲得眾多國家的青睞，合作的國家遍及北歐、西歐、拉丁美洲和亞洲，據此估算全球約有九百萬學生受惠（親子天下編輯部，2016：48）。

二、英國

為了保障與提昇兒童福祉，英國教育部（Department for Education and Skills，簡稱DfES）於2004年公布一份政策書「Every Child Matters: Change for Children in Schools」（DfES, 2004）。此項政策後來引發出針對SEL的教育改革，英國教育部且於2007年開始推動「Social and Emotional Aspects of Learning」（簡稱SEAL，Garner, 2013），且在2011年全面實施此項課程。SEAL是一個綜合的、全校取向的課程方案，用來提昇學生的社會與情緒能力，這些能力被視為學生的有效學習、正向行為、規律到校及情緒福祉之基礎（DfES, 2005）。目前英國八成以上的中小學已經在實施SEAL。

SEAL所要培養的社會情緒能力包括五個面向：自我覺察（self-awareness）、管理自己的感覺（managing feelings）、同理心（empathy）、動機（motivation）、社會互動（social interactions）。整體而言，SEAL試圖從以下五個層面來協助學生：

1. 學習表現出良好行為所需的能力，而非只是改正不好的行為。
2. 基於權利與責任來參與設定規則與後果。
3. 對自己的行為做決定。
4. 辨識與管理自己的強烈情緒。
5. 省思特定行為的後果。

Humphrey等人（2008）針對在小學實施SEAL的課程之評鑑發現，採用「小團體作業」（small group work）對於學童的社會與情緒能力有正向的影響，且進一步影響學童的福祉，其影響甚至擴及非團體作業環境。

此外，在英國五個地方當局的協助推動下，一項依據「中等教育策略革新」（The Secondary National Strategy）實施的試辦計畫，從2005年夏季開始引進到54所學校，試圖協助學生培養社會、情緒與行為能力。英國教育標準局（OfSTED, 2007）針對其中11所學校評鑑此試辦計畫，歷經五個學期。他們發現，此試辦計畫最大的影響在於教師對於社會、情緒與行為能力的態度，以及他們理解到可以如何在學科教學中有系統地協助學生發展出這些能力。這個試辦計畫中最有效的地方是，教師們會考量學生特殊的需求來調整他們的教學方法。結果，學童在團隊中的表現更好，更能辨識及表達出自己的感覺，並且對於彼此的差異與長處能展現更多的尊重。

三、日本

Tanabe（2000）指出，日本的教育改革持續在進行的改革方向中有一項即是提昇情緒教育。日本文部科學省（Ministry of Education, Culture, Sports, Science and Technology，簡稱MECSST）於2000年發表的《教育白書》（MECSST, 2002）也是把「情緒教育」列為日本教育改革的四大方向的第一個。他們已經發現，以往的教育過度強調智育以及填鴨式教育。他們現在開始強調培養孩童對生活的熱愛，並在舒適的氣氛下從事學習、思考與行動。從嬰兒期就開始穩固地學習社會生活的規範與其中的要素，以便提昇情緒教育，期能培養學生豐富的人性，洋溢著公平感、倫理觀與慈悲心。值得注意的是，日本強調情緒教育的另一個思考角度是基於當代國際化的快速進展。一方面要強調培養日本人豐富的國際觀，同時又要固守日本的歷史、傳統與文化，為了達成這個目的，情緒教育乃成為一個勢所必然的重點。畢竟，處在「國際化」與「在地化」的雙重壓力下，難免會產生很多價值觀或文化的衝突，人的情緒焦慮與緊張也勢必愈來愈嚴重。到頭來，情緒教育乃成為一個必須重視的課題。

就具體的實踐經驗來說，日本兒童福利協會在2001年開始把美國的情緒教育課程「Second Step」（參見第11頁）引入日本的托兒所、幼兒園及小學（親子天下編輯部，2016：70）。後來，東京品川區內三十七所小學甚至還把它導入，成為正式的授課科目（稱為「市民科」）。根據調查，實施了兩年後，相對於沒有實施此課程的學校，學生的負面行為明顯地減少。相較於美國的Second Step，日本則增加了父母與孩子一起上課的親子課程（稱為「親子塾」），約十組親子一起進行二十八次課程。因為，他們發現很多孩子的情緒問題其實源自於父母，父母本身如果能夠一起參與情緒課程，情緒教育的效果會更為扎實。

四、澳洲

Collie, Martin, & Frydenberg（2017）指出，除了北美與歐洲地區外，在過去十年來，澳洲也逐漸重視學生的SEL，且已經獲得很大的推動力。

在澳洲的「墨爾本教育宣言」（Melbourne Declaration on Educational Goals for Young Australians, MCEETYA, 2008）中，學生的社會情緒發展尤其受到重點提示。他們希望所有的年輕人擁有自我價值感、自我覺察力及自我認同感，以至於能夠管理自己在情緒、心理、靈性及身體上的福祉。年輕人也應發展出誠實、韌性、同理心、尊重他人等價值觀與品性。這些核心的陳述因而被置入「澳洲國家課程」（Australian National Curriculum）中，統稱為「個人與社會能力」，包括四個細項：自我覺察（self-awareness）、自我管理（self-management）、社會覺察（social awareness）、社會管理（social management）。

這些關鍵性的政策文件顯示出，對於學生的社會與情緒發展之重視已經獲得澳洲政府的國家層次之關注與支持。相對於美國的地方分權，澳洲在SEL方面的重視乃是由中央政府所主導，因此不管在情緒教育的實施及研究都更具有全面的影響力。

貳、我國對情緒教育的理念倡導與實施現況

相對於國外對情緒教育之倡導與有系統地推動實施，我國仍然偏重於情緒教育理念的倡導，缺乏全面的或有系統地推動實施。以下本節先探討情緒教育理念在我國的倡導情形，然後探討我國情緒教育的實施現況，最後探討我國不夠重視情緒教育的原因。

一、情緒教育理念在我國的倡導情形

我國教育界其實不斷有人在倡導「情緒教育」的理念。林家興（1977）及劉亮（1982）很早就從青少年輔導的觀點，來強調情緒教育、美感教育、人際關係教育以及性教育的重要性，以增進青少年學生更真、更善、更美的生活，糾正學校教育內容的偏失。黃月霞（1994）也認為，學校教育一向偏重認知的學習，學生只是被動的接受，學校只扮演知識傳遞者的角色，只關心學生的智能發展。這種傳統的教育方式，導致學生對學校產生負面態度。為補救傳統教育的缺失，最需要的是實施心理教

育，尤其是「情緒教育」，以便直接影響學生的個人發展。誠如盧富美（1997）指出，當前教育改革最艱難的課題，並不在於有關制度的層面，而在於無形的精神層面的「情緒教育」問題。以下從四個角度來探討國內學者倡導情緒教育理念之情形。

㈠ "EQ" 的影響引起對情緒教育的重視

受到 "EQ" 一書熱潮之影響，國內許多教育工作者曾紛紛倡議情緒教育的理念。朱輝章（1997）從情緒智商的意義、EQ與IQ、傳統觀念之革命及EQ的定位等四方面，說明情緒智商的內涵，進而闡述EQ對國中教育的啟示：教育應兼顧多元智力、培養學生自制力、注重資優班學生的人際關係、教育學生人際技巧、輔導學生應對症下藥、學校應實施「情緒教育」。受到 "EQ" 一書的啟發，王錦賜（2000）堅信經由後天學習情緒智商，可化戾氣為祥和的社會。他主張學校教育中的老師是人類心靈的「工程師」，有責任協助青少年提昇其情緒智力與社會適應能力，對未來的家庭、社會、國家有所貢獻。廖春文（2001）指出，在面對二十一世紀知識經濟時代的來臨，若要擁有競爭的優勢，成為未來的贏家，必須具有全方位「3Q Very Much」的素養。所謂的3Q具足是指具有IQ、EQ和CQ[1]的多元智慧能力。

㈡校園暴力事件的影響

由於感受到校園暴力事件以及學生偏差行為的層出不窮，很多國內教育工作者也紛紛從「情緒」的角度來討論校園暴力事件的問題，因而開始倡議情緒教育。黃月霞（1989）認為情緒教育不但可以避免人際之間的情緒衝動，減少校園情緒事件的發生，在積極面也可以增強學生的情感能力，促進人我關係。高強華（1995）指出，問題重重的青少年，如果遇到一位好校長、好導師，性格會變得主動積極、開朗樂觀、自我負責。我們如果能了解青少年的心理特徵與青少年的情緒特質，就比較能減少校園暴

---

[1]　CQ是指「Creative Quotient」，即創造力商數。

力事件。

很多父母和老師對於青少年的情緒狂飆都深感頭痛，他們的情緒起伏很大，又很容易失控。朱輝章（1997）指出許多國中學生之問題根源於情緒管理能力不足，情緒教育應予以加強。李俊良（2019）就指出，青少年的情緒多變又不可理喻，因為這個時期的自我監督中樞（即大腦前額葉皮質）還在建構當中，因此理性思考及抑制衝動的功能就時靈、時不靈。然而，這也是最需要練習理性思考與情緒表達的敏感時期，練習愈多就愈能成為一個理性、成熟的人。反之，如果在這個時期不去運用與練習理性思考與情緒表達，成人以後將很難，或需要花更多的力氣才能發展出這項重要的技巧。換言之，青少年階段（即國中、高中）的情緒教育就顯得相當重要。

陳怡君（1997）從美國的校園暴力事件來說明美國對校園暴力所採取的一些反制措施。他們通常都是多管齊下，反暴力的策略遍及整個社區。反觀我國，校園暴力雖不若美國嚴重，然社會結構的劇烈變動，傳統家庭的維繫力量崩解，加上升學主義導致教育方向扭曲，青少年因而自暴自棄。陳怡君進一步提出一些輔導策略與加強「情緒教育」的建議。劉遼萍（1997）曾經分析教室裡常出現的學生問題類別（包括：高智商低成就、偏差行為、人際關係欠佳、沒有責任感等），因此孩子的情緒教育愈早實施愈好，且教師應實施「情緒教育」來輔導學生的生活適應能力。

陳彰儀（2001）指出青少年犯罪率不斷攀高，其中根源在於青少年對自身情緒問題並不能妥善處理所致，而在「萬般皆下品，唯有讀書高」的中國傳統觀念延續下，不但父母對於子女知識、學業成就的要求甚高，國內的教育也多偏重於智力方面的訓練，導致協助青少年在人格養成與建立的功能被忽略，因此在愈來愈強調全人教育的今日，加強對青少年情緒教育是刻不容緩的事。李泳緹、方敏全（2017）也主張，若能將情緒教育扎根於學校教育中，將有助於學生的學習及人際關係的穩定。

㈢人文教育與全人教育思潮引發了情緒教育的倡議

人文教育與全人教育的思潮都強調，情緒是完整的人格養成不可或缺

的一部分。從1994年開始，新北市（原臺北縣）政府開始提倡與實施開放教育的理念（賴金河，1999）。1996年開始臺北市政府也宣布全市各國小全面實施開放教育（林惠真，2015）。開放教育的理念後來引發很多教育改革的思潮。由於開放教育隱含著人文教育與全人教育的理念，因此也引發了情緒教育的議題。蔡文杰（1996；1998）曾經從開放教育的定義與人文主義的精神來探討教師在角色轉化應有的認知，以期做一個開放教育的人文教師。他主張教師應該以催化者代替領導者，以學習者代替無所不能者，以引導者代替指導者，以「情緒教育」代替唯智教學，以個別創造性代替團體一致性。強調教師應以開放的胸襟，真誠地協助學生，使每位學生都是自我實現者。呂俊甫（1997）則從情緒控制的原則，來論述「情緒教育」和整個教育環境的密切關聯，畢竟完整的教育環境不能忽視人的情緒層面。

人文教育與全人教育著重在以「人」為核心，勢必涉及人的情緒層面。蔡明昌（1997）從認識自我情緒、認識他人情緒、人我互動三方面來論述情緒管理，並說明「情緒教育」的實施及情緒教育的目標。他也強調，不論是家長或教師，均應化被動為主動，幫助學生認識自我及他人的情緒。孫良誠（1999）認為，情緒可說是人類生活經驗中不可或缺的一環，不僅會影響人們對環境的反應，也會影響人們的行為模式。他指出，在現今的教育體制下，除應重視教育體制的改革外，更應強調的是學生個體內在的改革，包括心靈的陶冶、價值觀的澄清、情緒的自我監控及調整、健全人格的培養、生活的適應能力以及對挫折的忍受力等。

此外，受到當代科技文明對社會的衝擊，很多教育人員也開始在反省如何增進人文教育，並引出對情緒教育的重視。鄭美俐（1997）認為，提昇人文智慧的「情緒教育」是當前臺灣社會失調現象正本清源之道。張德聰（1997）則是從多元智慧觀來談論教育環境的重要性，試圖探討如何催化教育環境的活化與創造力，並提出許多相關的建議及加強「情緒教育」的主張。曾文鑑（1999）指出，資訊科技促進科技的流通，人文精神擴展駕馭人生的智慧，資訊科技與人文精神具有雙向互動關係及相輔相成的功能。在學校中除了教導資訊科技的使用，為了避免人性被物化，也應實施

人文精神陶冶。最後，他提出下列主張：資訊倫理的闡揚、美感教育的培育、生命教育的提倡、創造能力的培養、「情緒教育」的陶冶。

㈣小結

我國的學者或教育工作者很早就開始提倡情緒教育的理念，但是目前都偏向於從學校教育的角度來看待情緒教育。筆者認為，情緒教育應該包含家庭中的情緒教育開始，然後等到孩子開始接受學校教育之後，則由教師接棒，持續推動與深化情緒教育。直到一個人離開學校進入社會之後，則由社會教育與成人教育機構持續推動，使情緒教育成為終身教育與全人教育的一環。

二、我國情緒教育的實施現況

就「情緒教育」的理念，我國並沒有落後世界各國多少。就教育改革的政策面來說，我國的九年一貫課程綱要也算是相當進步的教育改革思維，因為其中已經包含了一部分情緒教育的目標。這些目標雖然是零星地散布在總綱之中，但是只要實際任教的老師能體認到情緒教育的重要性，也有很大的發揮空間。畢竟，課程綱要是「死」的，人是「活」的。只有教師才能在白紙黑字的課程綱要中注入活生生的情緒教育理念。

然而，如果和前述美國、英國、日本或澳洲對比起來，我國的情緒教育至今仍然停留在理念的倡議階段，實際推動與實施則顯得非常薄弱與消極，實在值得國人的深思。目前看來只有一些基層教師零零星星地在自己的課堂中實施情緒教育。很多基層教師都曾經以行動研究的方式來實施情緒教育。以「情緒教育」為關鍵詞來搜尋博碩士論文，截至2020/9/25為止，一共有五十四篇。從這些博碩士論文來看，基層教師以行動研究的方式來實施情緒教育已經逐漸在增加，因而也累積了一些實務的經驗。這足以顯示，已經有一些基層教師開始在關注情緒教育的議題。然而，整體而言，我國的教育行政單位（含教育部、各縣市教育局）及學校行政主管仍然不夠重視情緒教育，也缺乏官方的或教育政策面上有系統地推動。

相對而言，我國一些民間社團反而比教育行政單位及學校行政主管更

有心且更積極地推動實施情緒教育。其中最有名的就是由長期投入親職教育的楊俐容老師所組成的專業團隊「臺灣芯福里情緒教育推廣協會」（親子天下編輯部，2016：74；臺灣芯福里情緒教育推廣協會，2020）。此協會以心理學理論為基礎，逐漸發展出一套EQ課程及本土化的EQ教材。自2004年開始，楊老師帶領當時的「八頭里仁協會」之親職專案志工們，從北投區的國小開始嘗試推廣此EQ課程。耕耘數年後，EQ課程獲得愈來愈多的學校、社區與家長的關注，也吸引了來自不同社區的志工爸媽投入EQ教育的行列，從他們所在社區為起點，將EQ種子逐漸散播出去。EQ志工爸媽的人數逐年增加，受益於EQ教育的孩童累積超過十萬人。2008年，實踐大學針對EQ教育的效果進行研究，結果發現，上過EQ課程的國小學童，在情緒表達、反省、情緒效能等能力都有明顯的進步。此外，除了對孩童有助益外，許多擔任EQ志工的爸媽或老師也說，學過EQ後，自己獲益良多，也提昇了親子關係或班級經營的品質。

　　由民間主導推動情緒教育的另一個社會團體是「友緣基金會」（親子天下編輯部，2016：81；友緣基金會，2020）。民國73年，從日本回國專研社會工作助人臨床方法的廖清碧老師在大學教書，並參與教育局委辦的春暉專案。廖老師逐漸深刻體會到，大多數的社會與教育資源著重於特殊兒童及青少年，然而占大多數的一般孩子因為沒給大人造成負擔卻反而被疏於用心照顧。就兒童的發展基點，這些一般性的孩子是「將來社會重要的多數成員」，也同樣需要被用心的培育才不至於走向歧途。因此，廖老師成立了「友緣基金會」，期待所有的孩子同樣有被關注的機會，在成長的過程中，依不同的需要給予適切的教育。當大多數的孩子都擁有健康的身心與快樂的童年，穩定的多數會是社會結構的中流砥柱。自從73年「友緣基金會」開創至今，歷經超過三十年的努力耕耘，於親子關係、夫妻關係及個人的內在成長，幫助了許多父母學習教育孩子較適當的方法，更幫助許多夫妻學會溝通與和平相處，提供孩子溫暖的家，也幫助許多個人找到成長的方向。近幾年來，基金會更出版了《社會技巧訓練SST》一書，幫助許多在職教師學習如何鼓勵孩子，如何教孩子學習正向思考及有益人際關係的表達法。

民國103年12月，一群醫學界、心理輔導界、教育界及各地關心民眾身心健康發展之菁英成立了「杏璞身心健康關懷協會」（2020），以提供民眾正確醫學知識與關懷為宗旨，進而促進個人、家庭及社會的健康和諧為目的。從協會的網站來觀察，此協會雖然標榜的是「身心健康關懷」，但是主要的任務卻都圍繞著情緒教育，例如：(1)推廣家庭情緒教育，喚起社會重視情緒智商（EQ）；(2)定期舉辦適合各年齡層的情緒教養課程；(3)關懷弱勢家庭，協助學習情緒調節，促進家庭功能，建立正向態度。他們所推出的情緒教育課程包括：嬰幼兒情緒教室、情緒教養的8堂課、青少年家長情緒教室、情緒教育推廣課程、EQ教育基礎志工培訓課程等。

三、我國不夠重視情緒教育的原因

如前所述，情緒教育已經成為當代社會迫切的需求，情緒教育是最基本、最實用、最生活化的教育，比任何其他科目都重要。但是，除了《幼兒園教保活動課程大綱》有「情緒領域」之外，我們從小學到大學，花了很長的時間教導學生學習國語、英語、數學、物理、化學等學科，可是卻幾乎漠視情緒教育。在我國一波又一波的教改浪潮中，情緒教育至今也沒有被納入正式課程。教師也缺乏這方面的訓練與教材，所以在情緒教育的推展方面，各校的做法不一，有的是由老師個別將情緒教育融入教學中，有的是由志工團體協助，提供這方面的課程，可見情緒教育在臺灣還沒有得到應有的重視（許芳菊，2009）。這是一個很值得我們深思的現象。如果情緒涵養與情緒教育那麼重要，為何我國不夠重視這個課題？以下本節從三個觀點來探討之。

(一)情緒教育被淹沒在眾多教育議題中

傳統以來，其實人們就相當重視所謂「修身養性」這個課題。只是近代社會全面追求物質生活的提昇，暫時忘了生命品質的基本課題，以為「修身養性」是過時的玩意。然而，現代社會愈來愈複雜，人類面臨的問題愈來愈多，於是情緒涵養才重新被提出來討論。幾年前，"EQ"這本書

問世，造成全世界的風潮與轟動，也引起國內一波提倡情緒教育的呼聲。然而，很快地這個呼聲就被其他各種教育議題所淹沒。

　　我們的社會隨時有各種事件不斷在發生，很多重大事件都會引起社會大眾的關注，並倡議某種教育議題，以謀解決社會問題。例如：某地發生大地震之後，就引起社會大眾重視「防災教育」；重大食安事件發生之後，就引起社會大眾對「食安教育」的重視；學校發生霸凌事件就引起對「學校安全教育」的重視。結果，不斷有各種新興教育議題被倡導，導致我們的學校被賦予太多的任務、過多的期待。在太多的教育議題或教育改革政策不斷被倡議或推動的情況下，情緒教育的議題很容易就被淹沒了，也讓社會大眾暫時忽視了這個課題。

　　雖然我們的基層教育（包括九年一貫課程及十二年國教）已經把一些情緒教育的目標納入學校的課綱之中，但是由於它們都融入在各學習領域之中，也等於被稀釋了，很容易被基層教師們所忽視，尤其是當各種教育議題不斷被倡議時，情緒教育的議題就更容易被忽視或遺忘。如果基層教師對於情緒教育的理念有深刻的體認與認同，才可能在自己的課程與教學中突顯或強化實施情緒教育，或者有意識地以自己的身教來發揮情緒教育的功能。

(二)很多人沒有意識到情緒涵養「可以學、可以教」

　　很多人可能認為情緒涵養是一個人天生的個性，是一個無法改變的事實，因此沒有意識到情緒涵養「可以學」。依照這種觀點，一個人脾氣好，注定就是脾氣好，脾氣不好就注定脾氣不好，一輩子都改不了。然而，所謂「江山易改，本性難移」，只是「難移」，並不是「不移」。我們現在已經愈來愈肯定與清楚，情緒涵養是可以學習的，不是生下來就命定的。如果一個人的情緒涵養是不變的，那麼一個人將會永遠維持小孩子脾氣，也沒有所謂「個性成熟」這回事。

　　有些人可能認為，情緒涵養是個人的事，隨著年齡增加，情緒涵養自然就會成長，不用學校操心。然而，我們仔細看看社會上許多所謂的「成年人」，他們在情緒涵養上是否自然就成長了呢？是否長大了就自然成熟

了呢？答案是否定的。有太多的成年人在情緒涵養上仍然問題重重，一點也不夠成熟。很多成年人經常情緒失控，或者成為情緒的奴隸。社會上層出不窮的問題或衝突，很多都可以歸因於情緒涵養的不夠，並進一步說明了情緒涵養並不見得會隨著年齡自然成長。雖然有些人隨著年紀與人生經驗的累積，可以從自己的人生歷練中或別人的行為風範中，或者從書籍中，多少學會了一些情緒涵養的方法，使得情緒涵養逐漸提昇。然而，有更多的成年人情緒涵養非常不成熟，這也是一個無庸置疑的事實。

很多人其實沒有意識到可以學習情緒涵養、提昇情緒涵養。對於情緒的來與去也不太在意，沒有意識到可以成為情緒的主人。少數人雖然有意識到情緒涵養的重要性，都是由於學校教育缺乏情緒教育的課程，因此只好自己學習、自己摸索。林建福（2010）曾經深入分析且指出，社會上及教育界有五項有關情緒暨情緒教育的迷思：(1)情緒的生滅沒有道理可言而不可教；(2)情緒是相當個人的事務而不該教；(3)當下有感受到的才算情緒；(4)情緒沒有對錯或道德責任的問題；(5)情與智是相互對立而衝突的。然而，根據林建福的論述，情緒並非一般人誤以為那般不可教，情緒的生滅變化並非毫無道理，只要我們有此認識與決心，情緒既可以「教」，也可以「學」。

由於很多人沒有意識到情緒涵養「可以學」，因此也就沒有意識到情緒涵養是可以教的。就家庭教育而言，由於大多數父母沒有意識到情緒涵養可以學，當然也不會意識到可以在家庭中實施情緒教育；就學校教育而言，由於很多教育工作者並沒有意識到情緒涵養可以學，當然也就沒有意識到可以實施「情緒教育」。有些教師遇到學生有行為偏差或情緒問題時，想到的是個別輔導或把學生送到輔導室接受輔導，不會想到針對全班學生實施情緒教育。然而，如果我們從當前的校園生活實況來看，絕大多數的學生都需要持續接受情緒教育，不能只是等到出了問題才接受情緒輔導。

(三)智育掛帥的現象仍然很難打破

雖然我們的學校教育也一向標榜著「德、智、體、群、美」五育均

衡的教育理想，然而由於我國的整個社會氛圍仍然強烈瀰漫著升學主義與
考試主義，「智育掛帥」的現象至今仍然很難被撼動。五育之中，「德、
體、群、美」相對而言並沒有受到足夠的重視。如前所述，筆者甚至主張
「德、智、體、群、美、情」六育均衡。然而，只要升學主義與考試主義
仍然在主導我們的整個教育系統，「智育掛帥」的現象可能仍然很難被撼
動，而「情育」也將持續不會受到應有的重視。這可能是為何我國社會仍
然不夠重視情緒教育的一項重大原因。

第四節　情緒教育與相關教育理念的關係

　　情緒教育的理念已經逐漸成熟，然而目前在教育界也有很多人在提倡
一些和情緒教育有關的教育理念或教育議題，如：情緒輔導、情意教育、
品德教育、生命教育。它們和情緒教育有密切的關係，但是它們的意義範
疇和情緒教育也有不同之處。以下稍加探討情緒教育與這些相關的教育理
念之關係。

壹、情緒教育與情緒輔導

　　傳統上有關學生之情緒障礙問題（鄭美月，2001）或社會情緒問題
（曾尚民，2002），皆屬於「情緒輔導」的範疇。例如：孩子有情緒困擾
行為時，輔導人員會採用諸如：引導閱讀勵志書籍、鼓勵參與社團活動、
安排傾訴自己困擾的機會、指導自我了解的方法、允許孩子去看幽默文品
或電影、接受心理專家的治療、藉著體能運動來發洩情緒、讓孩子吐露心
聲等等輔導方法（游福生，1994）。有的輔導工作者會採用「理情團體諮
商」（徐大偉，1993）的方式來對情緒困擾兒童進行諮商輔導。有的輔導
工作者會對情緒困擾和學習障礙的孩童，實施感覺統合綜合治療訓練（鄭
信雄，1992）。

　　這些情緒輔導工作多半針對個別學生，有時則採用小團體輔導來協助

學生。但是，通常都是因為學生有了行為偏差、情緒障礙或情緒困擾時，才成為情緒輔導的對象。然而，為數眾多的一般學生，雖然還沒有到需要情緒輔導的程度，其實也非常需要接受情緒教育，以提昇其情緒涵養。情緒教育屬於預防性、建設性的教育措施，如果我們能做好情緒教育，就可以大量減少情緒輔導的需求。反之，就像目前學校的情況，情緒輔導的需求就很高，無形中加重了輔導老師的負荷，而且情緒輔導的成效其實可能也很有限。

此外，有些學生不僅需要情緒輔導，甚至可能需要接受特殊教育。例如：有些學生看起來脾氣壞，容易暴哭或大發雷霆，而且常常不配合教師的要求、不受控制。這類學生可能有社交情緒障礙或是自閉症（王宏哲，2018）。有時，他們需要的不只是情緒教育或情緒輔導，而是要接受特殊教育或輔以藥物治療。然而，根據Les Fehmi & Jim Robbins（謝瑤玲譯，2009：83），有些ADHD/ADD[2]的學生其實是源自於長期暴露在缺乏愛、支持與關注的環境中，因而容易產生焦慮、緊張或衝動的行為。易言之，這類學生如果能夠從小接受適當的情緒教育，生活在快樂的學習氛圍中，可能就不會發展成需要接受特殊教育或藥物治療的學生。總之，如果能即早實施情緒教育，可以大幅降低情緒輔導或特殊教育的需求。

貳、情緒教育與情意教育

在我國教育界，民國70年代起就有許多教育工作者不斷在論述或倡議「情意教育」或「情意教學」。周天賜（1981）認為，情意教育是指強調情緒、感覺、感情、價值、抑制、態度、興趣之重要性的教育，也是發展學生學習動機與興趣、自我概念、人際關係的教育，更是使學生對自己、教師、同學、學校等有正向態度，進而影響其學習行為，提昇學術成就與心理健康的教育。黃月霞（1989）認為，就狹義而言，情意教育是以情

---

2 ADHD即「注意力不足過動症」；ADD即「注意力缺陷障礙」。

緒－感覺教育為主，但就廣義而言，情意教育則包括：人際溝通技巧、價值澄清、情緒教育等提昇學生的情緒成長要素，促進學生發展對自己、他人、學校導向正面態度、信念與價值。張春興（1996）認為「情感」與「意志」合稱為情意，而情意教育則是指向以情感為基礎的品德教育，其目標在協助學生養成五方面的良好行為：即習慣、態度、興趣、欣賞、適應。

謝水南（1992）認為，情意教育可分為狹義和廣義兩種說法，狹義的情意即指對學生的情感發展之輔導，亦即情感教育，輔導學生敏銳於感受，學習控制情緒，使情緒穩定成熟而獲致健全的自我適應與良好的人際關係。廣義的情意教育還包括精神或靈性層面的教育，諸如審美、利他、合群、奉獻等高尚情操和品格的培養。因此，情意教育的內涵實際上包含了自我概念、價值評定、利他行為、終極關懷、語言溝通、藝術鑑賞、道德判斷、宗教信仰等。鍾聖校（2000）主張，情緒教育雖然只是情意教育的一部分，其實情緒教育甚至可以成為情意教學的主體，以及生命教育的核心課題。

曾燕春（1999）認為，狹義的情意教育指的是情感教育，針對學生感覺情緒的發展予以輔導，使學生的感覺情緒穩定成熟的發展，敏於感覺，善於控制，以獲得良好的人際關係及自我適應。廣義的情意教育除了狹義的情感教育之外，還涵蓋了高尚情操及健全品格培養的精神層面或性靈層面的教育。歐用生（2000）認為，學校的情意領域應包括廣義的情意和狹義的情意，前者包括學校文化和學校的價值氣氛等與學校有關的部分，後者包括諸如價值教育、道德教育、情意陶冶，以及各學科的附學習等，與學科或個人有關的部分。郭如育（2011）指出，「情意教育」是指智能以外關於情緒、感情、價值、意志與道德的學習歷程，凡是與此有關的活動或課程均屬之，且其實施對學生的身心健康、學習成長、人格塑造、社會適應，都有不可忽視的影響力。

從這些論述歸納起來，國內學者的論述大致符合Krathwohl（1993）的基本主張。他認為，情意教育的內涵可從狹義及廣義來說。狹義來說，包含輔導學生敏銳感受，適切表達情緒，並學習控制情緒的教育。廣義來

說，包含情感教育、情緒教育、意志教育、精神（性靈）教育、道德教育等。總之，本書所謂「情緒教育」乃是情意教育中的一部分，當然也是其中很重要的一部分。

參、情緒教育與品德教育

情緒教育與品德教育也有密切的關係，因為情緒教育的實施有利於品德教育的落實。但昭偉（2002）指出，亞里斯多德認為從「道德認知」到「道德行為」的過程中，情緒是關鍵，只有在學生能恰當地控制內心的情緒，才能產生道德實踐的可能。也就是說，學生如果心不甘情不願，即使勉強去做，也不會有愉快的感覺，更不會引發再次行動的動力；由此觀之，情緒教育是道德教育的一部分。

然而從「道德認知」到「道德行為」的產生，似乎要跨越一道鴻溝，這道鴻溝就是：每個人要能正確地認識，及有效控制內心的各種情緒和慾望。學校教育如果能加強情緒教育，透過各科教學活動，教導學生適當地表達情緒，懂得情緒涵養，能與人和諧相處並建立良好的人際關係，成為有理性、有感性的人，在道德實踐中表達最高的善意與樂意，才能打從心裡愉快的去實行道德行為。因此，情緒教育若能真正落實，也等於是對道德教育或品德教育提供了強而有力的保證。

肆、情緒教育與生命教育

除了情意教育之外，另外一個和情緒教育密切相關的理念就是「生命教育」。民國90年元月2日，教育部長曾志朗曾舉行一場「新世紀的第一道曙光——生命教育年」記者招待會，正式宣布民國90年為「生命教育年」。在這場記者會中，曾志朗表示，未來希望透過生命教育一系列的規劃推展，讓學生體認生命的可貴，進而能尊重生命、關懷生命與珍愛生命。

在教育部這個宣示之後，許多教育工作者紛紛為文闡述生命教育的意

義。概言之，生命教育所關注的幾乎就是生命的所有面向，包括認知、情緒、意志、品格、生死、生命的意義、人我關係、人與社會、人與自然、宗教、休閒生活等等。在眾說紛紜之中，陳德光（2001）對生命教育的內涵與詮釋最為精簡與周延：(1)生命深度的三個層次，包括身、心、靈；(2)生命廣度的六個層面，包括信仰、認知、規範、表現、社會與自然；(3)生命階段的兩個重點，包括生活體驗與知識理論。

從這個角度來看，生命教育不僅包含了前述的「情意教育」，當然也包括了情緒教育在內。畢竟，人的情意與情緒只是生命當中的一部分。王煥琛（2001）認為，情緒與生命之間有密切的關聯，因此情緒教育與生命教育也有密切的相關性。生命教育的主要目標乃是協助學生的生活適應與人生的生長，人的一生，活在情緒挑戰中，如能適應良好，就能有效地應付，調適需求，滿足個體的種種需求，並增進別人的福祉。

總之，雖然情緒教育只是生命教育的一部分，卻是生命教育中相當重要的部分。一個人對生命的態度與智慧會深深影響他如何看待、面對、處理各種生命處境，並因而深深影響個人的情緒。此外，生命中非常重要的一個課題就是如何面對生命中的「痛苦與快樂」，一個人不僅要學會如何面對痛苦的來臨，也要學習如何面對快樂的消逝；如果要了解生命的本質，一定要先了解痛苦與快樂的本質。

··········第五節　情緒教育始於家庭、落實於學校··········

綜合上述各節，筆者主張，情緒教育最好能從家庭開始啟動，讓父母成為自己孩子的情緒教育啟蒙者。然後由學校接棒繼續深化情緒教育的功能，協助學生提昇情緒涵養。雖然家庭中的情緒教育沒有受到應有的重視，也不易倡導、落實與推廣，但是基於情緒教育的特性，家庭情緒教育這個層面值得特別強調，讓更多父母開始關注這個議題，不僅學習提昇自身的情緒涵養，也學習如何提昇孩子的情緒涵養。筆者將為父母另寫一本《家庭情緒教育》的專書。

　　就學校教育而言，筆者亦主張，我們的學校應該致力於「德、智、體、群、美、情」六育均衡的教育理想。傳統的學校教育標榜「德智體群美五育均衡」。然而，如果少了「情緒教育」這個面向，我們的教育其實並非均衡。如果我們認為教育的真正目的乃是提昇人的幸福，幫助學生過幸福快樂的人生，我們似乎應該正視情緒學習與情緒發展乃是一個人整體學習的一部分。我們的社會曾經把身體健康視為理所當然，但是終究我們發現事情好像不是那麼簡單，最後我們終究把體育列入學校教育的正式課程之中。現在，大家已經把體育課程對下一代的重要性視為理所當然，也忘了其實體育課程的引入也是時間演變的結果。

　　現在，我們的社會已經逐漸了解到心理的健康、情緒的健康，比起身體的健康，其重要性實在有過之而無不及。我們的社會是否到了應該好好重視這個課題的時刻？我們是否能夠把情緒教育，像體育一般列為正式課程的一部分？我們是否應該思考如何幫助下一代成為身心健康的個體？畢竟，人類是「身」與「心」的共同存在，我們豈能漠視心理層面的存在。

　　林建福（2010）也指出，我們可以把人類的教育劃分為「理智的教育、意志的教育、情緒的教育、行動的教育」。可是綜合而言，無可否認地，人是一個整體，其智、情、意與行之間緊密連結又彼此相關，情緒教育勢必涉及其他層面的教育。六育中的「情育」乃是「情緒教育、情感教育、情意教育」三者的聯集，而本書則是著重於「情緒教育」這個層面。汪履維（1995）很早就曾提出「情育」這個概念，他所指的「情育」就是「有關情感與情緒的教育」。情育工作在現代社會不但有其「需要性」，而且也有「可能性」，只要我們能有系統地安排情育課程與活動，就能為學生提供很多有價值的貢獻。他甚至建議，「情育」本身可視為一個獨立的、值得教與學的領域。

　　在校園中，大多數的老師教導學生學習課業和學習方法，卻很少有老師會引導學生如何面對自己的情緒。學生在課業上有老師帶領，在情緒和人際互動上卻得自行摸索，而且大家也期待他們會像個成熟的人能夠解決問題。將情緒教育帶入學校教育中，才能教導學生面對自己情緒、體會他人情緒，與人相處時能自制和同理。學生到學校除了課本上的知識外，學

習與自己相處、與他人相處是終身要面對的課題。透過情緒教育，讓學生認同自我，使得同儕相處融洽、校園溫馨和睦；脫離人際、課業壓力的苦悶，也實現了教育是成人之美的理想。

　　總之，情緒教育是邁向「全人教育」的一塊重要拼圖與橋梁，不但能減低偏差行為，讓學生改善態度、減少焦慮、提昇學業表現，亦能有效預防眾多的校園問題。在我們的家庭教育與學校教育中，情緒教育再怎麼說都不應缺席。下一章將進一步深入探討情緒教育的重要性。

第二章

學校情緒教育
的重要性

　　所謂「學校情緒教育」乃是在各級學校（從幼兒園到高等教育機構）中實施的情緒教育活動。理論上說來，學校情緒教育應該是家庭情緒教育的延續。然而，由於很多父母無力或無心實施家庭情緒教育，學校情緒教育就顯得無比重要，因為所有孩子都起碼要接受一定年限的國民義務教育（九年或十二年）。現代社會中，很多孩子也有機會能接受幼兒教育，因而可能更早就開始接受學校情緒教育。因此，學校情緒教育的重要性當然無庸置疑。

　　以下本章從八個層面來探討學校情緒教育的重要性：一、彌補家庭功能的逐漸低落；二、減少校園暴力事件；三、減少青少年自殺事件；四、減少學生情緒困擾與情緒事件；五、增進團體生活的適應力；六、奠立有效學習的基礎；七、因應現代人的生活壓力及情緒困擾；八、提昇人的整體生命品質。

第一節　彌補家庭功能的逐漸低落

　　在現代社會中，家庭功能的逐漸低落已經是日益明顯的事實。家庭本來應該是提供孩子溫馨成長的最佳環境，但是很多家庭不再能提供此種功能。Growald（2002）認為，現代社會中的學校已經擔負起某些傳統上由家庭所提供的功能，也就是提供溫馨的環境以及人性的照顧與關懷。美國社會中離婚率日漸升高，許多家庭不斷變動，愈來愈多的離婚父親不再認為有道義上的責任要支持家庭，愈來愈多的母親被迫要進入職場工作。許多孩童在家庭中因而迷失了，沒有人可以傾聽他們的心聲，沒有人對他們的需求加以回應。取而代之的是學校，日漸開始扮演起傳統家庭的支持角色。易言之，現代的孩子被送去學校，不再只是為了獲得知識，他們更渴望從學校中得到支持與關懷。

　　美國的社會已經產生這樣的現象，反觀我們臺灣的社會，這樣的現象其實也已經逐漸在形成中。根據《中央社》報導（2001），臺灣不僅經濟不景氣，失業率創新高，離婚率同樣也創新高，民國90年8月有5571對夫

妻離婚，創下國內單月離婚最高紀錄。民國89年全年每3.5對夫妻就有一對離婚，而民國90年前九月卻突然激增到每2.9對就有一對離婚。此外，根據內政部的統計（時報資訊，2018），從1951年以來，臺灣的離婚率也有走高趨勢，2017年離婚率平均千分之2.31，創下五年來新高，排名全世界第二高。離婚率攀升的結果，造成很多隨之而來的問題：家庭成員心理調適、法律、單親家庭孩子撫養、特殊境遇婦女安置等。很多社會案件都起因於夫妻離婚後未做好心理調適，導致毆打甚至傷害的案件，青少年因此在外流離、滋事的問題日益嚴重。

　　如果家庭功能的崩潰是一個趨勢，或者是無可奈何的事實，學校中的教育人員是否願意在孩童們最需要關懷與照顧的發展階段中，支援與強化家庭的功能，填補孩童空虛的心靈呢？我們的學校是否真的能夠提供這樣的環境呢？以目前學校的實際情況來說，答案顯然是否定的。反之，學校如果能實施優質的情緒教育，不僅能提供更為溫馨、關懷與支持的成長環境，更能協助學生的情緒發展與人際能力，以彌補家庭功能不彰的現象。

·········· 第二節　減少校園暴力事件 ··········

　　現代社會的家庭功能已經逐漸崩潰，但是我們的校園又沒有提供溫馨的學習環境，導致青少年暴力事件與不幸事件頻傳，頗值得我們重視。青少年的暴力問題多半都是來自於情緒的問題。如果我們能正視孩子的情緒需求，幫助孩子處理他們的情緒問題，可以減少許多沒有必要的青少年暴力問題，減少對社會可能造成的危害。

　　Brill（2002）認為青少年暴力事件的關鍵因素是青少年覺得自己被排斥，因而尋求報復。青少年需要學習如何處理自己的情緒受傷，而不是獨自忍受羞愧、沮喪、絕望，或者用憤怒與報復來掩蓋自己先前的情緒傷害。青少年的主要問題是他們傾向於隱藏自己受排斥的羞辱感覺，並且容易一廂情願地認為自己一定什麼地方不好，才會不受歡迎，因而就更加隱藏自己的感覺。因此父母或老師很難讓孩子談出他們的感覺。其實，許多

父母和老師本身也很少表達自己的感覺，如何向孩子們示範出正確的情緒表達方式呢？

令人感慨的是，現代社會不僅家庭功能不彰，許多學校也不是溫馨的學習場所，甚至是暴力事件的滋生場所。Brill（2002）就指出，在大多數的青少年暴力事件的背後都是情緒問題，這些問題又根植於青少年的熱切需要被接納、缺乏自我價值與認同感。青少年是人生中，情緒上感到最不安全的一段時期，因為多數青少年無法理解由於受到同儕排斥所感到的情緒痛苦，也不知道如何處理這種情緒。中學生一天到晚都處在來自同學的各種嘲弄、揶揄、謾罵、羞辱等情緒性攻擊，但是又缺乏正向的疏通管道來化解這些情緒。學校本來應該是學習以健康的方式來辨認、表達、化解情緒的最佳場所，但是很不幸的是，多數的老師或父母都沒有注意到這一點。

Feinson（2001）指出，許多人對學校的經驗與記憶充滿著喧鬧、爭吵、仇恨，而不是愛。不知為什麼，學校中的人際關係，包括師生之間、學生之間，甚至教師之間，好像都走樣了。學生對老師、同學以及學習的感覺沒有被照顧到，也不知道如何表達出來，結果都演變成各種破壞、暴力、脅迫事件。Feinson（2001）認為美國的學校亟需增加情緒教育課程，讓學生學習區分感覺、思考與行動之不同，並學會掌握團體生活中的不安與張力。Elias等人（1997:5）指出，當前困擾許多學校、社區、家庭的學生偏差行為問題的核心，乃是和社會與情緒有關，這類問題不僅減損學生的學習時間，更大量耗竭了教育工作者的精力，結果熄滅了學生的希望與機會。

張欣戊（2002）指出，我國學校中，同學間的暴力頻率相當高（如打架事件）。由調查結果看來，一年間有此經驗的學生大約不低於50%。不過，我國的嚴重校園暴力並不多見。例如：民國82至83年，全國各級學校的嚴重暴力傷害事件不到100件。顯然絕大部分的打架並未惡化成嚴重暴力事件。即使如此，我們應該要重視，防範這類小的打架事件，以免演變成嚴重的暴力事件。我國學校中的另一類暴力事件就是「工具性暴力」，亦即暴力是達到其他目的之工具。典型的例子是勒索或恐嚇事件，比同學

間打架要嚴重。我們的校園內常有大哥型人物，背後有校外靠山，不但同學不敢反抗，連老師都有所顧忌。

　　另外一類校園暴力事件是師生間的暴力，尤其是學生施暴於老師的事件。這類事件大致說來不超過整體校園暴力的10%。但是師生間暴力的後果及影響可能遠大過學生間之暴力。因為它不但嚴重破壞校園的氣氛，使傳道授業的工作難以進行，而且任何一件師生間嚴重暴力背後都隱含了廣泛長期的問題。這些問題大約可以說是校園內人際互動不良的後果。許多實際任教國中的老師、校長及訓導主任，把校園的人際關係不良歸納為幾個原因，其中一個最重要的原因是：國內教育體系的功利傾向明顯，一切以升學率，成績為重。站在老師的立場，為了趕進度，應付升學考試的壓力，很少有實現個別互動或關懷學生的時間，被升學壓力犧牲了師生關係。學生因為得不到功課成績以外的肯定，很容易自我放棄。校園生活不斷讓他們產生挫折、憤怒、失望，因而常常對老師及學校產生對立情緒，久之則演變為暴力事件。

　　從以上分析可知，學校情緒教育對於減少校園暴力就顯得日益重要、迫切。Daniel Goleman（張美惠譯，1996）指出，情緒教育能解決衝突問題，預防衝突惡化，因而預防暴力行為。情緒是一種能量，若無法被抒發表達，經年累月壓抑在心裡，如同龐大的能量巨獸，一旦超過個體所能負荷，這股具有破壞性的能量，不是向外爆發形成攻擊行為，就是向內侵蝕，形成自我傷害。向外攻擊的形式很多，如：肢體暴力、言語暴力或精神暴力等偏差、違規甚至犯罪的行為。我們若能幫助學生培養情緒調節與轉換的能力，就可預防這類負向行為的發生。根據一些青少年犯罪的研究（親子天下編輯部，2016：54），有暴力傾向的人往往是由於缺乏同理心、缺乏理解他人感覺與觀點的能力，以及及缺乏為自己的行為負責的能力。情緒教育正好就是為了加強培養學生這一類情緒能力，因此可以減少校園暴力事件發生的機率。

·········· 第三節 減少青少年自殺事件 ··········

情緒教育不僅可以減少校園暴力事件，也能減少青少年自殺[1]事件。自殺是一個難以挽回的悲劇，面對日益嚴重的青少年自殺問題，我們整個社會、家庭或學校，應該給予青少年多一點的關懷，讓他們能夠更懂得尊重自己的生命以及安置自己的情緒（黃盈彰，1999）。Brill（2002）指出，每年有大約五十萬美國人試圖自殺，其中一半是青少年，其中有將近兩千位青少年自殺死亡。自殺是僅次於意外事故的青少年死亡原因。在最近二十年來，青少年沮喪的比率增加了三倍。此外，青少年的酗酒、吸毒、飲食錯亂及各種自殘行為通常都是源自於隱藏在內心的情緒痛苦，先是外顯為憤怒，最後則演變成對己或對他人的暴力行為。

近年來我國社會經常出現一些青少年自殺事件，尤其是當一些資優生也相繼自殺後，更引起社會大眾非常大的衝擊。就我國的情況而言，黃有志（2001）指出，自殺已連續兩年擠入國人十大死因之一，而且單純的校園也出現層出不窮的自殺事件。他進一步指出一項對臺北市初、高中三年級的學生所做的調查，結果顯示出當前校園自殺的危機：高達四成三的受訪學生曾經想自殺，另有9%的學生更是「現在」就有想自殺的念頭。他們想自殺的原因中，「課業壓力沉重」為最大因素，其次為對自己缺乏信心與感覺孤獨。

從媒體上經常出現的自殺、殺人、放火、情殺等等社會事件來看，產生這些行為的主要原因在於情緒，因情緒具有情感、感情、動機等性質，處理不當，不但會危害自己生命，亦危害他人生命（王煥琛，2001）。根據汪履維（1995）的分析，學校和社會裡的不幸事件，背後的共同因素是：情感或情緒的失衡。李佩怡（2000）則是從臺中女中學妹殺傷學姊事

---

[1] 依據衛生署（2007）自殺防治中心的統計，2006年臺灣自殺人數已達到4406人，自殺死亡率高達每10萬人有19.3人，平均每天有12人死亡，連續9年列入「國人十大死亡原因」。

件來分析，並突顯一個重要觀點：我們的教育系統要讓老師和學生都有機會認識死亡、失落、悲傷等議題，並協助學生學習如何因應與度過傷痛的身心反應。

我們也可以從一些近年來資優生自殺的事件，來進一步探討情緒教育的重要性。很多資優生由於背負著資優生的頭銜，形成「不能輸」的強大壓力與苦惱（東森新聞報，2003）。資優班中成績名列前矛的學生自我期許更高，成績中後段的則是背負父母關愛的眼神和同儕競爭的壓力。陳韻淳（2002）也指出，資優生的自殺問題層出不窮，其關鍵在於家庭和個案本身。資優生在情緒上比一般人有更強烈的知覺、敏感度，但是也因而容易在「心理動作、感官、智能、想像與情緒」方面有過度激動的反應。資優生的情緒問題若處理不當，常常會引發自殺行為。陳韻淳（2002）認為，對於有自殺危機的資優生，我們應該對其家庭與學生本身進行評估，並加強家庭治療、學校輔導以及資優生的心理治療。楊麗華（1999）也認為，資優生在日常生活的處理能力和人際關係等方面，較普通班學生還弱。針對臺中女中資優生廖曼君戀上有婦之夫，最後跳樓自殺的事件，張正夫（1999）提出兩項建議：一是配合教育改革，正視輔導的時間、空間規劃；二是儘速將生命、兩性及情緒教育列入正式的公民課程實施。總之，資優生雖然有高IQ，但是如何同時協助他們提昇EQ，就成為資優生的一大課題。

綜上所述，如果我們能實施優質的情緒教育，不僅可以協助學生妥善面對自己的情緒、照顧自己的情緒、安頓自己的情緒，應該也能減少青少年的自殺事件。

第四節　減少學生情緒困擾與情緒事件

日常的基層教育現場不見得經常會發生前述校園暴力事件或青少年自殺事件。然而，各種大大小小的情緒事件是難免的。身為老師在上課時經常要面對學生的情緒困擾，以及教室裡各種突發的負面情緒事件。這些

事件或多或少都會影響到正在進行的上課秩序或狀態，有時甚至會嚴重干擾上課或中止上課。例如：學生正在進行自然課的分組實驗時，一位學生因為被同學嘲笑而動手打人，引起兩人的衝突，進而引起整個實驗室的騷動，或甚至引發受傷或意外事故。遇到這一類突發事件，教師當然要費心費時處理，也多多少少會影響上課的進行以及老師的心情。除了上課時間之外，校園生活中還有很多時機也都可能發生各種情緒事件，不僅影響到學生的情緒，也難免會影響班級導師的情緒，並增加導師的困擾或工作壓力，畢竟這些事件多半都要由導師出面處理或解決。這一類的情緒事件愈多，基層教師的工作負擔或壓力顯然就愈高。

根據《親子天下》的調查，大多數國中、小學生不知如何面對自己的負面情緒或情緒困擾，也不知如何調節自己的情緒（親子天下編輯部，2016：18）。很多學生從小就面對沉重的課業壓力，也經常要面對各種考試或比賽的挫折，但是卻不知如何抒解自己的壓力，也不知如何面對或化解挫折。因此，不管是父母或教師，如何為學生提供適當的情緒輔導或情緒教育就變成一項非常重要的課題。如前所述，情緒教育基本上屬於預防性、建設性的教育措施。如果我們能做好情緒教育，就可以減少情緒事件的發生機率。本書第103頁列舉一些在班級中常見的情緒事件，並說明班級導師如何藉機實施情緒機會教育，以提昇學生的情緒涵養，間接減少日後發生這些情緒事件的機率，無形中減輕了教師的工作負擔或壓力。

情緒教育也可以預防比較嚴重的情緒困擾、情緒障礙，甚或「情緒疾患」（mood disorders），諸如：焦慮症、憂鬱症、躁鬱症、恐慌症等。人有情緒的變化是正常的，但如果情緒動盪過度，或因高低起伏太大而影響日常生活或職業功能，就屬於精神醫學家所稱的「情緒疾患」（馬偕醫院，2020）。有些情緒疾患的患者之情緒過為高昂，稱之為「躁症」；有些則過於低落，稱之為「鬱症」。現代人罹患「情緒疾患」的情形愈來愈多，治療的方式主要透過藥物治療或心理諮商，有些則再加上「靜心」（蘇素珍，2017）。

然而，所謂「預防勝於治療」，我們如果能加強情緒教育的功能，協助學生從小學習如何因應與處理自己的情緒，就可以避免日後形成更大

的情緒困擾、情緒障礙或情緒疾患。這就是所謂「防微杜漸」的道理。美國「學業社會情緒學習協會」（CASEL, 2005）的研究也發現，SEL對孩子造成下列正向效應：學業成績進步11%、社會情緒技巧改善23%、對自我、他人和學校的態度改善9%、在學校和在班上的行為改善9%、班級裡不良行為和攻擊行為減少9%、情緒障礙如焦慮和沮喪減少10%。由此可知，情緒教育可以減少學生的情緒事件與情緒困擾，也因而大幅減輕教師的工作壓力。

第五節　增進團體生活的適應力

前面各節都從減少負面事件的角度來看，我們也可以從正面的角度來看情緒教育的重要性：增進團體生活的適應力。如第7頁「情緒涵養對人際關係與家庭生活的影響」所述，情緒涵養是影響人際關係的一項重要因素，而學生在學校生活中的人際關係之良窳則深深影響到他們在團體生活中的適應力。從這個角度來看，我們若能透過情緒教育來提昇學生的情緒涵養，必能增進他們在團體生活中的適應力。

Dryfoos（1998）指出，十到十七歲的美國學生中，有四分之一遭遇到適應學校團體生活的困擾，而這個問題往往造成最後更嚴重的問題。Jonathan Cohen等學者（鄭雅方譯，2004：4）也指出，社會情緒能力影響並決定學生是否能適應團體生活。他們甚至發現，早在三千多年前的埃及、印度、希臘，其學校教育中就包含著SEL的課程，幫助學生了解生活中的社會情緒層面之種種課題。

我國的學校教育一向標榜「群育」，也是為了幫助學生融入團體生活。然而，群育的理想在當前我們的學校教育中的實踐情形顯然有極大的落差。關鍵就在於，群育無法和情緒教育做切割。兩者其實息息相關。這也是為何很多美國學者都把此兩者綁在一起，提倡「社會情緒學習」或「社會情緒教育」。易言之，我們如果要落實群育的理想，必然要和情緒教育緊密地結合。

　　團體生活一方面是一個挑戰，另一方面則是磨練情緒涵養的絕佳場域。我們的學校教育很自然地提供了一個迷你的人際社會，也算是更複雜的現實社會之精簡版，讓學生提早在其中練習情緒涵養，並磨練人際能力，一面適應團體生活，為未來進入更複雜的社會生活做準備。學校生活等於是家庭生活與社會生活的一個過渡階段，學生在其中逐漸學習適應團體生活。然而，如果我們沒有把情緒教育同時融入這個學習的過程，顯然不足以協助學生順利學習如何適應團體生活，畢竟團體生活中必然同時衍生很多情緒的問題或困擾。因此，情緒教育對於增進學生團體生活的適應力可以發揮重要的功能。

第六節　奠立有效學習的基礎

　　所有的學習都必須以健全的身心狀態為基礎，否則很難有良好的學習成效。我們的情緒狀態會深深地影響我們的思考與學習動機，也因而影響學習的表現。有些情緒對一個人的思考與學習表現會產生負面的影響，有些情緒則有正面的影響，但是也有一些情緒有激發或阻礙思考效能的雙重作用。簡言之，情緒可能深深影響一個人的思考與學習效能。Jonathan Cohen等學者（鄭雅方譯，2004）也指出，教育的目的在培養學生終身學習的能力與良好國民必備的素養，而SEL則是一切學習的基礎。誠如美國羅格斯大學（Rutgers Universtiy）研究情緒教育的兒童心理醫師伊利亞斯（Maurice Elias）指出，欠缺情緒教育往往造成許多學校問題，學生並未妥善受到情緒關照，帶著情緒上課反而影響學習效率。王宏哲（2018）根據十多年的臨床經驗發現，很多孩子其實IQ都不差，但情緒的成熟度及心智行為都讓父母非常擔心。即使到了小一、小二，有些仍然很愛哭、易暴怒、愛生氣，有些在人際互動上很白目、看不懂臉色。隨著孩子年齡愈來愈大，這種IQ快速發展但EQ卻嚴重落後的情形，深深影響他們的心智成熟度。從這些觀點來看，情緒教育的重要性就在於，為學生奠立有效學習的基礎，甚至進一步提高學生的學習效能。

　　即使就「心理」層面來說，我們的學習也不能只侷限在認知與思考的層面。神經心理學的研究顯示，許多思考與學習的要素和社會情緒能力是有關聯的。很多學者現在已體認到：認知與情緒的層面有合作無間的關係（Elias et al., 1997:3）。記憶的編碼是建立在特殊事件上，而且聯繫到情境的社會與情緒處境。在高度焦慮或威脅的情況下，一個人會喪失學習的注意力與彈性，而各種和情緒相關的因素也同樣對大腦會產生接管或分心的作用。情緒是教育過程中非常關鍵的因素，因為情緒驅動著我們的注意力，注意力又驅動著我們的學習與記憶。簡言之，我們根本無法把情緒和其他生活上的活動加以分離（Elias et al., 1997:5）。

　　McIntosh & Style（1999:137）也指出，任何學校學習都涉及情緒與社會學習的意涵與後果。Orbach（2002）則從心理治療的觀點，指出情緒發展與學習的關係，以及情緒發展和社會結構的關係。他認為情緒發展必須是整個學校課程、學校氣氛、學校生活的一部分，同樣的也必須是教養孩子、家庭生活、工作、健康服務的一部分。情緒健康會刺激一個人學習能力、創造力。Orbach提及，她在心理治療的工作中，每天都看到情緒傷害（emotional damage）對許多人造成的不良影響，諸如：無法利用他們的資源、無法發展他們的才華、無法相信自己、無法接受或給予支持、無法接受或給予簡單的回饋等等。

　　針對一些有效能的中等學校的研究也顯示（Elias et al., 1997），在這些不同類型，但是都有傑出學業表現的學校中，他們擁有的共同因素是，他們都擁有一個有系統地提昇學生社會與情緒學習的歷程（包括：全校性的良師方案輔導、設立團體輔導與諮商時間、有創意的紀律處理程序、結構化的教學時間），來培養學生的社會情緒能力、團體問題解決能力、團隊建立能力等。

　　國內許多研究人員近幾年來也非常關注情緒教育和學生學業成就與生活之關聯。蔡明昌（1997）認為，情緒智能似乎較智商更能預測學生將來的成功與否，雖然EQ基本上是受生理所影響，但EQ可以藉由外在的訓練加以培養、改變。許維素（2000）指出，影響學生學業成績的因素中，學生的「情緒」狀況才是重要的關鍵。他也進一步說明影響學生讀書情緒

的常見因素包括：教師態度、家庭壓力、人際困擾、兩性因素、挫折與迷惘、不當的自我價值來源、無法確認讀書的意義與重要性等。還有很多的研究都一再指出：學生的情緒智力與學業成就有高度的相關（王財印，2000；劉清芬，2000；張毓志，2001；莫麗珍，2003）。

　　這些研究給我們的啟示是，即使我們從幫助學生提昇學業成就（智育）的角度來看，我們也應該重視學生的情緒教育，否則可能會事倍而功半。至於其他「德、體、群、美」四育，當然也和情緒教育有密切的關聯。簡言之，情緒發展與情緒教育應該是學生整體學習的一部分。

……… 第七節　因應現代人的生活壓力及情緒困擾 ………

　　情緒教育並非只是為了因應學生的課業壓力或情緒困擾而實施，也同時是為了學生未來進入社會而準備。現代人生活忙碌，每天面對生活周遭大大小小的瑣事，與家人、朋友、同事等人際接觸中，也容易因為個性、行事作風不同、代溝……等因素，而造成人際相處上的誤解，導致無端的情緒衝突。簡言之，現代人的生活壓力及情緒困擾似乎有愈來愈高的趨勢。層出不窮的社會事件，不管是自傷或傷人，多半都導因於情緒問題，也是現代社會的一大隱憂。許多人因一時情緒衝動而感情用事，造成不可挽救之悲劇。

　　放眼社會，在盛怒之下釀成的悲劇不斷在我們的周遭發生。美國近年來發生很多起震驚社會的校園槍擊事件或濫射無辜的槍擊事件，我國近年來也開始出現一些隨機殺人事件。精神科醫師沈政男表示（引自自由時報，2016），目前研究隨機殺人最透徹的是日本與美國，以日本的研究來說，隨機殺人可分成五種動機。若依照臺灣對隨機殺人的歸類，可歸類為以下五種：(1)對自身境遇不滿而遷怒社會，例如：2009年臺北縣黃信菖因找不到工作劃傷歐巴桑案。(2)對特定人士不滿但無法報復而找代罪羔羊，例如：2015年北捷郭彥君砍傷乘客案（被阿姨責罵）。(3)藉由死刑來自殺，例如：2014年北捷鄭捷殺人案、2015年北市北投龔重安殺女

童案。(4)藉由被關來逃避現狀,例如:2012年高雄曾文欽殺男童案。(5)
精神混亂或怪異想法,例如:2009年北市黃富康殺陌生房東案(殺人改
運)、2012年新北邱志明吸膠後砍傷婦人案、2013年臺南涂嘉文吸膠後殺
路人案、2016年北市內湖王景玉殺女童案。

由這些震驚社會的事件可知,如何因應現代人的生活壓力及情緒困
擾,以及如何面對情緒與轉化情緒,對現代社會來說就顯得愈來愈重要,
也突顯出情緒教育在現代社會中的重要性。

第八節　提昇人的整體生命品質

人不只是活著,人更要活得健康、活得快樂、活得有意義。簡單來
說,人要活得有品質。影響我們的生命品質(quality of life)之因素與層
面很廣,但是「情緒」無疑是一個非常重要的層面。生命品質不等同於物
質生活的品質,人的心理層面與精神層面終究決定了我們對生命與生活的
感覺、感受或情緒。因此,如果我們想提昇生命品質,當然不能忽視「情
緒」的層面。情緒教育的根本目的就是透過促進學生的身心健康、促進學
生的人際和諧來提昇學生的生命品質。

目前我們的學校教育太偏重於學業成就與課業輔導,比較忽略學生的
心理需求和情緒層面。造成學生只會唸書、會考試,但不善於處理人際關
係,對自己沒有自信,缺乏問題解決的能力。學生一遇挫折,常常被原始
的情緒反應所控制,無法用成熟的方式來處理情緒,導致許多遺憾產生。
情緒教育可以協助學生了解自己的情緒,做情緒的主人,提昇對挫折的容
忍力與解決衝突的能力。

情緒教育不僅能協助學生過得愈來愈快樂,因而促進學生的身心健
康,進而擁有良好的人際關係。當學生擁有良好的情緒表達與適切的溝通
方式,比較能減少不必要的誤會,增進人際和諧,使得生活更加融洽,甚
至因良好的團隊合作,更能創造出和諧的家庭生活與團體生活。誠如林建
福(2010)指出,情緒教育具有不可否認的重要性,良好的情緒教育能夠

協助學習者情性的發展，涵養優良的生命品質及厚植生命的希望與生機。

　　情緒教育也可以促進學生的人格與品德之健全發展，因而提昇學生的生命品質。一個人的人格與品德發展深受情緒之影響。我們很難想像一個經常不快樂的學生能夠有健全的人格發展。如果一個學生長期處在不快樂或情緒不佳的狀態，往往會發展出偏差的人格，嚴重的話甚至形成反社會的人格，一切只因他們活得不快樂、活得很痛苦。如果我們透過情緒教育來提昇學生的挫折復原力及問題解決能力，學生有了穩定的情緒表現後，不論在行為、身心健康及人際關係等各項生活層面，都會有更佳的展現。情緒教育攸關全人的健康發展及社會團體和諧穩定的運作，因此，若能在學校實施情緒教育，奠定學生情緒穩定的基礎，不論是個人或團體皆能獲益匪淺。凡此種種都會點點滴滴地影響我們的生命品質。

　　如果我們認為教育的真正目的乃是提昇人的幸福，幫助學生過幸福快樂的人生，我們似乎應該正視：情緒學習與情緒發展乃是一個人整體學習的一部分。我們的社會曾經把身體健康視為理所當然，但是終究我們發現事情好像不是那麼簡單，最後我們終究把體育列入學校教育的正式課程之中。現在，大家已經把體育課程對下一代的重要性視為理所當然，也忘了其實體育課程的引入也是時間演變的結果。

　　現在，我們的社會已經逐漸了解到心理的健康、情緒的健康，比起身體的健康，其重要性實在有過之而無不及。我們的社會是否到了應該好好重視這個課題的時刻？我們是否能夠把情緒教育，像體育一般，列為正式課程的一部分？我們是否應該思考如何幫助下一代成為身心健康的個體？畢竟，人類是「身」與「心」的共同存在，我們豈能漠視心理層面的存在。

第三章

情緒教育的實施原則

在探討情緒教育的具體實施方式之前，本章先探討一些比較抽象的「情緒教育實施原則」。這些原則乃是學校裡的教師實施情緒教育所要遵循的原則。原則雖然是抽象的理念，但往往是貫穿我們所有行動的基本準則或方針，可以發揮戰略指導的作用。本章的各項原則大致分為三大類：一、從教師本身做起的原則；二、教師面對學生所要遵循的原則；三、整體與持續要遵循的原則。以下分別闡述這三大類的原則：

第一節　從教師本身做起的原則

學校情緒教育的實施與推動者主要是透過教師，因此要從教師本身做起的原則有兩項：第一，教師必須具備起碼的情緒涵養，才有利於實施情緒教育；第二、教師本身的情緒涵養可以發揮身教的功能。這兩個原則其實也是二而一，只是分開來陳述。

壹、教師必須具備起碼的情緒涵養

如果我們想落實情緒教育的理念，首要關鍵是：教師必須具備起碼的情緒涵養。教育工作的基本信念乃是「己立立人，己達達人」。本書雖然闡述了很多情緒教育的理念與實踐方式，但是如果教師的情緒涵養不足，一切都將成為空談。教師必須先照顧好自己的情緒，才能進一步協助學生照顧他們的情緒。如果教師本身都不快樂，遑論為學生提供愉快的學習經驗與情緒教育。這是一個不爭的事實，也是我們無法迴避的現象。既然如此，教師如果要實施情緒教育，當然要先提昇自己的情緒涵養。誠如林建福（2010）指出，教師要具有良好的情緒素養，且是理想的情緒教育或甚至整體教育重要的必要條件。

如第49頁「教師的情緒涵養可發揮身教的功能」這一節所述，教師本身的情緒涵養就是最佳的身教。如果教師本身的情緒涵養都做不好，如何指望教師能夠指導學生學習情緒涵養？這就好像一個不太會開車的人，怎

麼能指導別人開車呢？只有當教師本身表現出穩定或成熟的情緒時，才能協助學生發展成熟的情緒。教師面對學生時會不斷面臨各種問題的挑戰，需要不斷解決新舊問題，因此最需要的是冷靜的態度與穩定的情緒。畢竟，教師時時刻刻的情緒都會影響學生的情緒與學習。當教師示範優良的情緒涵養時，就成為情緒教育最重要的身教。所以，教師本身的情緒涵養乃是情緒教育的起步。當然，任何教師不需要等到自己的情緒涵養盡善盡美了，才開始指導學生的情緒涵養。但是至少在情緒涵養上要具備起碼的水準，才不會產生「言教」與「身教」的衝突。

　　從教育現場的實況來看，從小學到大學，許多教師的情緒涵養的確令人搖頭，更遑論要他們教導學生情緒涵養。教師的情緒涵養其實是相當受到忽視的一環，我們似乎都認為教師是成熟的個體，教師是為人師表，但是我們往往忽略了教師也是有感覺、有情緒的個體。教師並非聖人，也會有情緒起伏，也會有情緒失控的時刻，也需要社會支持。Feinson（2001）也指出，我們經常忽視教師本身的情緒經驗。人與人之間的情緒都是互相感染的，任何教師隨時都會受到學生的行為與情緒的侵擾，再加上工作負擔的逐漸加重，難免產生焦慮與沮喪，並逐漸侵蝕師生關係。

　　不幸的是，全世界的教師們好像都有一個共同的現象：工作壓力太大。面對青少年，許多教師常感到力不從心或心力交瘁。教師如果沒有堅強的情緒穩定力，實在很難期望他們從工作中感受到愉快。如果沒有快樂的教師，又如何會有快樂的學生？教師如果不知道如何化解工作壓力或不知道如何照顧自己的情緒，在一些師生衝突的時機難免會演變成情緒失控。張欣戊（2002）指出，由師生衝突的微觀角度而言，衝突當下，雙方的情緒失控是暴力產生的最直接原因。教師的情緒失控可以追溯到權威心態，缺乏處理衝突技巧等原因。有些教師常以傳統的權威管教心態，把學生的某些言行認為是對教師權威的挑戰，但很多學生難以接受教師的權威，把教師管教當作是找自己的麻煩。學生對教師的反感，一方面出現在破壞學校公物上（發生的比率遠高過師生衝突），另一方面就是師生暴力衝突。

　　教師情緒失控的另一個原因在於，師資培育過程中，沒有充分學習

到人際衝突的解決技巧。有些教師沒有解決師生衝突的能力，對學生的挑戰除了打罵之外，也不知道該對學生怎麼辦。在雙方情緒失控下，教師的打罵學生常引來反擊，進而成為校園師生暴力事件。學生的很多行為、價值觀，甚至於道德觀，很多是模仿自成人。如果成人（包括父母或教師）常以暴力手段解決爭執，同時透過媒體，學生看到地位高、權力大的人物也以打鬥解決問題，那麼要求學生不可暴力，無異緣木求魚。在整個模仿認同的歷程中，教師體罰學生，尤其是即興式的打耳光、揮拳頭、或踢學生，更是校園中直接的不良示範。

由於教師的情緒涵養對學生有重大的影響，因此如果我們想在各級學校推動情緒教育，首要之務是如何協助教師提昇情緒涵養。許多教育工作者也曾紛紛提出建議，協助在職教師提昇情緒涵養，或者加強職前師資培育的情緒教育課程。就在職教師方面而言，陳淑琬（2001）曾指出，父母和老師是孩子在不同成長階段的學習對象，因此在推動情緒教育時，要先學習覺察、處理自己的情緒，才能進一步全面關照學生這個「人」。也就是說，要「己立」才能「立人」。就職前師資培育課程而言，李彥君（2002）建議師資培育機構增加因應壓力與情緒教育的課程，並提供專業資源，以利教師諮詢有關情緒之問題。江欣霓（2002）也建議政府機關將情緒教育列為師資培育課程的一部分，定期舉辦教師健康檢查，確保教師身心健康。Hosotani（2011）的研究也指出，高品質的教師能在教學過程中有效運用他們的情緒能力，且他們在面對孩童時會使用各種不同的情緒表達方式。基於此，筆者曾經在師資培育的課程中開設情緒涵養的選修課，希望提昇師資生的情緒涵養（饒見維，2010）。

雖然如何提昇教師的情緒涵養是一個重大挑戰，但是此項挑戰並非表面看起來那麼大。任何教師如果想實施情緒教育，也一定會想辦法先學習情緒涵養，以期提昇自己的情緒涵養。令人鼓舞的是，教師本身的情緒涵養可以透過教學相長而逐漸提昇。教師在教學的過程中，可以真誠面對自己的情緒，且適時適宜的表達出來，一面練習提昇自己的情緒涵養，一面與學生分享自己學習情緒涵養的經驗。換言之，一旦教師有意開始實施情緒教育，自己的情緒涵養也會逐漸提昇。這就是所謂「教學相長」。總

之，只要教師有心推動或實施情緒教育時，教師本身的情緒涵養和學生的情緒涵養都能同時持續成長。

貳、教師的情緒涵養可發揮身教的功能（身教重於言教）

情緒教育的一項重要原則就是「身教重於言教」。在學校生活中，教師本身要掌握點點滴滴的時機來示範優良的情緒涵養，直接展現良好的情緒涵養，而學生則在潛移默化下無形中逐漸學會情緒涵養。事實上，此種「身教」的效果往往比言教還要大。反之，如果教師在情緒教育中說了一套，自己的行為表現卻沒有展現出良好的情緒涵養，那麼情緒教育中的言教就白費了。這是情緒教育的一項重要原則。

林建福（2010）指出，在一般的教育中，教師所產生的身教示範作用是不能否認的事實，當學生相當認同教師進而加以模仿時，身教的功能更大。這一點在情緒教育上更具有特殊的意義。根據臺北市立師院的調查研究（顏銘志，2002），老師每天對學生批評約四十至六十次，然而教師的一言一行皆會對學生造成深遠的影響，為人師者應讓學生從潛移默化中接受情緒教育。由於學生時時刻刻都在向教師學習，只要教師能認清情緒教育的本質，從良好的互動做起，學生在潛移默化中，必能學習教師的典範，情緒教育自然能不言而教。

李泳緹、方敏全（2017）認為，再多的言教都不及身教來得有效果，教師做的每件事，其實學生都看在眼裡，因此教師本身必須做出良好的示範，才能讓學生有認同與模仿的對象。如果教師本身有良好的情緒管理，在處理學生衝突事件時，就能帶著學生好好覺察當下的情緒，且試著說出感受與相互同理。在處理的過程中，也讓學生學習到如何解決衝突與人際溝通。若教師本身的情緒管理不佳，在學生衝突事件發生時，只會一味地指責學生，非但讓學生雙方不服氣，也無法有效解決衝突，更增添教師在班級帶領上的疲累。

「身教重於言教」這個原則的另一個重點是，教師在面對學生的一些行為問題時，最好先反省自己的行為是否有哪些地方要加以檢討改變，而

不是一味要求改變學生的行為。很多時候，造成學生的行為問題之原因根本就是教師本身。教師有時會因為本身的情緒涵養不夠，用不良的態度來回應或指責學生的某種行為或表現，然後進一步激發出彼此之間的不快或衝突。依據「身教重於言教」這個原則，教師如果能先反省檢討自己，然後做出應有的改變，久而久之，學生也可能因而改變自己的態度或行為反應，亦即對學生自然而然地產生優良的身教效果。

以上只是簡要闡述「身教重於言教」的原則，第125頁則深入探討教師在學校中可以如何示範優良的情緒涵養。

第二節　教師面對學生所要遵循的原則

在教育工作的現場，教師隨時都要面對學生表現出的種種行為、情緒或態度。教師如果想落實情緒教育的理念，在面對學生的種種表現時要遵循以下原則：

壹、敏覺與接納學生的情緒與特質

在學校生活中，學生難免會產生各種負面情緒。教師不僅要能敏銳地覺察到學生的情緒，更要能接納與尊重學生的情緒，然後妥善因應學生的情緒。此項原則的基礎乃是教師對學生的同理心，亦即教師要能儘量站在學生的觀點來看待他們的情緒或行為表現。

此項原則也算是前述「身教重於言教」（第49頁）的進一步延伸，因為傾聽、接納、同理與尊重他人的情緒乃是優異的情緒涵養表現，教師本身如能經常示範此原則，無形中也對學生發揮了身教的作用。我們也可以從反面的角度來看，如果教師經常忽視學生的情緒、反對學生的情緒或放任學生的情緒，不僅沒有用身教來示範情緒涵養，甚且往往會傷害師生關係。

「接納學生的情緒」這個原則的重要性值得再三強調。在我們的社會文化中，對情緒多半傾向於持負面的態度，認為人不應該有情緒，有情

緒的人是不對的。因此，很多教師習慣於否定學生的情緒，甚至禁止學生有情緒，因而出現類似如下對學生的訓斥語言：「不准你哭！」「不要生氣！」「不要像個小孩哭哭啼啼的！」「有什麼好怕的？不要害怕！」這些訓斥等於告訴學生：有情緒是不對的。其實，學生正如大人，有情緒是正常的，學生需要學習的是如何表達與抒解自己的情緒，而不是壓抑自己的情緒或用不當的方式來表達情緒。因此，教師要先接納學生的情緒，然後才能進一步妥善因應學生的情緒。誠如陳淑琬（2001）指出，教師要能接納學生的情緒，才能妥當處理學生的情緒危機。能傾聽與接納學生，意謂著對學生的種種情緒要有妥適的反應與關注，而不是漠不關心。張怡筠（2001）也指出，在情緒教育上，我們應教導學生描述自己的情緒狀態，隨時肯定且呼應學生的情緒感覺，鼓勵學生與雙親或老師分享情緒。

面對學生的情緒，有些教師會忽視學生的情緒，有些則放任學生的情緒，有些則反對學生的情緒。這些都違反了「敏覺與接納學生的情緒」這個原則。當教師能夠敏覺與接納學生的情緒時，教師就比較可能「善用機會教育化危機為轉機」（第56頁），否則就浪費這些實施情緒教育的良機。從情緒教育或情緒輔導的角度來看，教師在敏覺與接納學生的情緒之餘，當然更要進一步妥善因應學生的情緒。至於如何妥善因應學生的情緒，則是本章其他各項情緒教育的實施原則以及本書很多相關章節所關切的主題，此處不再贅言。

此外，除了接納學生的情緒之外，教師也要接納學生的特質。從出生的那一刻開始，每一個學生都是獨一無二的，不管是個性、才能、氣質、性向、外貌等。人與人之間也是因為這些特質的差異性而顯現出多元性。教師除了要能敏銳地覺察到每一個學生的特質外，更要能接納其特質。反之，如果教師不能全心全力接納每一個學生的獨特性，往往造成彼此之間無謂的困擾，不僅會破壞師生關係，甚至可能對學生造成嚴重的心理傷害，遑論實施情緒教育。

只有當教師能覺察與接納學生的特質時，教師才能為學生評估與設定適切的學習目標（不管是哪方面的學習），並提供差異化的指導。不僅學生之間可能有很大的個別差異，即使就同一個學生，在不同年齡或不同的

狀況下,學生的實際表現、反應與需求可能也會不一樣,教師要敏銳地覺察到差異或變異的可能性,且接納這些差異,才能進一步做到差異化的因應(參見第54頁「因材施教與多元化原則」)。雖然教師往往要同時面對很多學生,不易做到差異化的因應。然而,只要教師能覺察與接納學生的特質,就比較能用開放的心胸來面對學生的差異表現,而不是用單一的標準來看待學生。這樣不僅比較不會因為學生的表現不如己意就產生過度的失望或生氣,也比較可能試著尋找其他方法來幫助學生,而不是用僵硬的方法來教導學生。

值得注意的是,接納學生的特質並不意謂著放任學生的不當行為。教師全然接納的是學生的「人」,至於學生的行為或做事的恰當與否,當然並非要全然接納,而是要根據情形給予適當的回饋或指導,而這些回饋或指導也是根據「對事不對人原則」(第64頁)。總之,敏覺與接納學生的情緒與特質只是實施情緒教育的一項必要條件,而非充分條件。而此項必要條件則是很多後續的情緒教育行動之基礎。

貳、正面積極原則

「正面積極原則」意指,在情緒教育的歷程中,教師對學生要儘量採取正面且積極的態度。此原則包含「正面原則」與「積極原則」兩項。就「正面原則」而言,意謂著教師應多多肯定、鼓勵學生,且認為學生是「可教的」。反之,「負面」意指,教師經常用負面的方式來指責、教訓、挪揄或侮辱學生;從負面的角度來解讀或看待學生的行為;從負面的角度來預設學生未來的表現;看了學生有些不聽話的表現就在心中就認定「孺子不可教也」等等。「正面原則」乃是情緒教育中一項非常重要的原則,因為它也是「教師的情緒涵養可發揮身教的功能(身教重於言教)」(第49頁)。

教育界有一個很有名的「比馬龍效應」(pygmalion effect, Rosenthal & Jacobson, 1992):教師如果認定某些學生是資優生,他們最終往往會發展出資優的表現,因而符應了教師原來的認定,不管那些學生原本是否真的

是資優生。當然，教師的正面態度並非就保證學生必然會有正面的表現，只是增加學生往正面表現的機會或可能性而已。同樣的，教師的負面態度也會增加學生朝負面方向發展的可能性。教師究竟要採取正面或負面的態度來面對學生，答案就很明顯。

　　值得注意的是，學生有時會有某些負面的行為表現，或者有時表現得不如教師的期望，這些不僅可能會發生，而且經常在發生。所謂正面原則，並非意謂著教師要全然接受學生的負面行為表現，那是過度溺愛學生，並非恰當的教育態度。如第64頁所述的「對事不對人原則」，教師當然要向學生表達出：哪些行為是不當的、為何它們是不當的，教師所要避免的是用負面的方式來指責學生、否定學生、傷害學生。

　　就「積極原則」而言，意謂著教師要積極擔負起教育的責任，積極反省檢討自己的教育態度、方法或內容，且會密切關注學生的行為表現、反應或需求。積極原則的相反就是消極，也就是放任學生、疏於關注學生、推卸自己的教育責任，也沒有根據學生的成長需求或個別差異來主動反省自己、調整自己，或者只用自己一向習慣的方式來教育學生。畢竟，多數的學生需要教師的指導與關注。尤其是情緒教育的面向，如果缺乏教師的積極指導、教導或輔導，可能只有很少的學生能自主習得情緒涵養的觀念與方法。同樣地，如果教師沒有積極反省檢討自己的情緒教育態度、方法或內容，很可能落入自己習慣的或錯誤的方式，當然不易發揮情緒教育的應有功能。很多教師會把自己過去受教的經驗移植到學生的身上，殊不知自己以前的老師很可能採用的就是不當的教育觀念、方法或態度。身為教師，難道要這樣一代又一代地複製那些不當的教育行動嗎？教師如果能經常主動反省檢討自己的教育行動，也必然能夠帶來相當積極的改變。身為教師，也唯有自己先反省自己可以做什麼改變，才能期待學生有正面的、建設性的改變。

　　值得注意的是，積極原則並不意謂著教師要為學生的一切表現負責。有些教師會把學生的所有優良表現視為自己的功勞，這是過度自誇；反之，有些教師把學生的所有不良表現都視為自己的責任，這是過度的自責，也是對積極原則的誤解。積極原則只是強調教師對於學生的教育能夠

有所作為，但是無需把學生的所有行為表現之責任全部扛起來。教師有能為之處，同樣的也有無能為力之處。過度的自責只是徒然增加心理壓力。如同第59頁「全面參與且協同的關係」這一節所述，在情緒教育的整個歷程中，教師、父母和學生需要互相協助，同心協力，才可能達成最大的教育效果。易言之，教師、父母和學生都各自有一定程度的教育責任，而非任何一個角色單方面的責任。

參、因材施教與多元化原則

教師在面對學生時，西方遵循的另一原則是「因材施教與多元化原則」。此原則也包含「因材施教」與「多元化」兩項息息相關的原則，因此一併在此闡述。就「因材施教原則」而言，這是自古以來就不斷被教育家們倡議的教育理念或原則。在情緒教育的領域，我們當然也要注意因材施教的原則。具體而言，我們在實施情緒教育的過程中，要儘量根據學生的個別差異（包括個性、能力、經驗、年齡、性別、種族等差異）來採取適切的、差異化的教育行動，因此此原則又可稱為「個別化原則」。由於在面對相同或類似的情境時，人類的情緒反應有很大的個別差異，顯然我們的情緒教育行動也必須考量這些個別差異。即使同一個學生，在不同處境或時機的情緒反應也可能有差異。身為教師，我們如果沒有考量學生的個別差異，極有可能採取不恰當或無效的教育行動。當然，在家庭情緒教育中，父母比較容易顧及孩子的個別差異；反之，在學校情緒教育中，由於班級人數的關係，教師可能就比較難以顧及個別化原則。因此，教師也只能就能力所及，儘量依據個別化原則來指導與協助學生，尤其是在面對個別學生的情緒問題與情緒困擾時。Jonathan Cohen等學者（鄭雅方譯，2004：11）也提及，如同學習閱讀識字時，每個兒童所需的幫助都不盡相同，要提昇他們的社會情緒素養當然也應有個別差異。

除了面對學生的情緒反應與情緒學習之外，教師在面對學生的任何行為反應或表現時都要顧及個別化原則，否則會徒增學生與教師的情緒困擾，尤其是當學生的行為違反了規範或沒有達成教師的期待時更應注意個

別差異。任何學生違反規範時，教師都要儘量深入了解與探討其原因，可能性很多，例如：一時情緒衝動；自我約束的能力還不夠；還沒有完全了解規範的意義；一時忘記了；還沒有養成好習慣；身心發展比別的同學慢；家庭發生特殊事件或狀況；先天智能就比較低、學得比較慢；有特殊的身心疾病（如：憂鬱症、ADHD、ADD）等等。總之，可能的原因不勝枚舉，教師必須針對個別學生深入了解，以找出真正的原因，才能採取較適宜的行動。如果教師沒有考慮個別差異或個別原因，用統一的標準或僵化的方式來處罰學生，不僅容易破壞相互信賴的關係（第62頁），也容易造成學生不必要的情緒反彈，遑論實施情緒教育。

　　「因材施教原則」的另一個重要面向是，教師要考慮學生的身心發展或成長狀況來因應與調整自己的情緒教育行動，亦可稱為「因應身心發展原則」。根據發展心理學，一個人終其一生會經歷一些不同的發展階段，每一個階段又有一些獨特的身心發展特徵。心理學中充斥著各種「發展階段論」（如：認知發展階段論、道德發展階段論、人格發展階段論、專業發展階段論），不同的學者對人類的身心發展階段可能提出不同的界定與畫分方式。然而，這些發展階段論通常都以人類整個群體來考量，雖然也有一些參考的價值，但是一旦面對單一的學生，每一個學生都有其身心發展的獨特性與差異性，不能和同年齡的其他學生等同看待。接著，隨著學生的成長，教師又要考量其變異性，一個學生的身心狀況不僅今年和去年不一樣，本月和上個月可能不一樣，這週和上週也可能不一樣，甚至今天和昨天可能也不一樣。不僅學生本身不斷在變化，學生本身所面對的情境、學習任務、人際關係也不斷在變化著，在學生身上所激發出的身心反應也因而持續在變化著。由於這些種種的獨特性與變異性，教師也要不斷調整自己的態度或教育行動，以因應實際發生的個別狀況。有些學生在某些時期的變化很快（如：青春期），尤其是在情緒反應、感情和人際互動狀態，常常會讓教師捉摸不定或不知所措。這是教師在實施情緒教育時，必須牢記在心的一項原則。

　　在考量「因材施教原則」的同時，教師也要兼顧「多元化原則」，亦即教師要具備多元的觀點與寬廣的視野來看待學生，否則容易誤判或誤

解學生的種種行為表現。甚且，教師也要具備多元化的教育行動之專業素養，否則很難採取適切的教育行動。所謂「多元化的教育行動」意指，教師對於情緒教育的各種面向、各種情緒教育目標內涵、情緒教育的實施方法、實施時機等，都要持續吸收與掌握，不能過度單一或僵化。本書相關章節提供了多元化的教育行動以供教師參考。除此之外，還有更多的相關書籍，也提供了多元化的情緒教育行動，以供參考採用。只要教師有心吸收，且透過長期親身實踐，必能逐漸充實自己的情緒教育專業素養。

除了因應個別差異之外，採取「多元化原則」的另一項原因是：學生天生就喜歡多元化的教育活動，不喜歡面對一成不變、了無新意的活動。因此，教師如果具備多元化的教育行動之專業素養，就能適度變化情緒教育的學習活動，採用多元化的教學方法或教學活動，以便吸引學生的注意力且提高他們的學習興趣。

肆、善用機會教育化危機為轉機

「善用機會教育化危機為轉機」也是情緒教育中的一項重要原則。在學校生活中，由於學生之間及師生之間的互動頻繁與密切，很容易產生各種正面或負面情緒。由於人類的情緒有很高的交互感染與交互激盪的作用，使得學校生活很容易交互激盪出各種情緒。情緒的激盪既然無法避免，就看教師與學生如何因應與面對。教師當然要負起責任來因應與面對發生在校園中的各種負面情緒。如果能妥善因應與運用，學校生活中產生負面情緒的時機可以說是實施情緒機會教育的絕佳時機。反之，如果沒有善用這類時機，可能一次又一次地侵蝕或破壞校園氛圍與師生關係。

在面對學生產生負面情緒的時機，有些教師選擇忽視、壓抑或放縱的態度（John Gottman & Joan DeClaire著，劉壽懷譯，1996：16）。這些既不是很好的態度，也非常浪費寶貴的機會教育時機。教師用自己的權威來反對或壓抑學生的負面情緒當然非常不可取，而放任學生自行處理自己的情緒也是非常不負責的態度。有些學生也許有能力自行化解或調適自己的情緒，然而多數的學生可能需要學習如何轉化自己的情緒或如何因應自

己的處境。學生的負面情緒如果沒有適當的出口，難免會產生不可測的後果，有時甚至可能演變為無法收拾的局面。

其實，這些時機正好是教師能發揮情緒教育功能的最佳時機。學生在學校生活中有許多互動的機會，難免會產生點點滴滴的偶發事件，例如：教室裡的學生衝突事件、學生違反團體生活公約、某學生遭逢特殊困難等。教師如果具有敏銳的覺察力，就可以隨時把學校裡各種實際的衝突與問題看成情緒教育的最佳教材與機會，而不是把這些衝突視為麻煩事。教師可以在學生行為問題或衝突事件發生時，藉機幫助學生了解自己和他人的情緒，並學習如何面對問題、解決問題、解決衝突，學習如何表達自己的情緒，學習如何了解他人的情緒，並進一步避免衝突。這樣一來，教師自己不僅不會產生沒有必要的情緒困擾，也可以協助學生發展出解決問題與理性思考的方法，這些都是學習情緒涵養的最佳教材。丘愛鈴、黃郁婷（2009）的研究也指出，以學童生活事件或親身經驗為教材，能引起學童的學習動機。

一個教師如果能善用機會教育，也就能化危機為轉機。任何情緒事件，可能成為教室裡的危機，但是也可以轉化為機會教育的素材，完全看教師是否能靈活因應這些狀況，並善用它來實施情緒教育。本書第103頁將深入探討教師如何善用這些時機在學校實施情緒機會教育。

此外，實施情緒機會教育也要掌握「**先處理心情再處理事情**」的原則。也就是說，一個人在處理任何事情前，要先處理好自己的心情，以免受到心情的影響，讓事情處理得不恰當，或甚至把事情搞砸了。如前所述，教師在遇到突發事件時，心情難免都會受到一些波動，因而產生或多或少的負面情緒。在這種情形下，教師如果想立即實施情緒機會教育，可能也相當困難，甚至可能因為受到教師本身的負面情緒之影響，破壞了預期的效果。因此，以先後順序來說，教師應該先處理好自己的心情，然後再冷靜處理事情，最後才根據情況來實施必要的情緒機會教育。至於如何處理自己的心情，則是回到基本的情緒涵養方法的練習或運用。就學生方面來說，教師也要先接納學生的負面情緒，並協助減弱或化解情緒，然後再來協助處理產生負面情緒的事件，最後才實施必要的情緒機會教育。否

則在學生有強烈負面情緒的當下，不僅很難處理情緒事件本身，遑論實施情緒機會教育。

值得注意的是，如果想善用機會實施情緒教育，教師要能「敏覺與接納學生的情緒」（第50頁），不要把學生產生負面情緒視為「不應該」。對很多工作繁忙或時間壓力很大的教師來說，學生產生負面情緒的事件的確不容易輕鬆面對，很多時候甚至認為是一項麻煩的事，最好不要發生。尤其是如果一再發生，更容易讓自己情緒失控。因此，教師應持續練習情緒涵養，以免自己的情緒輕易受到學生的負面情緒之干擾。畢竟，如前所述：教師必須具備起碼的情緒涵養（第46頁），才有利於實施情緒教育。

伍、適時適地原則

如前節所述，教師要善用機會教育化危機為轉機，然而這並不意謂著教師就能隨時隨地實施情緒教育，仍然要考量「適時適地的原則」。有很多時機或狀況並不適宜實施情緒教育，尤其是當教師在趕時間或有時間的壓力時（John Gottman & Joan DeClaire著，劉壽懷譯，1996：169），例如：教師在下課時為即將參加的一個會議準備一些相關資料，此時班上某些學生突然起了衝突。當教師遇到這些事件，通常只能先把事件迅速處理好，然後就得繼續準備自己的會議資料或離開學生去參加會議，當然無法立即實施情緒教育。如果勉強自己想在很短的時間內完成某種自以為「應該」採取的情緒機會教育，效果往往不會很好，因為在時間的壓力下，教師不見得能平心靜氣地和學生進行優質的互動。如果要運用這類事件來實施情緒教育，通常要另外找適當的時間。

其次，當教師本身因某事覺得很心煩或太累時也不適合實施情緒教育，例如：教師正在煩惱如何處理某項兼辦的行政庶務時，班上一位學生因故被同學惹哭了。當教師遇到這類狀況時，即使是很好的機會教育時機，但是通常也無心或無力來採取恰當的情緒教育行動。教師必須優先處理好衝突的事件，然後另外找時間或者等自己的身心狀態安頓好時，再來採取恰當的情緒教育行動。

　　總之，雖然在校園生活中，經常都會遇到很好的機會教育素材，然而教師仍然要根據實際的狀況來衡量是否要當場採取情緒教育行動。有時事後另行找恰當的時間來實施情緒教育，可能更恰當。

第三節　整體與持續要遵循的原則

　　前面探討在情緒教育的實施過程中，教師面對學生時要遵循的一些原則。然而，情緒教育涉及很多相關人員之間的交互作用與相互影響。不僅教師持續在影響學生，學生也不斷會影響教師，學生之間也不停地互相影響，甚至連教師、行政人員與家長也都不斷地相互影響。在這個大前提下，本節從「整體與持續」的角度來探討情緒教育所要遵循的一些原則：

壹、全面參與且協同的關係

　　所謂「全面參與且協同的關係」是指，推動與實施情緒教育所涉及的很多相關人員（含：學生、教師、校長、行政人員、家長）應儘量全面參與，且彼此之間要建立協同的關係。理想的情形是，父母也能在家庭中實施家庭情緒教育，這樣才是「全面參與原則」。由於本書乃是針對學校情緒教育所寫，父母在家庭中實施情緒教育就略而不談。就學校情緒教育而言，中小學的班級導師當然是情緒教育的主要實施者，而校長與學校行政人員則是重要的推動者、規劃者、協調者或協助者。此外，在中小學裡所謂「科任教師」也應儘量參與實施情緒教育，以便發揮相加相乘的效果。

　　Shriver, Schwab-Stone, & Defalco（1999:58）等人也主張，面對日益散布的學生社會問題，多層次的介入最為有效，包括同儕、父母、學校、社區成員共同創造一個學習氣氛，並增強教室的教學。張怡筠（2001）也指出，親師之間要同心協力來進行EQ教育，她同時也指出師生正面的互動，再配合家庭與社區的努力，此乃邁向教育既順利且成功的不二法門。

　　當然，全面參與原則只是一個理想，在家庭或學校的實際場域中，不

太可能做到那麼全面參與。本書既然標榜情緒教育的理念,就要點出此項大原則,邀請愈來愈多的人參與實施與推動情緒教育。以目前我國「語文教育」的實施與推動情形來看,不管是家庭或學校都可以稱得上接近「全面參與原則」的高標準。筆者不敢期待在情緒教育上我們能做到如同語文教育的「全面參與」程度,然而這是值得我們努力的標竿。

在「全面參與」這個大原則下,在情緒教育的整個歷程中,相關人員之間要建立起協同的關係,才可能達成最大的教育效果。進一步而言,這個原則包括很多層面的協同關係:師生之間的協同關係、學生之間的協同關係、親師之間的協同關係、教師之間的協同關係、教師與行政人員之間的協同關係等。此外,「親子之間的協同關係」也是廣義的協同關係,但是屬於家庭情緒教育的範疇,在此略而不談。所謂「協同」是指「互相協助、同心協力」之意。易言之,所有相關人員都應視為教育的協作伙伴,而非「誰協助誰」的問題。

就「師生之間的協同關係」與「學生之間的協同關係」而言,在整個情緒教育的歷程中,學生的主動參與、積極參與都扮演相當重要的功能。Elias等人(1997:44)認為,SEL方案應邀請學生主動參與創造一個關懷、責任、信任、承諾的教室氣氛。當學生有機會協助設計、規劃、實施SEL方案時,他們能從中得到最大的獲益(Elias et al., 1997:77)。Shriver, Schwab-Stone, & Defalco(1999:58)也主張,情緒教育應儘量促成學生的積極參與,且強調正向行為,改變學生和大人之間溝通問題情境的方式。當我們創造了一個滿足學生基本需求的氛圍時,學生會更有動機去面對與堅持各種工作任務。為了創造這種氛圍,學校要提供學生下列需求:歸屬感與聯結感、自治感與自決感、能力感、成就感(Brooks, 1999:65)。這些學者都強調:學生並非「被」教育的對象,而應該是教育的伙伴。然而,把學生拉進來成為教育的伙伴則是教師的責任與義務,如果教師缺乏開放的心胸與前瞻的視野,很難建立起「師生之間的協同關係」或「學生之間的協同關係」。

就「親師之間的協同關係」而言,具體的做法有很多的可能性。學校可以邀請家長到學校,以了解學校整體實施情緒教育的理念與做法。導師

亦可邀請家長到班級裡，以了解導師班級中實施情緒教育的理念與做法，並和家長討論如何建立教育上的伙伴關係。學校或導師可邀請家長參與情緒涵養的相關課程或研習活動，增進家長本身的情緒涵養。導師甚至可以在班級家長會中促成「父母協同成長團體」（饒見維，2004：83），以協助父母長時間互相學習情緒涵養及相關的親職素養。父母根據孩子的特殊狀況或需求與教師保持必要的溝通，而教師則針對學生在學校的特殊狀況或表現與父母保持必要的溝通。親師一起針對學生的情緒學習與一般學習狀況討論出適當的回應方式或策略。李泳緹、方敏全（2017）也建議，教師可以鼓勵學生將聯絡簿當成心情日記，寫下自己每日的心情，並邀請家長一同來回饋學生的心情；或是邀請家長一同組成讀書會，藉由分享過程，協助家長了解情緒並建立情緒管理的觀念，也幫助彼此釋放情緒壓力。

　　就「教師之間的協同關係」與「教師與行政人員之間的協同關係」而言，是指學校裡的所有教育工作者之間要建立起密切的協同關係，才能落實任何教育理念或教育目標，當然也包括情緒教育的理念。很多具體的做法可以促進教育工作者之間的協同關係。最重要的是，導師之間可以定期交換在班級中「結合班級經營以實施情緒教育」（第102頁）的經驗與心得。此外，在中小學的班級中，科任教師因為和學生的相處時間比較少，當然比較難實施情緒教育。然而，如果一個科任教師本身具有情緒教育的理念，他會儘量想辦法把情緒教育的課程與教學融入所任教的學習領域之中（參見第101頁「在相關學習領域中融入情緒教育課程」）。如果無法融入情緒教育的課程與教學，科任教師至少也能透過身教來示範情緒涵養。更理想的做法是，具有情緒教育理念的教師可以透過共同備課、相互觀課或集體議課，逐漸形成專業社群伙伴。此外，從縱向的角度來看，情緒教育最好能夠貫穿各個年齡層全面實施，使得情緒教育的成效能持續加深加廣。如果要做到這一點，當然有賴校長或行政人員來扮演重要的推手，整體協調與推動學校情緒教育。

貳、優質的互動與相互信賴的關係

為了落實前述「全面參與且協同的關係」，相關人員之間也要儘量建立「優質的互動與相互信賴的關係」。此項原則包含「建立優質的互動」與「建立相互信賴的關係」兩個面向。

就「建立優質的互動」而言，這是前述密切的協同關係之必要條件，否則協同關係只是空談。情緒教育的實施必定涉及很多相關人員間的互動。學校的氣氛會時時刻刻受到這些互動之影響。互動的氣氛不僅對學生的情緒涵養有深遠的影響，也影響情緒教育的整體實施成效。

所謂「優質的互動」意謂著，互動雙方都要採用適當的方式與態度進行溝通，且儘量彼此互相尊重、傾聽、接納與支持。反之，任何人如果用權威或說教的姿態和別人互動，不僅效果不彰，也往往形成溝通的障礙。一個能專心傾聽別人且又能包容別人的人，才能引發別人傾訴的意願。如此一來，彼此才能相互理解彼此的真正需求。這不僅是維持優質的互動之必要條件，也可以營造溫暖關懷的氣氛（第65頁）。

以「師生之間的互動」為例，如果要維持優質的互動，教師應儘量避免對學生批評及攻擊。面對學生犯錯時，教師儘量用積極正向、具有建設性的方式回應，避免過度吹毛求疵，也不要侮辱或嘲弄學生，更不要使用損壞人格的評語。這些都會傷害師生之間的溝通與互動。不僅如此，教師也應儘量肯定與支持學生。所謂「肯定與支持」不一定是指學生表現好時，才給予讚賞與表揚。更重要的是，當學生失敗與挫折時，教師仍然能夠給予支持與肯定。當學生行為表現不當時，我們一方面能給予必要的糾正，一方面又能讓學生感受到我們並沒有在否定他這個「人」，我們只是無法接受他的「行為」，意即用「對事不對人的原則」來溝通（第64頁）。教師支持與肯定學生的另外一種展現就是，尊重學生的多樣性與照顧個別差異（第54頁）。只有當教師能因應學生的身心發展狀況或個別差異以提供個別輔導時，學生才會感受到被支持與肯定，並進一步形成優質的互動。

整體而言，相關人員之間的優質互動是所有人的共同責任，而非任

何人單方面的責任。然而，在所有相關人員中，教師無庸置疑是關鍵的角色，尤其是在師生的互動上，更需要透過教師來啟動優質的互動，以便形成良性的循環，畢竟學生仍然是在學習與成長的個體。

就建立「相互信賴的關係」而言，學校裡所有相關人員之間也要儘量建立「相互信賴的關係」，才能達成前節所述的「密切的協同關係」。同樣的，在所有相關人員之中，教師也扮演著關鍵的角色。也就是說，教師要先能信賴學生，然後才能得到學生的信賴。教師要先能肯定學生有能力學習且願意學習，學生才會開始對自己逐漸建立起自信，並進而相信教師的言教或身教。如果教師從一開始就對某位學生預設了「孺子不可教也」的心態，怎麼可能讓學生相信自己或相信教師？同樣的，如果教師不相信學生能自主自律，又如何能培養學生的自主自律能力？誠如Robert Brooks & Sam Goldstein（馮克芸、陳世欽譯，2003：30）指出，培養小孩的挫折忍受力的一個基本指標乃是：至少要有一個相信孩子自我價值的成年人。心理學家把這個人稱為「魅力成人」，也就是「能幫助小孩累積精神力量的大人」。易言之，教師要先能成為學生的「魅力成人」，才能逐漸建立起相互信賴的關係，否則只是緣木求魚。

因此，以下也用「師生之間」為例來說明，教師如何啟動相互信賴的關係。「相互信賴的關係」意謂著教師要真誠、真心對待學生，讓學生對教師產生信賴感；教師也要信賴學生，不要預設學生會心存惡意或對立。師生之間要建立相互信賴的關係非常不容易，但是卻很容易被破壞。有些教師打從心底就覺得學生會作壞、會故意搗蛋，不相信學生的天真良善。如果教師持有這種心態，其所作所為無形中容易破壞相互信賴的關係。舉例來說，很多教師會事先制訂一些規範，用來防範學生犯錯。這種「約法三章」的做法看起來沒有什麼大問題，但其實已經表現出對學生的不信賴，因為事情還沒有發生就已經預設學生會犯哪些錯。比較好的做法是，當學生實際犯了某些錯誤，且造成教師或他人的困擾時，教師才表達出對這些行為的無法接受，以及為何不可接受（採用第183頁的「我訊息」表達方式）。接著教師可以和學生討論出彼此都能接受的規範或注意事項，班級公約也會因而逐漸建立起來。此種方式乃是逐次發生、逐次討論，雖

然看起來比較麻煩，但是教師基本上是採取信賴學生的態度，學生也會因而信賴教師。

此外，為了避免破壞學生對教師的信賴，教師應儘量秉持「對事不對人原則」來面對學生的各種行為表現（不管是好的或壞的表現）。例如：每當學生犯了某些錯誤或做了某些不當行為時，很多教師可能會直接責罵學生（如：你怎麼這麼不聽話、你真偷懶、你們真的很不乖……）或直接處罰學生（如：你們太吵了，罰你們通通站起來上課；你太不認真寫作業）。這種方式無視於學生的尊嚴、不顧及學生的顏面，且直接否定了學生，也等於為學生貼上「壞孩子」的標籤。這種表達方式不僅表現出教師對學生的不信賴，也會傷害學生對教師的信賴。比較好的做法是，教師應表達出對「行為」本身的不可接受，而不是對「人」的不可接受（即「我訊息」的表達方式）。而且，教師也要注意表達的時機及場合，要顧及學生的尊嚴及顏面，尤其要避免公然謾罵或侮辱學生，因為它會嚴重破壞相互信賴的關係。

給予學生適時、適切、真誠的讚美，也可以協助學生建立自尊自信，進而有助於建立相互信賴的關係。所謂「適切且真誠」的讚美是指，即使面對學生的優良表現，教師也要用「對事不對人」的表達方式來讚美學生的表現，且不要過度溢美、過於矯情。Thomas Gordon（歐申談譯，2013）和Jonathan Cohen等學者（鄭雅方譯，2004：142）都非常強調這一點。很多教師常常違反這個原則，用以下這種方式讚美表現很好的學生：「小明真是個乖學生，老師最喜歡這樣的好孩子」、「小菁最認真了，同學們應該多多向她看齊」。這種方式雖然正面肯定表現好的學生，但是卻同時否定了沒有被讚美的學生。對那些沒有被讚美到的學生來說，心中想必不是滋味。最主要的問題是，這種讚美方式乃是對被讚美者整個人的肯定，而對他人來說就好像被否定了。比較好的讚美方式乃是「對事不對人」的讚美方式，例如：「小明會主動把垃圾丟到垃圾筒，這會讓打掃的同學省事多了」、「小菁的作業字跡清晰，讓老師批改起來好輕鬆」。這種方式肯定了學生的具體行為表現，而不是整個人，因此比較不會把其他人比下去。

　　值得注意的是，教師最好也不要用學業成績來讚美或獎勵學生（當然更要避免用100分或第一名為讚美的標準）。表面看來，教師讚美學生的「學業成績」似乎符合「對事不對人原則」（第64頁）。然而，這種讚美方式很容易會被學生看成是「對人不對事」，因為「學業成績的高低差異」很容易被視為「人的高低優劣」。畢竟，學生會以為教師乃是用分數來看待或區分人的高低優劣。人的表現本來就有很多元的面向，學業成績只是一個面向而已。學業成績必然有高有低，也不是人人都能拿到100分或第一名。甚至，成績高低的成因本來就有很多可能性（包括：天賦有很大的個別差異、天生的智能有優劣勢之別、考試有某種程度的運氣成分等），教師無需特別針對學業成績的高低來讚美或責罵學生。更何況，當學生看到自己的成績時，自然心裡有數，無需別人多加肯定或否定。教師用學業成績的高低來讚美或責罵學生時，很容易被有些學生視為被貶抑或不公平。如果教師又在其他方面表現出只喜歡成績好或表現好的學生，更會讓其他學生心存不滿，因而傷害彼此的信賴關係。

　　從情緒教育的角度來看，教師和學生之間的相互信賴關係不僅影響彼此的情緒，更是協助學生學習情緒涵養的重要條件。畢竟，在相互信賴關係薄弱的情況下，我們很難期待學生會認真看待教師對情緒涵養的言教。教師所採取的很多情緒教育行動之成效可能因而大打折扣。擴大來看，學校中所有相關人員之間，其實也都要建立相互信賴的關係，才能落實情緒教育的理念。此處就不再贅言。

參、營造溫馨愉快與愛心關懷的氣氛

　　前述「全面參與且協同的關係」（第59頁）與「優質的互動與相互信賴的關係」（第62頁）這兩項原則可以協助促成「營造溫馨愉快與愛心關懷的氣氛」。這是推動情緒教育的催化劑，且是一個非常重要的因素。許多人都希望培養學生的意志力、毅力、學習意願、動機、興趣、自律、自制、自信等，然而，這些目標也都是從點點滴滴的成功經驗與愉快的經驗中逐漸培養出來。有了成功經驗與愉快的經驗為基礎，學生才能接受適度

的挑戰與失敗。在我們還沒有讓學生感受到愛與尊重之前,不要奢望學生能接受必要的磨難。即使我們好意要提供學生「勞其筋骨、苦其心志」的磨練機會,也必須建立在點點滴滴的愉快經驗之上。因此,溫馨愉快與愛心關懷的氣氛乃是情緒教育能否成功的一個重要基礎。

Herbert Spencer(顏真編譯,2003:20)的「快樂教育」理念核心就是:教育的目的就是要讓孩子成為快樂的人,而教育的方法與過程也應該是快樂的。孩子在快樂的狀態下,學習任何東西都會比較容易、有效,也比較能充分開發出小孩的心智與潛能。Herbert Spencer(顏真編譯,2003:23)的下列「快樂法則」頗能說明營造溫馨愉快的氣氛之重要性:

◎ 不要在自己情緒很糟時教育孩子,這時,很容易把情緒發洩到孩子身上。

◎ 不要在孩子情緒低落或剛剛哭鬧後開始教育或強迫他學什麼。這樣,你常常會根據不好的教育效果,而誤認為自己的孩子天賦太差。

◎ 在家庭教育中,努力去營造快樂、鼓勵的氣氛,讓孩子有實現感和成就感。

◎ 努力做一個樂觀、快樂的人。一個快樂的人,多半看到的是孩子的優點;而一個不快樂的人,多半看到的是孩子的缺點。

自從Seligman接任美國心理學會主席之後,就開始倡議「正向心理學」(Positive Psychology, Seligman & Csikszentmihalyi, 2000),使心理學的焦點轉向正向情緒、正向人格特質,及正向組織環境。「營造溫馨愉快與愛心關懷的氣氛」此項原則也呼應了正向心理學的精神。

就學校的情緒教育來說,許多相關的文獻都提及,一個關懷的、支持性的、挑戰性的教室與學校氣氛,對社會與情緒學習(Social and Emotional Learning, SEL)的「教」與「學」,乃是最有效、最有建設性的(Elias et al., 1997:75)。這個原則有非常豐富的意義。人都需要被肯定與

支持，不管是大人或小孩都一樣。當人與人之間相互肯定與支持時，必能營造出一個溫馨愉快與愛心關懷的氣氛。為了成長與學習，每個小孩都需要豐富的、支持性的社會與情緒經驗（Shriver, Schwab-Stone, & Defalco, 1999:59）。教師如果能成為學生情緒的陪伴者、支持者，隨時肯定並且呼應學生的情緒感覺，學生就會倍感溫馨。

　　創造溫馨愉快的學習經驗有很多可能的方式，例如：有些教師會布置溫暖開放的空間，以培養學生的自我管理能力；有些教師會讓學生從遊戲中學習，在沒有壓力下快樂成長；有些教師則是提供學生安全舒適、人性化的情境，讓學生自由探索、快樂學習；有些教師則是經常給予學生愛的鼓勵、關懷、支持、接納，使學生有自信心，不懼怕學習，並快樂地成長；有些教師則著重在營造良好的班級氣氛，讓學生快快樂樂的上學，歡歡喜喜地回家。

　　如果要營造一個溫馨愉快與愛心關懷的氣氛，「安全感」是必備的條件。在一個安全的環境裡，學生才能自由探索、發展自信，並進一步發展對他人的關懷與善意。反之，在一個沒有安全感的環境裡，學生不僅產生沒有必要的恐懼，也可能發展出沒有必要的敵意。因此，許多教育工作者都倡議，要發展出一個安全與關懷的教室社群。Brooks（1999:62）主張，如果我們想強化學生的自尊與自信，並不需要額外增加課程，學生在教室裡的安全感與自我價值感就足以成為一個鷹架，來支持學生逐漸加重的學習負擔、動機、自律、務實的冒險、面對錯誤的效能等。

　　如果我們想要營造溫馨愉快與愛心關懷的氣氛，必須為學生提供豐富且有趣的學習環境，以便創造豐富快樂的學習經驗。豐富快樂的學習經驗不僅來自多元化的教學活動、多元化的教學媒體，也可以從多元化、豐富的人際關係、互動與溝通機會來營造。而且，學生必須能從中感受到老師的關愛與關懷、感受到學生之間是有關聯的（Charney, Crawford, & Wood, 1999:97）。鄭美俐（1997）強調，完美的情緒教育不僅能使學生身心健康、具有積極樂觀的人生信念，同時可營造彼此互愛的溫馨社會。因此，為了創造豐富快樂的學習經驗，教師應該多與學生共同相處，多給予學生教育愛，增進他們對學校的感情與歸屬感。

　　不只是在班級之中要營造溫馨愉快與愛心關懷的氣氛，整體校園氛圍的營造也相當重要。李泳緹、方敏全（2017）就提及，如果要扎根情緒教育，最好在校園中營造一個整體的氛圍，讓學生在這樣的氛圍中，漸漸地被感染，將情緒教育內涵內化於日常情境中。首先，校園的公共空間可以張貼一些情緒形容詞，如「安心、平靜、難過、沮喪」等，讓學生在潛移默化中，學習到如何運用這些情緒形容詞。學校也可以舉辦繪畫、作文或書法比賽，讓學生在參賽過程中抒發自我情緒，也可向他人分享自己的情緒。藉由校園氛圍的營造，也讓學生了解到因事件所產生的情緒與感受是被允許的，是不需要隱藏的，情緒本身沒有好壞之分，有問題的是不適當的情緒表達方式。

　　除了前面這些積極作為之外，我們也要注意儘量避免一些破壞溫馨愉快與愛心關懷氣氛之作為。例如：在我們的校園中，學生常常會面臨惡意的競爭、人身攻擊或一些來自大人或同儕的許多負面態度與行為，如：譏笑、瞧不起、諷刺、謾罵、作弄、拒絕、排斥、逃避、詆毀、中傷、批評、誤解、歧視、忽視、干擾、破壞、挑釁、恐嚇、炫耀、傲慢、威脅、命令、指使、指責等等。教師當然要負起主要的責任，要從自身開始，避免用這些負面態度來對待學生。Herbert Spencer（顏真編譯，2003：79）也指出，有些教師認為懲罰和暴力是教育學生的最後一招，然而其實這是最不可取的一招，因為它不僅沒有效果，甚至對學生的智力發展最為有害。因此，教師都應拒絕使用懲罰和暴力，才能營造快樂的學習氣氛。

　　此外，我們的整個教育系統太過注重學科成績，也是造成師生之間許多壓力與負面情緒的來源。學生為功課的壓力而煩躁不安，已是我們教育界的常態。學習本身應該是一件快樂的事、令人感到滿意的事，然而由於大人過度重視學科成績，多數學生其實無法從中獲得成就感或樂趣，畢竟，如前節所述，學業成績必然有高有低，並非人人都能拿到100分或第一名。如果我們想營造溫馨愉快與愛心關懷的氣氛，教育工作者本身要避免過度強調學生的學科成績。

肆、長期堅持與耐心原則

　　實施情緒教育絕非短時間就能奏效，因此相關人員（含家庭與學校）要有長期堅持實施情緒教育的心理準備，鼓勵與協助學生持續學習、持續練習情緒涵養。就學校教育而言，情緒教育乃是一棒接一棒的工作，既要學校整體參與，也要很多教師持續努力。即使是同樣的情緒涵養觀念或技能，教師也可以引導學生在不同的年級不斷反覆練習，以便逐漸內化與熟練。如第94頁「系統性規劃與實施」這一節所述，情緒教育不是一個隨興之作或一時的風潮，而是要很有系統地規劃課程與教學，並安排相關的配套措施，然後全面且持續地實施，甚至逐步推廣。Jonathan Cohen等學者（鄭雅方譯，2004：11）也提及，正如語文素養需要在各級學校長期培養，社會情緒素養也同樣需要持續的修練與加強。這當然是一個極高的理想，在教育的現場顯然不易做到。然而，本書既然標榜情緒教育這個理念，就是因為「取法乎上，得法乎中」，否則如果「取法乎中」，就可能「得法乎下」。

　　以上是就長遠的觀點來說，如果就日常生活的現實來說，在面對學生的一些不當行為時，教師非常需要有耐心，且要有堅持的態度。例如：面對學生無理取鬧、明知故犯時，教師本身也要以身作則，不要大動肝火，也不要遷就學生的無理要求，而是用堅定要求與理性溝通的方式，和學生講道理、說明白；面對學生心存僥倖或做事虎頭蛇尾時，教師則要堅持學生繼續努力、繼續精進，扎實地完成自己應盡的義務或任務，不讓學生敷衍了事或輕言放棄。反之，有些教師對學生的要求常常維持不到三分鐘的熱度，自己就放棄了。有些教師起初會用平和的方式要求學生，但是由於學生一時的不當反應或沒有遵守規定，很快就退回到一向慣用的怒罵或暴怒模式。

　　事實上，在教師與學生互動的任何一刻，教師都要很有耐心，否則溝通與互動很容易就會崩潰。當教師面對學生的無理取鬧行為時，很容易因為教師本身的一些非理性思考（如：你真是不聽話、你們是在故意找我的麻煩、你是故意要和我作對、你讓我真沒有面子，參見饒見維，2004：

218-220）而產生不耐煩、動怒，甚至情緒失控。教師如果能時時覺察與檢視自己的這類非理性思考，就可以逐漸培養應有的耐心，因而成為實施情緒教育的重要基礎。

「長期堅持與耐心原則」所衍生出來的一個意涵是，情緒教育的實施要儘量秉持漸進的方式，不要急求功效、不要期待學生快速學會情緒涵養。所有的情緒教育行動都要儘量逐步前進，累積許許多多的小步，最後終將顯現出教育的成效。這個觀念類似英文所謂「taking baby steps」，意指「就像娃娃學步慢慢來」。因此，「長期堅持與耐心原則」同時意謂著**「漸進原則」**，也就是說，不管我們的情緒教育行動做得如何，接下來我們只有耐心等待學生的成長，畢竟學生的成長是需要時間的，我們不能過度期待情緒教育的行動能產生立竿見影的效果。因此，教師要一再提醒自己：點點滴滴的努力雖然一時看不出明顯的成效，最終必然會產生「滴水穿石」的效果。如果某一個教學方法或解決問題的方案沒有效果，教師可以再接再勵嘗試別的方法，直到找到適切、有效的方法。這都是耐心原則的實踐。

第四章

情緒教育的
目標與內涵

　　任何教育活動都試圖達成教育工作者想要達成的教育目標。雖然有時我們可能很難具體陳述所要達成的目標，但也要讓目標的陳述愈清楚愈好。一方面可以更清楚自己的教育行動的方向，另一方面也可以作為教育工作者間的溝通與討論之基礎。為了釐清教育目標，有時我們也需要進一步陳述目標之下更細膩的內涵。

　　為了釐清與統整情緒教育的目標與內涵，筆者參考了以下相關的資料：一、美國各種情緒教育方案所標榜的情緒教育目標；二、我國一些學者對於情緒教育目標的建議；三、九年一貫課程及十二年國教中有關情緒教育的目標。最後，筆者把這些相關文獻加以統整，建構出表4-1「情緒教育的目標架構表」，作為實施情緒教育的參考架構。

表4-1　情緒教育的目標架構表

範疇 面向	對己	對人及團體	對事及環境
覺察 （覺）	覺察自己的情緒、性情、壓力狀態，及伴隨著情緒之身體感覺、生理狀態、想法或念頭。	覺察他人的情緒與性情、人際關係、溝通方式、團體氛圍、社會規範與團體互動規則。	覺察做各種事情及面對處境或環境時的情緒及情意。
辨識理解 （辨）	能辨識理解自己的情緒、引發情緒之原因或非理性思考；能辨識理解「情緒、性情、行動表現、健康、壓力」之間的關係；能了悟情緒的真相與生命的真相。	能辨識理解他人的情緒與性情、人際間情緒之交互作用、他人或團體的差異性與多元性、團體中的角色責任、團體氛圍與組織效能。	能辨識理解做事時的情意面向和行動表現之交互作用；能辨識理解所面臨的處境之關鍵並研擬適切的目標與解決方案。
感性接納 （感）	能接納自己覺察到的情緒或心念，讓自己平靜下來；能接納自己的性情或缺點、自己的特長或優勢。	能感性接納他人的情緒、他人對自己的反應、他人與團體間的差異性與多元性。	能接納面對的事情或情境、做事的挫敗；能再接再厲、積極面對未來的挑戰。
行動表達 （行）	能靈活運用適當的語言文字、表情或肢體動作來適切表達自己的情緒、感覺、困擾或需求。	能適時表達對他人的情緒、感覺或觀點，以維繫良好的互動；能請求他人的協助與支持；能選擇朋	能理性規劃行動方案或採取適切的替代方案以解決問題；能把必要的關懷、責任或承諾付諸行動；能

面向＼範疇	對己	對人及團體	對事及環境
		友、參與團體或組成團體並發展良好的人際關係和團隊合作；能因應同儕壓力；能適時採取行動以幫助他人或服務社會。	自主管理且適切運用自己的生活資源；能專注於自己正從事的活動或工作，不受各種內外在因素的影響。
反省轉化（省）	能轉化自己的負面情緒、負面性情；能持續反省檢討自己的情緒涵養方法與表現。	能持續反省檢討自己對他人的應對態度與人際關係；能轉化與調節團體中的氣氛或規範。	能持續反省檢討自己的做事方法與處事態度，並提出創新應變；面對各種處境，能調節與控制自己的感覺及行動，以抗拒誘惑。

　　表4-1的橫座標含「對己」「對人及團體」「對事及環境」三個範疇，縱座標則包括「覺察、辨識理解、感性接納、行動表達、反省轉化」五個面向。此表把「情緒能力」和「社會能力」融合在一起，其中「對己」這個範疇偏重於「情緒能力」，「對人及團體」這個範疇則偏重於「社會能力」。由於我們不僅在面對自己、他人或團體時涉及情緒，我們在面對事情、處境、環境時亦會涉及情緒，因此表4-1也包含了「對事及環境」這個範疇。這個範疇在相關文獻或研究中偶爾被提及，或被淹沒在其他兩個範疇之中。筆者把這個範疇特別提列出來，以呈現情緒教育目標的全貌。

　　表4-1的縱座標乃是情緒教育目標的五個面向：覺察、辨識理解、感性接納、行動表達、反省轉化，簡稱為「覺、辨、感、行、省」五個面向。這五個面向乃是參考「仁智互動德育模式」（饒見維等人，1992）中的「覺、辨、感、行、思」五個面向稍微加以修改而成。原本「仁智互動德育模式」中的第五個面向是「思」，意指「省思」（reflection），但是很容易被誤解為廣義的「思考」或「思維」（thinking）。為了避免混淆，本書則改用「省」這個字眼作為簡稱，以強調「反省」之意。

　　表4-1乃是筆者耗時十多年的摸索與嘗試所建構出來的架構，它絕非完美與定案，只是目前最簡潔與完整的架構。當然，表中所列的情緒教育

目標可以進一步區分成不同年齡層的教育目標內涵。這是另外一個大工程，有待有識之士繼續努力，本書無法畢其功於一役。

值得注意的是，當我們試圖陳述情緒教育的目標或內涵時，也同時意謂著我們試圖為「情緒涵養」（即情緒素養或社會情緒素養）下定義。如果我們試圖為此定義達成共識，這本身即是一項浩大與艱鉅的工程，因為不同的學者、教育工作者或社會大眾對於「情緒涵養」的意義內涵之定義可能會有很大的差異，要達成共識實屬不易。因此，表4-1只是筆者的整理與建構，仍非教育界或社會的共識。

此外，表4-1中的「覺、辨、感、行、省」這五個面向對應於「學校情緒教育的教學活動」（第139頁）中的「覺、辨、感、行、省」五個面向。易言之，在本書中，情緒教育的教育目標及教學活動都是採用「覺、辨、感、行、省」五個面向作為分類架構，使其簡潔易記。一般而言，「覺、辨、感、行、省」這五個面向的次序也大致符合能力發展的次序：一個人要先能「覺察」，才能進一步「辨識理解」與「感性接納」，然後才發展出「行動表達」的能力，最後又要能「反省轉化」。

以下本節深入解析表4-1中各項內涵的細目，它們也大致依照先後順序呈現了愈來愈深層次的能力。

第一節　覺察（「覺」的面向）

「覺察」簡稱「覺」的面向。從字面上的意義來看，所謂「覺」，有覺察、覺知、發覺、警覺、敏覺等意義。以下分別針對「對己」、「對人及團體」及「對事及環境」三個範疇來探討「覺」的面向之情緒教育目標內涵：

壹、「對己」的範疇

1. 能覺察自己的情緒或壓力狀態，以及伴隨著自己的情緒之身體感

覺或生理狀態特徵，並能持續覺察情緒及生理狀態的變化。人類在不同的情緒或壓力狀態下，身體的感覺或生理狀態也會有所不同。一個人若能敏銳地覺察自己的身體感覺或生理狀態，就能有助於覺察自己的情緒或壓力狀態，以及情緒及生理狀態的變化。

2. 能覺察伴隨著自己的情緒之想法或念頭。人的想法會深深地影響情緒與行為。一個人若能敏銳地覺察伴隨著情緒的想法或念頭，就能有助於情緒的轉化。

3. 能覺察自己的各種特質，以及特質對情緒的影響。每一個人都有很多的特質（如：個性、性情、性向、智能、才華、外貌、性別、能力、知識、想法或信仰等）。一個人若能長時間覺察自己的特質，就能覺察到自己的特質對情緒的影響，然後才能進一步帶來情緒的轉化以及特質的轉化。

4. 能覺察自己的專注力之高低變化。一個人的專注力在不同的情境下，有時高、有時低。一個人若能對此有所自覺，才能進一步辨識與理解自己的專注力受到哪些因素的影響。

貳、「對人及團體」的範疇

1. 能覺察他人的情緒與性情。社會能力的基礎源自於對他人情緒的覺察。他人的情緒只能從表情、身體動作或姿勢間接推論而得，不是直接的經驗。至於「他人的性情」更是要透過長時間的觀察與辨識。因此，此項能力同時涉及「辨」的面向。

2. 能覺察他人的特質。如同覺察自己擁有各種的特質，我們也要能覺察他人可能具有的各種特質，才能進一步發展出後續的辨識理解與接納他人特質的能力，以及建立和諧的人際關係與溝通之能力（即「辨、感、行」三個層面的能力）。

3. 能覺察自己與他人的人際關係與溝通方式。一個人的社會能力涉及如何和他人建立關係以及如何和他人互動與溝通。若能長時間覺察自己與他人的人際關係與溝通方式，才能培養良好的人際溝

通能力。

4. 能覺察團體成員的情緒交互激盪及所形成的團體氛圍。一個團體的團體氛圍乃是由成員的情緒交互激盪而逐漸形成。一個人若能覺察到團體氛圍的逐漸形成，才能適切地參與團體或採取適當的行動以領導團體。

5. 能覺察社會規範與團體的互動規則。任何團體都有成文或不成文的社會規範或互動規則。一個人若能覺察這些規範或規則，才能進一步發展出更深層次的社會情緒能力（即第85頁「行動表達」與第88頁「反省轉化」兩個面向）。

參、「對事及環境」的範疇

1. 能覺察自己做各種事情時的情意面向。一個人在做各種事情（不管是在日常生活上或工作上）時的情意面向，包括諸如：情緒、態度、動機、毅力、興味或愛憎等。若能敏銳地覺察這些情意面向，才能進一步掌握它們，而不是受制於它們。

2. 能覺察自己面對周遭處境或環境的情意面向。如同做事時涉及諸多情意的面向，我們在面對自己的處境或周遭環境時，也可能產生各種不同的情意反應，比較負面的反應如：逃避、輕忽、消極對抗、厭惡、緊張、害怕、焦慮等，比較正面的反應如：鄭重其事、積極面對、欣然接受挑戰、放鬆、鎮定等。例如：有些人會積極面對或迎接所遭遇到的任何壓力處境，有些人則習慣於逃避自己不喜歡的壓力處境或環境。有時我們會特別重視某些處境，而輕忽某些處境。有些人習慣於用比較正面的反應來看待處境或環境，有些人則習慣於用負面的反應來看待處境或環境。若能敏銳地覺察自己在面對周遭處境或環境時的情意反應，才能進一步掌握它們，而不是受制於它們。

3. 能全面觀察外在處境或環境之複雜性與相關因素，及其持續快速變遷的特性。一個人所面臨的外在處境或環境通常都有一定程度

的複雜性,且涉及很多相關的因素。尤其是處在當今全球化的世界,我們的處境或環境愈來愈複雜,涉及的相關因素也愈來愈多,而且持續在快速變遷中。我們愈是疏於覺察到箇中的複雜性或相關因素,或者沒有覺察到處境或環境的快速變遷特性,我們就愈有可能採取不當的行動,或者愈無法順利因應這些外在情勢或境況的演變。

4. 能覺察自己的專注力對做事表現的影響。一個人的專注力若不夠,做任何事時(如:學習、考試、比賽、表演、工作),應有的實力可能不易充分展現,因此整體表現會大受影響。一個人要先能覺察此點,才能進一步提昇其專注力。

第二節 辨識理解(「辨」的面向)

「辨識理解」簡稱「辨」的面向。所謂「辨」,就是辨識、分辨、辨析、辨認、辨別、明辨、判斷、理解、釐清等理性思維活動。由於「辨識」與「理解」關係密切,因此本書把兩者並列,簡稱「辨」的面向。「辨」的面向乃是「覺」的面向之進一步發展或延伸,因此「覺」和「辨」兩個面向的關係頗為密切。以下分別針對「對己」、「對人及團體」及「對事及環境」三個範疇來探討「辨」的面向之情緒教育目標內涵:

壹、「對己」的範疇

1. 能辨識理解自己的情緒之類型與強度。一個人除了要能覺察自己的情緒之外,更要進一步辨識情緒的類型與強度。發展出此種辨識能力也意謂著同時發展出情緒語彙之理解,才能進一步發展後續的情緒表達能力。

2. 能辨識理解引發自己的情緒之原因、時機、場合或情境。一個人

能辨識情緒的類型與強度，則要進一步辨識引發自己的這些情緒之原因、時機、場合或情境。由於每一個人的情緒之產生可能有相當大的差異，只有透過自己的長時間觀察才能辨識並理解自己在哪些情況下會產生哪些情緒，也才能進一步發展後續的情緒轉化能力。

3. 能辨識理解引起自己的負面情緒之非理性思考。在各種引發情緒的原因中，最重要的乃是要能辨識出引起負面情緒的非理性思考，並能理解為何它們是非理性的，也因而能進一步發展後續的情緒轉化能力。

4. 能辨識理解「情緒」與「性情」之不同與關係，且能辨識自己的性情。「情緒」乃是一個人的「偶發性情緒」，而「性情」則是「氣質性情緒」（林建福，2009）。「性情」屬於一個人的個性傾向，是長期的習慣性反應。有些人的性情比較悲觀，遇到事情都傾向於朝負面的心態去想，也因而比較容易產生負面的情緒或絕望的心情；有些人的性情比較暴躁，遇到不如意的事或遇到別人反對他比較容易生氣或憤怒。林建福（2009）指出，好脾氣或溫和的人在理性原理的指揮下能適當地表達生氣，而暴躁易怒的人與沒有脾氣的人，其情緒表達則分別是「過度」與「不及」。

5. 能辨識理解自己的情緒和行動表現的關係。人類的很多行動表現深受情緒的影響，有時是不利的影響（如：緊張、悲傷、憂慮），有時則是有利的影響（例如：喜悅、安詳、放鬆）。一個人若能辨識出究竟哪些情緒對自己當下的行動表現會產生不利的影響，且理解為何那些情緒會影響個人的行動表現，才能減少或避免情緒的不利影響。同樣的，我們若能辨識出究竟哪些情緒對自己當下的行動表現會產生有利的影響，才能儘量發揮情緒的有利影響。

6. 能辨識理解自己的壓力源與壓力反應。壓力源乃是形成壓力的各種外在因素，如：工作因素、社會因素、環境因素等。面對外來壓力源時，心裡的壓力反應包括：緊張、焦慮、不安、衝動、生

氣或挫折等；身體的壓力反應包括冒汗、心悸、呼吸急促等。一個人要先能辨識理解自己的壓力源與對壓力反應，才能進一步發展出後續的壓力疏解或轉化的能力。

7. 能理解自己的情緒、壓力和健康之間的關係。一個人若能理解自己的「情緒、壓力、健康」三者間的交互影響與關係，才能逐漸掌握自己的情緒與壓力，減少其對身心健康的不利影響因素，發揮有利的影響。

8. 能辨識理解自己的優勢與弱勢特質。每一個人都有很多的特質，所謂「優勢特質」是指，自己比別人較具競爭力或較受歡迎的優點；而「弱勢特質」則是那些讓自己比較沒有競爭力或比較不受歡迎的弱點。一個人若能辨識理解自己的優勢與弱勢特質，才能進一步充分運用自己的優勢特質，且能接納與轉化自己的弱勢特質。

9. 能辨識理解自己的專注力受到哪些情緒或心思的影響。一個人除了要能覺察自己有高有低之外，更要進一步辨識與理解自己的專注力受到自己的哪些情緒反應或心思的影響。不同的情緒或心思對專注力的影響程度也不一樣，而且是因人而異。因此要深刻地辨識出影響自己的專注力之情緒或心思，才能進一步減少它們的影響。

10.能了悟到情緒的真相與生命的真相。一個人對情緒的最深沉理解乃是了悟到情緒的真相與生命的真相：我們最深沉平靜的內心乃是一切快樂的泉源，這個最深沉平靜的內心既是情緒的真相，也是生命的真相。

貳、「對人及團體」的範疇

1. 能辨識理解他人的情緒之類型與強度。我們無法直接辨識他人的情緒之類型與強度，只能根據他人的語言與非語言表徵（如：肢體動作、表情、臉色或眼神等）所傳遞的情緒、感覺或需求，來

間接推論、辨識與理解他人的情緒。

2. 能從他人的立場來理解其情緒之產生原因。人們對生活事物與環境有不同的認知、情緒反應、感受、意見與表現方式。我們若能從他人的立場來理解其情緒之產生原因，才能進一步同理與接納他人。此外，我們也可能因為愈來愈能辨識與理解引起自己的負面情緒之非理性思考，因而愈來愈能辨識理解他人產生負面情緒背後可能有的非理性思考。

3. 能理解自己的情緒與他人的情緒之交互作用或影響。人與人之間的情緒經常會產生交互作用或影響，而不同的情緒會交互激盪出不同的影響。一個人若能長時間觀察人與人間的情緒之交互作用，才能逐漸理解自己與他人的情緒之間可能有的既複雜又細膩的關係，也才能進一步發展出與他人建立和諧的人際關係與溝通之能力。

4. 能辨識理解他人的差異性與多元性特質。人與人間的特質（如：個性、性情、性向、智能、才華、外貌、性別、能力、知識、想法或信仰等）可能有很大的差異性與多元性。一個人若能透過對他人的長時間觀察，才能辨識理解他人的差異性與多元性，並進一步發展出與他人建立和諧的人際關係與溝通之能力。

5. 能理解自己在團體及社會中的角色責任。任何人都隨時處在某種團體中，也必然處在更大的社會脈絡中，因而一個人若能理解自己在團體及社會中的角色責任，以及團體中競爭與合作的普遍性及重要性，才能適切地扮演自己的角色責任，且在建立和諧的人際關係中，並發展出採取進一步的社會行動之能力。

6. 能理解團體氛圍與組織效能的關係。任何一個團體的「團體氛圍」與「組織效能」有密切的關係。因此，一個人如果想在團體及社會中扮演適切的角色責任，要先能覺察到團體氛圍的形成，然後才能理解團體氛圍與組織效能的關係，並適切地參與團體或採取適當的行動以領導團體。

7. 能辨識理解族群或團體間的差異性與多元性。正如人與人間必然

存在很多差異，族群或團體間也必然存在很多差異，包括：文化、規範、習俗、信念、風氣或禮儀等，都可能呈現多元的樣貌。我們在面對不同的族群或團體時，要能辨識理解族群或團體間的差異性與多元性，才能進一步發展出適切的、和諧的族群或團體關係。

參、「對事及環境」的範疇

1. 能辨識理解自己做事時的情意面向和行動表現之交互作用關係。一個人在做事時的情意面向會深深影響其行動表現（即做事的品質、效率或效果）。有些情意（如：積極、肯定、興致勃勃、熱愛喜好、專注力）可能發揮有利的影響；有些情意（如：消極應付、否定、悲觀、厭惡、興致索然）則可能產生不利的影響。同樣的，一個人的行動表現也會影響情意的面向，表現好時，我們會覺得開心、滿足、自信、自我肯定；表現不好則會覺得沮喪、洩氣、失落或失望。若能辨識理解自己做事時的情意面向和行動表現之交互作用關係，才能儘量發揮有利的影響，減少不利的結果。

2. 能辨識理解自己的情意面向如何受到所面臨的處境之影響。一個人若能長時間覺察自己面對周遭處境或環境時的情意面向，才能進一步辨識理解自己的情意面向如何受到所面臨的處境之影響，並進而發展出自主掌握情意面向之能力，且較能用正面的反應來面對處境，減少負面的或消極的反應，也比較不會受制於處境。一個人愈能自主掌握情意面向，就愈能愉快地因應處境或環境，也愈可能採取較好的行動或因應方式，並得到較好的結果。

3. 能辨識理解所面臨的處境或問題之關鍵，且能研擬適切的目標及解決方案。一個人若能長時間覺察自己所面臨的處境或環境之複雜性與相關因素，就愈來愈能辨識理解所面臨的處境或問題之關鍵，也因而比較能研擬出務實且適切的目標，然後提出解決方

案，採取適切的行動。

4. 能辨識理解自己的專注力受到哪些事情或外在情境的影響。除了情緒與心思之外，一個人也要能辨識與理解自己的專注力可能受到哪些事情或外在情境的影響。在做不同的事或面對不同情境時，專注力受影響的程度也不一樣，而且是因人而異。因此要深刻地辨識出哪些事情或外在情境比較會影響自己的專注力，才能進一步減少它們的影響。

⋯⋯⋯⋯第三節　感性接納（「感」的面向）⋯⋯⋯⋯

「感性接納」簡稱「感」的面向。所謂「感」，有「感情交流、感受分享、感情抒發、感同身受、擬情接納」等意義。「辨」的面向強調理性的層面，而「感」的面向則強調人類感性的層面。「感」的面向非常強調「接納」自己與他人的情感反應，亦即能夠「同感」別人。因此本書把「感性」和「接納」並列，簡稱「感」的面向。此外，這個面向的部分能力乃是從練習各種「靜心」方法來培養，因為所有靜心法的本質就是透過平靜地觀照與接納一切內外身心現象，把我們的心沉靜下來（參見第142頁「觀呼吸」及第144頁「觀身體感受」），因而達成轉化情緒的作用。因此，「感性接納」、「覺察」、「反省轉化」三個面向其實也有密切的關係。

壹、「對己」的範疇

1. 在覺察自己的情緒時，能接納自己的情緒，讓自己冷靜下來。當一個人在任何時刻覺察到自己的情緒時，要能學會接納自己的任何情緒及情緒的起伏變化，不要抗拒、排斥或壓抑它們，才能讓起伏不定的情緒平靜下來。

2. 在覺察自己的心念時，能接納自己的心念，讓自己的心念沉寂下

來。一個人若覺察到自己產生了任何心念（即心思、意念、妄念、妄想），要學會接納自己的心念以及心念的變化，不要抗拒、排斥或壓抑任何心念，才能讓起伏不定的心念沉寂下來。

3. 能接納自己的性情或缺點，並悅納自己的特長或優勢。一個人除了要能覺察與辨識自己的性情或缺點之外，也要能以自尊、自信的態度來接納自己的性情或缺點，才能帶來轉化。任何性情或缺點都能加以轉化，但是並非透過排斥或壓抑，而是透過接納，因為接納才不會有內在的緊張與衝突，接納才開啟了新的可能性，也是邁向蛻變的起步。此外，一個人在面對自己的特長或優勢時，只要悅納即可，不要過度自滿或驕傲，才能持盈保泰，避免造成他人不必要的情緒反應。

貳、「對人及團體」的範疇

1. 能以「積極聆聽」的方式來體會並感性接納他人的情緒。面對他人有某種情緒或困擾時，「積極聆聽」的技巧乃是一項重要的人際能力，「積極聆聽」的目的就是要試圖去體會並感性接納他人的情緒。

2. 能接納他人對自己的各種情意反應。在人際互動中，我們難免要面對他人對自己可能會有的各種情意反應，如：態度、情緒、情感、愛憎、批評或讚賞等。一個人若能接納他人對自己的情意反應，才能進一步採取適切的回應或行動表達，以發展出和諧的人際關係。

3. 能感性接納、包容與尊重人與人間的差異性與多元性。一個人除了要能辨識理解人與人間的差異性與多元外，也要能以同理心來感性接納、包容與尊重他人的差異性與多元性，才能發展出和諧的人際關係。

4. 能感性接納並尊重族群或團體間的差異性與多元性。我們在面對不同的族群或團體時，除了要能辨識理解族群或團體間的差異性

與多元外，也要能感性接納、包容與尊重這些差異性與多元性，才能和各種族群或團體發展出和諧的關係。

參、「對事及環境」的範疇

1. 能接納所面對的各種事情、挑戰、危機、壓力或情境，且冷靜地做決定與解決問題。一個人若能「接納」各種事情或情境，不管情境多惡劣或困難，不管壓力多大、挑戰多大，都不逃避、不放棄，才能遇事不亂、臨危不亂，然後冷靜地做決定並採取最適切的行動來解決問題。畢竟，只有用開放的心來「接納」事情或情境，才能在思考問題或處境時，全面照顧與考慮外在情境中各種有利或不利的因素，而不是忽略某些不利的因素，或者受到它們的干擾。

2. 在面對各種事情、挑戰、危機、壓力或情境時，能接納自己可能有的情緒反應。一個人在面對各種事情、挑戰、危機、壓力或情境時，除了要先接納它們之外（如前項所述），也要能進一步接納自己可能有的情緒反應。我們在面對事情或處境時，尤其是困難的、危險的、重大的處境，難免會產生一些情緒反應（如：緊張、焦慮、害怕或壓力）。產生適度的情緒反應乃是正常的，然而如果我們害怕自己產生這些情緒，或者產生時又無法接納它們或試圖壓抑它們，反而會形成內心的衝突或紛亂，因而可能降低自信心或安全感，最終導致表現水準的低落或失常。反之，一個人若能接納自己的這類情緒反應，才能和它們和諧相處，不受情緒的干擾，甚至藉著情緒的能量來提高表現的水準。

3. 面對失敗或挫折時，能接受各種可能的負面情緒，然後能再接再厲、積極面對未來的挑戰。不管面對什麼事情或處境，我們不可能事事如意，我們極有可能會遭遇失敗或挫折的結果，甚至再三的失敗或挫折。我們也可能因為失敗或挫折而產生各種負面情緒，如：自責、沮喪、失落、傷心或不滿等。一個人要能先接納

失敗或挫折的事實，以及因失敗或挫折而產生的負面情緒，才能走出這些失落的負面情緒，然後重新出發、再接再厲，積極面對未來的挑戰。這種堅忍不拔的毅力或百折不撓的韌性都是以「接納」為基礎，如果無法接納事情與情緒，就會產生衝突，當然也無法產生重新奮起的動力。

···········第四節 行動表達（「行」的面向）···········

「行動表達」簡稱「行」的面向。所謂「行」，意指培養學生的「行動、行為、力行、實踐、篤行」的能力。情緒教育不能脫離實際的生活情境與行動能力。在情緒教育中，有關情緒的「表達」亦屬於行動之一環，而且是非常重要的一環，因此本書把「行動」和「表達」加以並列，簡稱「行」的面向。「行動表達」乃是外顯的能力，有別於其他四個面向（覺、辨、感、省）都是內隱的能力。

壹、「對己」的範疇

1. 能靈活運用適當的語言、文字來適切表達自己。「表達自己」的內容很多，諸如：自己的經驗、經歷事跡、情緒、感受、情感、感覺、想法、見解、心得、感想或領悟等。人類最方便且最重要的表達工具當然是「語言」（說）及「文字」（寫），因此能靈活運用適當的語言、文字來適切表達自己乃是「對己」的範疇中最基礎且最重要的行動，也是維持和他人良好的溝通與互動的基礎。

2. 能靈活運用適當的表情或肢體動作適切表達自己。表達自己的工具或方式很多，除了語言、文字之外，有時我們也要靈活運用表情或肢體動作來表達自己。

3. 能用「我訊息」的方式表達自己的情緒、感覺、困擾或需求。在

語言、文字的表達技巧中，「我訊息」乃是一項頗受重視的技巧與情緒教育目標，因此特別單獨列出此項能力目標。此項能力的重點在於表達自己的情緒、感覺、困擾或需求，而非攻擊或責備別人的缺失。

貳、「對人及團體」的範疇

1. 能用適宜的方式敏銳地且適時表達對他人的正向情意。「表達對他人的正向情意」是指表達對他人的關心、感覺、感情、肯定或讚賞，也包括回應他人的情緒、感覺或需求。我們在和他人建立人際關係的過程，要能適當地傾聽、提問或回應，才能適時表達對他人的正向情意。此項能力也是屬於「積極聆聽」的技巧之一部分。也就是說，在「積極聆聽」中，我們除了要能體會並感性接納他人的情緒之外，也要用適切的方式來表達出對他人的情緒、感覺或需求之體會與理解，並做必要的回應或行動。

2. 能適切的表達與澄清彼此的觀點，以維繫和他人的良好互動溝通。在人際社會中，我們經常需要和他人進行互動與溝通。一個人不僅要能適切的表達自己的觀點，也要能澄清或確認他人的觀點，才能形成良好的互動與溝通，並化解人際間的紛爭或衝突。

3. 能適時適切地請求他人給予必要的協助與支持。在日常生活或工作上，我們常常需要他人提供具體的協助與心理上的支持。但是，一個人若沒有跟他人具體表達或請求自己所需要的協助與支持，他人不見得會主動提供協助與支持。因此，一個人要能適時、適地且適切地請求他人給予必要的協助與支持。

4. 能選擇朋友、參與團體或組成團體，以發展良好的人際關係和團隊合作。在現代社會中，我們除了要能選擇朋友並與他人建立和諧的關係之外，有時也要能選擇參與某些團體或組織，且能在團隊中和他人協調合作，有時甚至要發起組成新的團體或組織，並領導團體。

5. 能因應由同儕的為難所造成的壓力或苦惱。兒童或青少年常會面臨同儕的負面態度或行為，諸如：譏笑、誘惑犯罪、排斥、挑釁、恐嚇等（簡稱「為難」）。這些同儕的為難往往會造成某種壓力或苦惱。兒童或青少年需要發展出如何因應或處理這種同儕的壓力或苦惱。

6. 能適時採取必要的行動以幫助他人或服務社會。人類是群體的社會，彼此的福祉交互編織在一起，因此協助他人往往也就是協助自己。一個人除了要能理解此種命運共同體的特性及自己在社會中的角色責任之外，更要能適時採取必要的行動以幫助他人或服務社會。

參、「對事及環境」的範疇

1. 面對自己的事情、義務或處境，能理性地規劃與準備，且預先設想後果，然後採取適切的行動。一個人在面對自己的事情、義務或處境時，要先能覺察、理解、接納自己的情緒及事情的各種面向（即前述的「覺、辨、感」三個面向），才能進一步理性地規劃與準備，並同時要能預先設想可能的後果，然後才能採取適切的行動。

2. 面對艱困的問題或挑戰時，能尋求適切的替代方法，並採取必要的行動來嘗試解決問題。在「對事及環境」的範疇，我們有時難免會遇到一些艱困的問題或挑戰（不是平常所要面對的日常事務或處境）。面對此類處境，除了具備前述「覺、辨、感」三個面向的能力外，最後必然要能尋求適切的，也可能是全新的替代方法，然後採取行動來嘗試解決問題。由於是面對艱困的問題或挑戰，我們要帶著「嘗試」著去解決看看的心態，不能期待必然會成功，以免期望過高、壓力太大。

3. 面對各種議題或處境時，能選擇與表達必要的關懷、責任或承諾，然後採取行動。在現代社會中，我們可能面對或接觸的各種

相關議題或處境非常多，如：環境保護議題、人權議題、法治議題、社會正義議題、尊重生命議題等。由於時間或精力之有限，我們勢必無法面面俱到、全面關注這些議題或處境。因此，我們要能從中選擇與表達必要的關懷、責任或承諾，然後採取行動，展現自己的關懷，實踐自己的責任或承諾。

4. 能自主管理且適切運用自己的生活資源。所謂「生活資源」，包括：時間、金錢、工具、飲食用品、3C產品等等。在現代社會中，如何自主管理且適切運用自己的生活資源，成為一項非常重要的課題。運用不當就會變成一些棘手的成癮問題，如：酒癮、咖啡上癮、手機上癮、網路上癮等。至於時間管理不當與金錢管理不當，也成為很多人的問題或困擾。問題的關鍵在於：我們要能意識到要「自主管理」自己的生活資源，且發展出適切運用它們的方法，而不是任由這類生活資源主宰自己的生活。

5. 能專注於自己正從事的活動或工作，不受各種內外在因素的影響。也就是能調節與控制自己的注意力、心思、感覺、身體或行動等，聚焦於自己正在從事的活動或工作，而不受內在因素（如：自己的妄念、情緒、焦慮等）或外在因素（如：壓力情境、噪音、景物、他人等）的干擾、吸引、誘惑或影響。

⋯⋯⋯⋯⋯ 第五節　反省轉化（「省」的面向）⋯⋯⋯⋯⋯

　　「反省轉化」簡稱「省」的面向。所謂「省」，意指反省、省思、內省、檢討、回顧、靜慮等，接近英文的「reflection」或「introspection」。在《論語》中，曾子曰：「吾日三省吾身」；子曰：「見賢思齊焉；見不賢而內自省也」；子曰：「內省不疚，夫何憂何懼？」這些都屬於「省」的面向。「省思」（reflection）這個概念包含「反省」與「思考」兩個意思，但是此處乃是著重在「反省」，所以就用「省」來簡稱這個面向，而不是用「思」這個字。所謂「省」和西洋學者所謂「返身覺察力」（reflexive awareness）也有異曲同工之妙。所謂「返身」就是「返回自身」的簡稱，亦即把一向習於對外的覺察與認知活動，轉過來對著自己，針對自己的行為與認知加以省思、自我檢討、自我改進、自我重整。

　　由於「反省」會帶來「轉化」，且很多情緒教育的目標都和「轉化或調節」有關，因此本書把「反省轉化」併列在一起，簡稱「省」的面向。「辨」與「省」皆屬認知的範圍，「省」著重在自我對自我的內省，而「辨」則偏向於個人對外在種種現象與事實的明辨與判斷。「省」與「辨」的另一個差別是，「辨」主要指「行動前」的思辨，而「省」主要指「行動後」的反省。換句話說，在行動前要「辨」，而在行動後則要對所得的經驗進行「省」。

壹、「對己」的範疇

1. 能透過轉移事物或場地來轉化自己的負面情緒。轉化負面情緒的最基本方法就是透過轉移事物或場地。雖然此法屬於情緒涵養的「治標法」（饒見維，2004），但是仍然有其一定的功能，因此也是情緒教育中一項值得培養的能力。

2. 能省視自己的非理性思考，並轉化為理性思考法，以轉化自己的負面情緒。轉化負面情緒的第二個重要方法乃是透過省視自己的非理性思考，並轉化為理性思考法。此法屬於情緒涵養的「治本法」（饒見維，2004），也是情緒教育中一項非常重要的目標。

3. 能運用適當的調適策略來轉化、化解或抒解自己的強烈負面情緒。所謂「強烈負面情緒」，是指在面對一些重大的事件或挑戰時，一個人可能感到非常緊張、焦慮、害怕，或者產生突然暴漲的憤怒、不滿、衝動等。此種強烈的負面情緒可能會使一個人被情緒淹沒或失控，也往往造成嚴重的後果。因此，在情緒教育中，我們遲早要培養學生學會一些適當的調適策略來轉化、化解或抒解此類強烈的負面情緒。

4. 能調節自己的挫折心情與失落經驗，轉化成奮進與再起的力量。

一個人在面對挫折時，除了前面所述要先能覺察、辨識與接納挫折之外，接著要學會如何調節自己的挫折心情，然後轉化成奮進與再起的力量。

5. 能持續反省檢討自己的情緒涵養方法與表現。情緒涵養的學習著重在持續練習情緒涵養方法，而且要持續反省檢討自己的情緒涵養方法與表現。從情緒教育的角度來看，教師終究要培養學生此種反省的功夫，學生的情緒涵養表現才能持續進步，而這也是培養自主自律能力的重要途徑。

6. 能持續反省轉化自己的負面性情與弱勢特質。一個人除了要能覺察、辨識理解、接納（即前述「覺、辨、感」三個面向）自己的負面性情與弱勢特質之外，也要能持續反省轉化自己的負面性情與弱勢特質。轉化負面性情乃是透過長時間練習轉化負面情緒的結果，而非一朝一夕所能完成。至於轉化弱勢特質則更要透過長時間的自我覺察，及持續的努力學習與反省檢討。

貳、「對人及團體」的範疇

1. 能持續反省檢討自己對他人的應對態度與人際關係。一個人若能長時間持續反省檢討自己對他人的應對態度，就能逐漸建立起優良的人際關係。

2. 能與他人相互學習如何轉化調節情緒。一個人除了要能向別人學習如何轉化與調節情緒，也要能協助他人轉化與調節情緒。

3. 能轉化與調節團體中的不良氣氛或規範，並進而營造正向的團體氣氛與優良的團體規範。任何團體中的氣氛與規範難免有不妥之處。優異的團體領導者除了要能覺察與辨識團體的不良氣氛或規範，也要能採取適當策略來轉化與調節團體中的不良氣氛或規範，並進而營造正向的團體氣氛，建立優良的團體規範。

參、「對事及環境」的範疇

1. 能持續反省檢討自己的做事方法與處事態度。任何人的做事方法與處事態度都可能有改進的空間，因此一個人要能持續反省檢討自己的做事方法與處事態度，才能持續成長與進步。

2. 面對社會與世界局勢的演變，能與時俱進提出創新應變。整個社會或世界局勢都在不斷演變中，因此一個人要能與時俱進，持續反省檢討與調整自己的行動，才能提出創新的作法來應付變局。

3. 面對各種誘惑處境，能調節與控制自己的感覺及行動，以抗拒誘惑。在現代社會中，人類可能面臨的誘惑處境愈來愈多，包括：毒品的誘惑、3C遊戲的誘惑、網路購物的誘惑、網路色情與性交易的誘惑。面對這些誘惑處境，一個人最重要的是要能調節與控制自己的感覺及行動，才能抗拒誘惑，否則就很容易被這些誘惑處境控制自己的感覺。「調節與控制自己的感覺」當然不是一項簡單的能力，要培養此種能力也是要透過長期練習「覺察、辨識、接納」自己的感覺（即前述「覺、辨、感」三個面向），才能逐漸發展出轉化自己的感覺之能力，並成為自己的感覺之主人，而不是淪為感覺的奴隸。此項能力也可以置於「對己」的範疇，因為它涉及調節與控制自己的感覺。由於此項能力著重於如何面對「誘惑處境」，因此置於「對事及環境」的範疇。

第五章

學校情緒教育的
課程規劃原則

　　如前所述，情緒教育的實施並不限定於正式課程。然而，如果我們想在正式課程中實施情緒教育，就要對課程進行有系統地規劃。本章根據一些美國有名的情緒教育課程方案的規劃原則及國內學者對實施情緒教育的建議，歸納出幾個重要的課程規劃原則：系統性地規劃與實施、符合學生身心發展、預防重於治療、提供教師專業發展支援系統、提供情緒輔導支援系統。

第一節　系統性規劃與實施

　　從美國實施情緒教育的這些方案來看，他們都有一個共通的特性，就是有系統地規劃與實施。也就是說，情緒教育不是一個隨興之作或一時的風潮，而是整體考量擁有的資源、條件、脈絡、地區特性、社區背景等等，然後很有系統地規劃課程目標、內容、順序、教學活動、教學評量，並安排相關的配套措施，然後才全面且持續地實施，甚至逐步推廣。當然，就我國的情形而言，可能無法如此有系統地規劃與實施，但是這個原則可以視為我國長期努力的標竿。Jonathan Cohen等學者（鄭雅方譯，2004：11）亦主張，若能整合家庭、社區、學校，同步全面實施社會情緒教育，則其成效亦將更為顯著，也更能澈底落實於各級學校教育中。否則，這一類的教育方案很容易淪為曇花一現的教育風潮，隨著熱度的消退而不了了之。

　　進一步言之，所謂「全面實施」是指每一個學科或學習領域都要儘量考慮進來，且情緒教育的每一個面向都要一併加以考慮。Sylwester就曾經提及六個方面的SEL必須整合在一起（引自Elias et al., 1997:6）：接受與控制情緒、使用後設認知活動、使用足以促進社會互動的活動、使用足以提供情緒脈絡的活動、避免學校中密集的情緒壓力、體認到情緒和健康的關係。當然，隨著教育實務與教育研究持續關注這個領域，將來我們的考量也會愈來愈完整且全面。此外，所謂「全面」也包括「人」的層面。也就是說，情緒教育的規劃應讓所有相關人員都一併參與。誠如Elias等人

（1997:72）所說，當教師和行政人員都採取一個長程的觀點時，SEL方案最為有效。

所謂「持續實施」是指每一個年級都要持續實施，就如「The New Haven Social Development Program」一般，他們從幼兒園到高中，每個年級的課程都有社會與情緒學習方面的目標，每一個年級接受大約25-50小時的結構化教學（Shriver, Schwab-Stone, & Defalco, 1999:48）。Elias等人（1997:33）也主張，從學前到高中，把正式的課程與教學和各種持續的、非正式的機會加以組合，讓學生都浸泡在適合學生發展需求的學習活動，最能協助學生發展出社會情緒能力。

由於我國青少年問題日漸嚴重，教育部自87學年度全國大中小學共二十六所開始試辦推動「教學、訓導、輔導三合一整合實驗計畫」，89年訂頒與執行「建立學生輔導新體制—教學、訓導、輔導三合一整合方案」，91學年度全國推動，以協助解決青少年問題。誠如唐璽惠（1999a）所述，此「教、訓、輔三合一整合方案」的基本精神及目的是要透過整合學校教職員工、社區及家長資源共同投入學生輔導的行列，將過去較為片斷、孤立的教學輔導能源彙整；群策群力，為學生規劃一個周延而健全的輔導網路。

根據李錫津（2001）的詮釋，教訓輔三合一方案的主要用意是在恢復先哲「全人教育」的主張，讓每一位老師、同仁，甚至父母或社區人士都可以、也願意分擔深淺不一、寬窄不等、性質或異的輔導事項與責任，再塑一個無縫的學習空間，產生期望的輔導效果。也就是說，此方案試圖建立一個「學科教學與輔導」「訓育生活與輔導」「學校行政運作與輔導」相融合的機制與作為，讓輔導的理念完全、完整的融入各科教學、生活訓育，以及學校各部門的行政運作之中。這個理念其實也充分展現了「系統性規劃與實施」的原則。也就是說，傳統上的「輔導工作」或「訓育工作」，其實應該和課程與教學加以融合，成為有系統的情緒教育。

·················· **第二節 符合學生身心發展** ··················

　　幾乎所有的情緒教育課程方案都強調，當我們在有系統地規劃課程時，一定要考慮學生的身心發展需求。如果要成功建立社會與情緒能力，需要和學生的發展里程碑加以聯結，且要適當的調整以因應特殊兒童的需求（Elias et al., 1997:64）。Shriver, Schwab-Stone, & Defalco（1999:58）等人也主張，SEL方案的班級教學（從學前到高中）都應該按照適合學生發展的順序來安排。SEL方案應該同時，且密切地關注到學生的心理、情緒、社會與身體健康，而不是只關注某一類的結果。

·················· **第三節 預防重於治療** ··················

　　「預防重於治療」也是一項重要的情緒教育課程規劃原則。我們應該在學生發生偏差行為或情緒困擾之前就預先提供一些基本的SEL，以預防性的策略來避免情緒困擾的發生，防止情緒問題的惡化。誠如Shriver, Schwab-Stone, & Defalco（1999:46）所述，SEL應著重在事先預防，而不是救火。Elias & Butler（1999:88）也認為，「去除學習」（unlearning）與「再學習」（relearning）總是比第一次學習還要困難。因此，我們最好在規劃課程時就儘量提供預防性的知能訓練。

　　美國許多SEL課程方案非常看重青少年這個年齡層（五至八年級），因為這個年齡層是學生最難度過的青春期。他們在規劃課程時往往為這個年齡層的學生事先做了很多的準備，以協助學生安然度過青春期。

　　我國教育部自87學年度開始推動的「教訓輔三合一方案」也含有預防重於治療的精神。因為，如果能把情緒教育的精神落實在課程與教學之中，就可以大大減少輔導工作或訓導工作的負荷。誠如唐璽惠（1999b）所述，教育目的是全方位的，教學過程是延續的，課程設計應照顧所有學生，只有結合學校整體的力量，再加上家庭及社會資源的支援，才能減少

學生偏差及不良適應的行為，並有效降低青少年犯罪和中輟生的人數，進而引導學生適性發展及開創未來。廖新春（2001）認為，完整的生命教育觀應完備三級輔導的概念：一級輔導預防及宣導、二級輔導活動及融入式課程教學、三級輔導諮商與醫療轉介。其中的一級、二級輔導就是「預防重於治療」的原則。

第四節　提供教師專業發展支援系統

Elias等人（1997:68）認為，當我們在規劃情緒教育課程時，也應同時考慮如何協助教師的專業發展。行政人員應該明顯地、定期地提供教師支持與回饋，而且每一個年級的教師專業發展和視導都很重要。教師專業發展的機會可以提供教師在教導社會與情緒能力時所需的理論性知識。教師專業發展的活動也可以透過示範與練習，來提供教師本身有機會去探索、體驗本身的SEL（Elias et al., 1997:69）。以「The New Haven Social Development Program」為例，在推動這個方案的四年期間，每一位教師都接受十小時的訓練，並且整年持續得到協助與支持（Shriver, Schwab-Stone, & Defalco, 1999:47）。

第五節　提供情緒輔導支援系統

在任何學校中，難免有少數學生有特殊的需求，需要接受特殊的輔導，例如：人際關係適應不良、躁鬱症、過動症等等。即使有情緒教育的正式或非正式課程，可能仍無法完全免除這一類需求，這時學校應該透過情緒輔導與支援系統，對這些特殊需求的學生提供輔導與支援的服務，而且和課程與教學統整協調。學校也可以針對少數需要接受情緒輔導的學生，安排個人輔導活動或團體輔導活動，直接協助學生提昇情緒涵養。

　　從輔導的角度來看，教師也可以把情緒輔導和生活事件加以結合，掌握機會進行情緒輔導。董媛卿（1994）就曾指出，國中輔導老師對情緒障礙、性格或行為異常的學生之輔導品質，非常難以掌握，因為他們不是在任何時間都可以坦露其心聲或問題。因此，當學生情緒激動的時候，也是輔導者最佳的良機。因為那時輔導老師能直接走進學生的心門，取得學生全然的信任。輔導老師不要錯失這些輔導的良機。

　　Elias等人（1997:66）主張，SEL課程和相關的專業服務（如：家族治療、諮商）之間應該密切協調，以創造一個有效的、統整的服務系統。甚至要有系統地讓特教學生也有機會參與其中，建立一個緊密的方案，促進學生把習得能力類化到各種生活情境之中（Elias et al., 1997:96）。凡此種種都在說明，情緒教育的課程規劃應該和情緒輔導的支援系統緊密結合。

第六章

學校情緒教育的
實施時機

　　近來教育改革的浪潮風起雲湧，不斷有人倡議各種教育改革的新想法，也不斷有人倡議引入新興議題到學校課程之中。既然我們當前的學校課程內容已經很多了，是否仍然有空間能引入情緒教育到學校教育呢？如果我們想在學校中實施情緒教育，就要找出適當的時機來進行，否則就成為空談。

　　以我們目前各級學校的情形而言，並不是沒有實施情緒教育的空間與時間。問題的關鍵還是在於教師或行政人員有沒有實施情緒教育的理念與動機。如果動機夠強，必定找得到時機。歸納起來，實施情緒教育的時機有四個：一、在正式課程中單獨設立情緒教育課程；二、在相關學習領域中融入情緒教育課程；三、結合班級經營以實施情緒教育；四、在適當時機以情緒桌遊來實施情緒教育，茲一一探討如下：

………第一節　在正式課程中單獨設立情緒教育課程………

　　如果要在正式課程中實施情緒教育課程，最好是單獨設立情緒教育課程，就像傳統上各級學校的正式課程中單獨設立「體育課」一般。我國各級學校目前的課綱中，只有「幼兒園」為情緒教育單獨設立課程。根據106年8月1日起生效的《幼兒園教保活動課程大綱》，幼兒園的教保活動課程分為：身體動作與健康、認知、語文、社會、情緒和美感六大領域。其中，「情緒」這個領域就是單獨設立的情緒教育課程。就「初等教育」與「中等教育」而言，目前在我國「九年一貫課程」或「十二年國教」中並沒有單獨設立情緒教育的學習領域。在高等教育中，不管是在通識教育或各學系的課程中，都有單獨設立情緒教育科目的可能性。例如：筆者多年來一直在系上開設情緒涵養或情緒教育的課程。

　　事實上，不管在哪一個層級的學校中，只要教育工作者有情緒教育的理念，必定能找到實施情緒教育的空間。反之，如果沒有情緒教育的理念，即使具備可以發揮情緒教育的舞臺，仍然不可能落實情緒教育的精神。下一節即探討如何在中小學的相關領域中融入情緒教育課程，以實踐

情緒教育的理念。

⋯⋯⋯第二節　在相關學習領域中融入情緒教育課程⋯⋯⋯

在我國的中小學，不管是「九年一貫課程」或「十二年國教」，「健康與體育」這個學習領域本身就包括了很多情緒教育的目標與主題。雖然沒有「情緒課程」之名，但是有實施情緒教育之實。如果好好發揮，也很容易加入情緒教育的教學活動。畢竟，這個領域最終的目標就是要協助學生的身心健康。除了「健康與體育」這個領域外，「語文、社會、綜合活動」這些領域也都包含一些情緒教育的目標。就「幼兒園」而言，除了「情緒」這個領域以外，其他五個領域（身體動作與健康、認知、語文、社會、美感）內其實也都包含一部分情緒教育的目標。基層教師只要有心實施情緒教育的理念，不難找到實施的時間與方式。

如果基層教師想要在正式課程中實施情緒教育，可以採用「融入」或「統整」的策略。這也是目前最容易實施情緒教育的方式。在各級學校之中，在任何科目之中，都可以適時加入相關的教學活動（參見第139頁「學校情緒教育的教學活動」）。當然，這種方式必須挪用一部分的課程與教學時間，所以只能在相關的主題之中，適時採用一部分的情緒教育教學活動，無法完整且全面實施情緒教育。

另外一個策略就是採用「統整主題教學」（參見213頁第八章「學校情緒教育的統整主題教學」），以便更有系統地實施情緒教育。此種策略是指，把某一個學習領域內相關的教學目標加以統整成和情緒教育有關的主題，甚至進行跨領域的統整主題，以「主題週」或「主題月」的方式來進行教學活動。參與教學活動的學生也不一定侷限在一個班級內，可以包括跨班、跨年級，甚至全校共同實施。目前許多學校都在推動統整主題教學活動，只要適時引入和情緒教育有關的主題即可。比起以往，基層教師已經有很多可以自主發揮的空間。

國內外許多學者與教育工作者都在倡議或實踐此種策略。Elias等人

（1997:61）認為，把SEL和傳統的學科教學加以統整，可以交互促進這兩個範疇的學習。當SEL方案或活動被統整協調到正規的課程和教室生活、學校生活時，最有可能協助學生獲益，效果也最可能持續（Elias et al., 1997:79）。這些學者也指出，對青春期的學生而言，他們的情緒與感覺往往占據了他們的心思與注意力，但是教師其實可以有建設性地把他們的感覺與關注應用到教室與學業上，如此一來就把SEL融入到課程之中。例如：教師可以儘量在作業或教學活動中讓學生有機會表達自己的感覺，或者以實際發生之事件為根據來編製戲劇、故事。如此一來就成為SEL（Elias et al., 1997:20）。Brooks（1999:72）也指出，我們不應該簡化地認為教導學科知能和促進學生的SEL是分離的，它們應該緊密結合在一起。

近年來我國也有一些教育工作者開始嘗試把情緒教育融入教學活動之中。筆者也曾經指導過一些碩士生嘗試把情緒教育融入各種領域的教學活動，詳見以下碩士論文，在此不加贅述：方惠貞，2007；王瑞琪，2011；余敏琪，2010；張玉真，2008；張芯瑋，2016；張家瑜，2011；陳亞穎，2012；陳雲蘭，2010；蔡侑珍，2015；蔡淑華，2009，2016；盧瑩榕，2008；賴淑敏，2011；鍾怡君，2007；羅盈萐，2009；蘇聖雅，2012。

⋯⋯⋯第三節　結合班級經營以實施情緒教育⋯⋯⋯

在我國的幼兒園及中小學裡，班級導師扮演相當重要的角色。班級導師除了負責一部分的授課外，也負責帶領整個班級非授課時間的很多班級活動與班級事務，包括以下三大類：

第一類是配合學校行政事務的工作，如：出席校內、校外相關會議；參加各項集會：如升旗、週會、班會、班級家長懇談會等；擔任值週導師、執行值週工作；協助推行學校舉辦之各種學藝或運動競賽活動；參加各項慶典活動等。第二類是執行班級事務，如：協辦註冊事宜、編排教室座位及集會隊形、選舉班級幹部、分配整潔工作及掃具、確立班級公物保

管權責與保管規則、訂定班規與生活公約、建立班級通訊錄與學生家庭聯絡網、建立學生詳實的各項資料、督導早自習、實施服裝儀容檢查、清查學生人數並電話聯繫缺席學生、收閱家庭聯絡簿或日記、巡視上下課時間學生活動情形、巡視午餐情形及督導午休情況等。第三類是執行學生輔導事務，如：約談重點輔導的學生、輔導班上學生的偏差行為、處理偶發事件、評閱學生週記（或日記）並適時指導疑難問題、和班級學生家長保持聯繫、指導學生做人處事與應對進退的道理、出席各項個案輔導會議、實施學生家庭訪問、隨時注意掌握學生行為與態度、提供特殊學生名單給輔導室並協助輔導等。

　　上述林林總總的導師工作可以總稱為「班級經營」。在我國基層教育中，班級導師在班級經營方面的責任相當吃重，工作項目相當繁雜。此外，班級導師在自己班級的正式課程之授課時間通常也最多，尤其是在幼兒園與小學。正因如此，班級導師和學生的相處時間非常長，互動也非常頻繁。班級導師如果具有情緒教育的理念，有很多的機會與方式可以結合班級經營以實施情緒教育。配合班級經營可以實施情緒教育的方式或時機有如下三種：

壹、藉由班級突發事件的機會來實施情緒教育

　　情緒教育不一定要利用正式課程來實施。班級導師可以善用班級突發事件的時機來實施情緒機會教育。Elias等人（1997:33）指出，學生在學校裡經常要面對如何自處的各種人際處境，各種生活事件的發生都不是按照任何事先寫好處方的課程指引，因此SEL不僅要系統化，而且也要有足夠的彈性來因應非預期的生活事件，且對既定的課程進度產生最少的中斷。我們的正式課程應該要有彈性，讓教師有時間來處理師生之間、學生之間的各種情緒問題與情緒事件。所幸中小學的班級導師擁有一些可以彈性運用的班級時間，導師可以善用之，以利處理各種情緒事件，並藉機實施情緒機會教育。

　　在班級中可以實施情緒機會教育的情緒事件很多，本節只是舉一

些常見的事例,用來說明如何藉機實施情緒機會教育。其他各種事例應該可以用類推的方式來面對與因應。以下一些事例參考並改寫自王瑞琪（2011）、蔡淑華（2009）、張玉真（2008）的碩士論文。

一、學生間的紛爭或衝突

學校生活中,學生之間經常會發生各種大大小小的紛爭或衝突事件,因而學習如何解決紛爭或衝突成為情緒教育中的一項重要課題。學生間的紛爭或衝突有時只是因小小的事情（例如:彼此之間言語不當、表情不當）,或甚至只因為彼此之間的誤會,進而演變成肢體衝突或對立。有時學生也會因為集合排隊或輪流等待的時間過久而產生紛爭,或者因為座位的空間被占領而責怪對方。如下例所示:

> 在練習毛筆時,小趙和小錢因為爭執桌面的空間,互相責怪對方沒有把簿子折一半。小趙就用簿子推了小錢的簿子,小錢很不高興地推了回去,小趙重複幾次動作後,小錢對老師抗議說:小趙沒有把簿子折一半。小錢也回說:小趙也沒有折一半。

有時學生也會因為爭奪物品或空間而產生衝突。尤其是有些年紀比較小的學生,還沒有建立起物品所有權的觀念,不經同意就拿別人的東西來使用。有些學生則是對公有物品還沒有建立起輪流使用的觀念,可能會把某些公有物品長時間占為己用,不讓別人使用。凡此種種都很容易形成學生之間爭奪物品或空間的紛爭,如下例所示:

> 小孫和小李在閱讀角看書,小孫拿走小李手上的書,小李用手往小孫的臉上打過去。老師看到了這一情景,就走過去了解,並問小李:「你為什麼用手打小孫的臉?」小李說:「小孫搶走了我的書,我有跟他說還我,可是他不聽。」

　　學生之間有時會因為分組活動的分工合作不順利，而產生紛爭或衝突。在學校生活中，學生經常會遇到各種分組活動（例如：分組實驗、分組討論、分組遊戲、分組作業等）。然而，小組內的成員間有時可能會因為種種原因而產生不愉快、不和諧或甚至衝突，因而導致分組活動無法順利進行。教師遇到此種情形，勢必要優先協助處理出問題的小組，使分組活動能順利進行，以免影響到其他小組。如果想減少或避免這類問題的出現，教師要儘量採用適切的分組方式。當然，如第132頁「採用恰當的分組方式」這一節所述，每一種分組方式都有優點與缺點，教師只能根據經驗與分組活動的性質來選擇一個適切的分組方式，讓分組活動能比較順利地進行。即使如此，學生之間分工合作不順利的狀況仍然可能會發生。然而，教師無需把此種情形視為麻煩，反而可以將之視為情緒教育的良機。

　　不管遇到哪一種衝突事件，教師都可以採用「溝通與問題解決法」（第186頁）來立即協助學生解決彼此的衝突。教師也可以安排某個上課時段，讓學生把班級上曾經發生過的衝突事件提出來，然後也是採用「溝通與問題解決法」來進行全班討論。教師藉著一次又一次的衝突事件，來逐漸培養學生解決衝突的能力，教師只是站在協調與引導的角色，而不是主動幫他們解決。教師可以引導學生思考自己的行為對他人所造成的影響，而不只是訓誡學生的行為不符合規範。此種把握機會將情緒教育融入生活中的策略，不僅可以讓學生印象深刻，往往有滴水穿石的功效。

　　當然，情緒問題的處理一定要花時間，但是這種時間絕對是值得的。即使由於處理學生行為問題或衝突事件而耽誤了一些所謂「正課」，也總比忽視學生的情緒問題好。因為學生的衝突如果沒有好好解決，必定是情緒當頭，不僅無法參與正常的學習活動，更會種下日後更大的衝突因子。

二、學生被嘲笑、惡作劇、欺負或霸凌

　　學生被嘲笑、惡作劇、欺負或霸凌是校園生活中常見的負面情緒事件，往往也會引起受害學生很大的負面情緒。教師面對這一類事件時，如果能將之當作情緒教育的機會，不僅可以協助受害學生，更可以阻止或減少未來再度發生類似事件。

　　學生會被嘲笑可能是因為某方面的能力表現不夠好、作品不好或外貌有某些缺陷。被嘲笑的學生難免會有不舒服的感受，有些甚至會回罵或攻擊，因而引起肢體衝突。如下兩例所示：

> 戶外活動時，小周跑來和老師說（一副很委屈地想哭）：小吳笑我，害我踢球不專心。
> 老師：他笑你，你覺得很難過是嗎？
> 小周：是啊，他笑我踢球很不厲害。

> 小鄭嘲笑小王的作品很醜，小王很生氣地打小鄭。小鄭跟老師說：「我只是笑她一下下，她就很用力打我的頭。」小王說：「誰叫他要笑我，讓我覺得不舒服。」

　　有些學生會由於同學外貌有某些缺陷而隨意取綽號，也會造成對方的不悅情緒，如下兩例所示：

> 小馮告訴老師：「小陳用書本丟我。」老師找來小陳：「你有用書本丟小馮嗎？」小陳說：「是他先罵我獨眼怪的，我不喜歡這個綽號！」

> 下課時間，導師突然聽到教室後面傳來一陣尖銳的叫聲。導師跑去了解事情的始末。原來是小蔣無緣無故說小沈「修女」，引來小沈轉過頭搥打小蔣桌上的牛奶盒。牛奶濺到小韓，引起小韓大聲尖叫，全班被小韓嚇到，十分錯愕！

　　這一類事件看起來很像前節的衝突事件，但最大的不同是，此類事件有一方是「受害者」（甲方），另一方則是「加害者」（乙方），明顯有些不當行為（即嘲笑、惡作劇、欺負或霸凌）。有些情形，乙方可能是一群學生。此外，面對乙方的不當行為時，甲方有時也會有某些不好的回應

方式。遇到此類事件，教師可以用以下方式來進行機會教育：

1. 當教師覺察到甲方有某種負面情緒時或接到甲方對乙方的不當行為之控訴時，先採用第179頁所述的「積極聆聽」來了解與接納甲方的情緒，並允諾會協助處理這件事。如果教師是在接到旁觀者的私下通報才知道衝突事件的發生，則要保護旁觀者的隱私，然後直接進行下一個步驟。

2. 教師請甲方和乙方一起進行共同會談。

3. 教師再度用「積極聆聽」的方式請甲方和乙方各自陳述事情發生的經過及各自的感覺。根據雙方的陳述，教師採取必要的釐清與追問，以便全盤了解整個事件的緣起、經過或狀況。如果乙方是一個群體，也要釐清主事者與跟隨者。有時甲、乙雙方可能都各自要負一部分的責任，教師也要公平、公正地釐清引發事件的個別責任輕重。

4. 針對乙方的不當行為，教師可以先採用「我訊息」（第183頁）的方式來表達教師本身對此不當行為的感覺，以及這類不當行為可能造成的不良後果。總之，教師的表達應儘量「對事不對人」，避免直接責罵學生。如果是比較嚴重的不當行為，教師甚至可以從法律的角度來向乙方說明：就目前的年齡及未來成年時，這類不當行為可能違反了哪些法律、可能受到的法律制裁或可能要負的法律責任。教師也要進一步深入追問與了解乙方會有這類不當行為的原因或背景，並根據原因做必要的回應與協助。

5. 如果事件發生時，甲方對乙方也有某些不好的回應方式，教師可以採用「我訊息」，說出對該「不好的回應方式」的感覺。然後請甲方說一說下次遇到別人的嘲笑、惡作劇、欺負或霸凌，自己如何回應會比較恰當？教師和甲方做必要的釐清與討論，直到找到比較恰當的回應方式為止。

6. 教師請乙方說出可以如何彌補自己的過失。然後請甲方說明是否能接受。教師以公正的態度協調雙方，直到雙方都可以接受為止。

在整個過程中，教師應儘量展現公平、公正的態度，且儘量扮演協調與引導的角色，藉此引導學生思考「自己的不當行為」或「對別人的不當行為之回應方式」，都可能對他人造成影響，而不只是訓誡學生的行為不當或回應方式不好。如果班級中發生過很多次同學被嘲笑、惡作劇、欺負或霸凌的事件，教師可以另行安排某個上課時段，把班級上發生的這一類事件提出來討論，使之成為全班性的教學活動，亦即實施第186頁所述的「溝通與問題解決法」。

此外，有些學生雖然不是被嘲笑、惡作劇、欺負或霸凌的受害者，而是旁觀者，也可能因為目睹這類不當行為而產生一些負面情緒。他們在目睹不當行為時，當場可能會覺得害怕、恐懼或憤怒，但是接下來可能因為不知怎麼辦或沒有採取任何行動而產生諸如焦慮、自責、無助、良心不安、愧疚或罪惡感等負面情緒。有些旁觀者可能會跟教師通報這類事件，但是有些旁觀者（甚至連受害者）也可能因為害怕事後被加害者報復，而不敢跟教師通報。由於沒有通報，很多教師可能也不知道有發生這類事件。因此，教師在知道這類事件且用前面所述方式處理完之後，必須進一步藉機對所有學生進行機會教育，讓所有學生日後遇到類似事件時（不管是旁觀者或受害者）知道如何因應事情及如何照顧好自己的心情，也避免學生未來成為加害者或受害者。進行的方式如下：

1. 教師請同學分享被同學嘲笑、惡作劇、欺負或霸凌時，或親眼目睹這類不當行為時可能產生的負面情緒。教師跟學生說明，當自己面對這類不當行為時，會覺得焦慮、自責、無助、良心不安、愧疚、罪惡感、害怕、恐懼或憤怒是完全正常的、可以接受的，不用排斥或壓抑它們。教師可以藉機帶領學生回顧事件發生時的情景，並重現當時的感覺或情緒，然後練習採用「全然覺受法」（第145頁）來接受自己的害怕、恐懼或憤怒。

2. 教師也要非常清楚地跟所有學生說明，「嘲笑、惡作劇、欺負或霸凌別人」乃是不被社會所接受的不當行為。教師可以請同學發表這類不當行為對自己和他人可能造成的不良後果。最後再從法律的角度來補充說明：就目前的年齡及未來成年時，這類不當行

為可能違反了哪些法律、可能受到的法律制裁或可能要負的法律責任。

3. 教師要非常清楚地跟學生說明通報這類事件的必要性。如果自己是「旁觀者」，要儘量不動聲色地離開現場，然後盡快私下通報教師或相關行政人員來協助處理，不要直接介入，以免讓自己也處於險境。教師也要保證一定會保護旁觀者的隱私，以免事後受到報復。如果自己是「受害者」，要先暫時穩住自己的情緒，只要適度保護自己或防衛自己即可，應想辦法盡快離開現場，然後通報教師或相關行政人員協助處理，不要立即回應或回擊加害者，以免讓自己受到更大的傷害。

三、學生被排擠或拒絕

學校生活中，難免會因為某幾個學生比較常在一起玩，因而形成小圈圈，排擠或拒絕別人和他們一起玩。有時只是單純某甲不喜歡某乙，而拒絕和某乙一起玩，或者只是因為自私而霸占某個玩具或空間，拒絕別的同學使用。如下例所示：

在遊樂場時，小楊很生氣地問老師：哪裡可以買槍？
老師：你為什麼要買槍呢？
小楊：因為小朱不讓我去小木屋，還踢我！我要對付他。
老師：你可以和他說，這是不對的，小木屋是大家的。
老師請小朱過來向小楊道歉，但是小楊離開的時候，還邊走邊
說：「反正我還有其他方法可以對付……」

被拒絕的學生心中難免會有被同學排擠或忽視的感受，認為別人不喜歡自己，因而產生負面的想法或情緒。有些學生可能只是產生退卻無助的行為，有的甚至可能採取非理性的報復行動。值得注意的是，排擠或拒絕別人的一方有時也不見得有什麼不當的行為，純粹就是不喜歡和對方做朋友。教師不能理所當然地認為排擠或拒絕別人就是不對。因此，教師在處

理這一類事件時，一定要公平、公正地處理。

這一類事件和第105頁所述「學生被嘲笑、惡作劇、欺負或霸凌」很接近，但是在外顯的行為上，教師比較不容易察覺到，因為被拒絕的一方有時只是產生退卻的行為，不見得會採取激烈的反抗，因此不一定會產生衝突事件，也很容易被教師忽視。然而，教師卻往往可以從觀察學生所顯現的負面情緒或負面表情，來發現學生被排擠或拒絕的事件。教師只能透過自己敏銳的觀察力來發現這一類的事件，且將之視為情緒機會教育，以協助學生面對此類處境。

遇到某位學生（甲方）被別的同學（乙方，可能是一人，也可能是多人）排擠或拒絕的事件，教師可以用以下方式來進行機會教育：

1. 當教師覺察到甲方有某種負面情緒時，先採用第179頁所述的「積極聆聽」來了解與接納甲方的情緒，並允諾會協助處理這件事。

2. 教師請甲方和乙方一起進行共同會談。

3. 教師再度用「積極聆聽」的方式請甲方和乙方各自陳述事情發生的經過及各自的感覺。根據雙方的陳述，教師採取必要的釐清與追問，以便全盤了解整個事件的經過與狀況。

4. 教師以公正的態度來判斷甲、乙雙方是否有不當的行為。根據以下可能的狀況採取必要的行動：

    (1)如果某一方（甲方或乙方都有可能）的確有不當的行為，教師可以採用「我訊息」（第183頁）的方式來表達對此不當行為的感覺，且避免直接責罵學生。然後，教師請有不當行為的一方說出可以如何彌補自己的過失，再請另一方說明是否能接受。教師以公正的態度協調雙方，直到雙方都可以接受為止。

    (2)如果雙方都有不當的行為，教師可以採用「我訊息」（第183頁）的方式來表達對所有不當行為的感覺，且避免直接責罵學生。然後，教師採用「溝通與問題解決法」（第186頁），請雙方都說出可以如何彌補自己的過失，直到雙方都可以接受為止。

    (3)如果雙方都沒有明顯的不當行為（亦即純粹就是乙方不喜歡和

甲方做朋友），教師則以公正的角度向雙方說明自己的看法與感覺。然後，教師採用「溝通與問題解決法」（第186頁），請甲方說出對乙方的期望，也請乙方說出是否能接受甲方的期望。如果乙方無法接受，教師請甲方調整自己的期望。教師以公正的態度協調雙方，直到乙方可以接受甲方的期望為止。如果乙方始終無法接受甲方的期望，教師亦可想出一些讓雙方都可以下臺階的方式，讓雙方都能互相尊重，雖然不一定成為「朋友」，但至少彼此都以「同學」的關係繼續相處，避免任何形式的衝突。

　　不管是上述哪一種狀況，教師應儘量展現公平、公正的態度，且儘量扮演協調與引導的角色，藉此逐漸培養學生解決衝突的能力，且引導學生思考自己的行為對他人所造成的影響，而不只是訓誡學生的行為不當。教師終究要採用「溝通與問題解決法」（第186頁），藉機讓學生學習理性溝通與問題解決的方法。如果班級中發生過很多次同學被排擠或拒絕的事件，教師可以另行安排某個上課時段，把班級上發生的這一類事件提出來討論，使之成為全班性的教學活動，亦即實施「溝通與問題解決法」。

四、學生因被糾正或處罰而報復

　　學校生活中，有些學生因為不當行為而被糾正或接受處罰。被糾正或處罰的學生（甲方）難免會感到不愉快或埋怨，尤其是如果自己是因為被同學（乙方）告狀，甲方對乙方可能會心生不滿，甚至對乙方採取一些報復的舉動，如下例所示：

　　小秦在打掃活動時在一旁偷懶，沒有認真打掃。同組的同學小褚後來跟老師報告小秦偷懶。小秦被老師處罰要替班上倒垃圾一個星期。小秦心裡非常埋怨小褚，害他被老師處罰。第二天下課期間，小秦經過小褚的座位時，故意撞了一下小褚的桌子。結果小褚桌上的水杯被撞倒，水杯掉到地上，水流了滿

地。教室又是一陣騷動。

在這一類事件中，教師通常可以很明顯地看出甲方在被糾正或處罰之負面情緒。如果甲方能坦然接受被糾正或處罰，也就沒事。如果教師覺察到甲方有某種負面情緒，可以採用第179頁所述的「積極聆聽」來了解與接納甲方的情緒即可，通常也不用採取什麼後續行動。如果甲方有任何後續的不當報復舉動時，教師可以用以下方式和學生（甲方）進行一對一的輔導：

1. 教師可以採用「我訊息」（第183頁）的方式來表達無法接受學生的不當報復舉動，以及對此事件之感覺，且避免直接責罵學生。

2. 教師請學生說出可以如何彌補自己的過失。教師和學生做必要的討論，直到雙方都可以接受為止。

3. 教師請學生說一說下次遇到被糾正或處罰後，自己如何練習情緒涵養比較恰當？如果教師覺得學生所說的情緒涵養方法不恰當，教師說明為何不恰當，並請學生再想其他的情緒涵養方法，直到學生說出比較恰當的方法為止。

教師亦可另行安排某個上課時段，把此事件提出來討論，使之成為全班性的教學活動。討論的問題是：「當自己被糾正或處罰後，如何練習情緒涵養？」教師針對學生的回答給予必要的回饋（是否恰當）。教師亦可根據學生目前學習情緒涵養的情形來補充教導相關的情緒涵養方法，如第156頁的「理性思考法」、第154頁的「轉移法」、第145頁的「全然覺受法」、第204頁的「靜坐反省」等。總之，教師可以根據實際的情形實施必要的情緒主題教學，體現機會教育的精神。

五、學生不小心引發意外

校園生活中，難免會發生各種意外事件，進而引發教師和學生各種複雜的負面情緒。所謂「意外」是指不是學生故意引發的事件，通常都是學生不小心造成的事件（例如：不小心互相碰撞、運動受傷），或者是不明

原因所引發的事件（例如：財物失竊、同學失蹤、地震），教師如何因應這些意外事件，不僅考驗教師的情緒涵養與智慧，也影響整個班級的氣氛及情緒涵養。當班級導師遇到某個意外事件時，可以採用以下方式來因應並進行情緒機會教育：

1. 導師採用某種自己熟悉的方法，迅速讓自己靜下心來，以便因應處理意外事件。

2. 如果全班學生都知道這個意外事件，可能學生也都多少會有某些負面情緒。導師可以引導學生採用某種先前學過的靜心方法把心靜下來。

3. 導師根據意外事件的狀況先採取必要的行動緊急處理事件，或通報相關人員協助處理。

4. 事件過後，引導學生分享與抒發當下的感覺，及事件發生時的感覺（參見第173頁「情感交流」或第175頁「感同身受」）。教師亦可適時分享自己的感覺。

5. 引導學生討論：「在事件發生時，自己有哪些非理性思考？可以如何轉念？」（參見第156頁「辨識非理性思考」）及「在事件發生時，自己當時的行動或反應有哪些可以檢討改進之處？」此處的重點在自我檢討，而非檢討或指責別人。教師對於學生的回應給予必要的回饋或補充。

6. 引導學生討論：「下次遇到類似事件時，自己可以藉機練習哪一種情緒涵養方法？」或「下次遇到類似事件時，自己可以如何因應？」

7. 在討論的過程中，教師亦可適時分享自己如何因應類似事件或如何藉機練習情緒涵養。

以下使用蔡淑華（2009）的碩士論文中的一個事件（熱心過頭，午餐打翻一整盒），來說明班級導師可以如何善用意外事件來進行情緒教育：

終於結束期末考！不論考好考壞，學生個個如釋重負，教室又回復平常雀躍活潑好動的班級常態，甚至比平常有過之而無不及。中午用餐打飯菜，青青和小雅熱心的幫忙擺放餐盒以順暢同學打飯的動線，挪動過程中一不小心整盒義大利麵醬汁騰空，著地時醬汁已經向四面八方流竄，頓時尖叫聲四起，孩子們紛紛湊過來圍觀，陣陣鼓譟聲此起彼落，雞飛狗跳的混亂場面不難想像。我趕緊放下手邊正在批改的期末試卷，走到眾人圍觀的打飯區了解詳情。孩子們你一言我一句，我實在無法拼湊事情的始末。此時我覺察到自己因為厭惡不明究理，也厭惡其他同學看好戲幸災樂禍的心理。當我覺察到自己情緒的變化，瞬間閃過的念頭就是身為導師先穩定自己的情緒才能安撫全班不安於室的情緒。我隨即當機立斷，要全班進教室坐好拿出班書安靜閱讀。不過按照經驗法則，孩子們在這個節骨眼才不會乖乖坐好呢，他們一定會很想「看好戲」！於是我下指令，請班長登記聊天說話、毛毛躁躁不靜下心來閱讀、有礙善後工作進行的同學。這樣一來我才能全心全意把心思用在走廊打飯區的善後工作上，號召幾位熱心的同學，青青和小雅以謹慎、補償的心理最先舉手，憲憲、孝孝、恩恩、眞眞也二話不說捲起袖子來幫忙。於是我一步驟一步驟的引導在打飯區幫忙的學生……

這是一個令師生都產生各種複雜的負面情緒之意外事件。在蔡老師覺察到自己的負面情緒之後就先穩定住自己的情緒，冷靜地指導善後工作。然後，為了安撫全班學生的情緒，蔡老師進一步請學生安靜閱讀班書，協助他們把心靜下來。然後才請一部分學生著手清理打飯區。此處蔡老師不僅示範了優異的情緒涵養，也示範了「先處理心情再處理事情」的原則（第57頁），都是很好的情緒教育之身教。

清理打飯區的過程當然很費時，當少部分學生在協理清理時，大部分學生都在教室裡餓著肚子等待。當蔡老師進教室表揚那些協助清理的同

學之表現，並告訴大家整個處理流程時，她顯然也覺察到這一點，如下所述：

　　師：肚子很餓吧？

　　全班：對呀，老師，我們好餓喔！

　　小玄子：餓到快昏倒了！

　　師：老師也是耶！今天我們晚一點再吃，而且要全班都打完飯
　　　　菜才一齊開動唷！好嗎？

　　全班（無奈）：呵啊～～好吧！

　　師：你們看，外面的同學很辛苦呢！

　　全班：（大家你一言、我一句的）我們也想去幫忙啊！老師妳
　　　　都不選我們？

　　師：你們現在就是在幫忙呀！（教室裡的學生用困惑的眼神看
　　　　著我）我們動動腦想一想，打從事情一發生，如果在座
　　　　的各位沒有安靜的在教室坐好，現在走廊的六位同學能專
　　　　心的處理撒落一地的菜餚、醬汁嗎？光大家走動進進出
　　　　出的，腳印就會擴散醬汁的「版圖」，要花更多時間、更
　　　　多心力來處理，增加困難度，我們吃飯的時間也會拖得更
　　　　久。知道嗎？

　　維尼熊：對呀，不過我的肚子一直咕咕叫，老師你有聽到嗎？

　　全班：（哄堂大笑）

　　此處蔡老師展現出同理學生的感覺，並藉機肯定學生的冷靜表現，這也是很好的情緒機會教育。當外面六位協助清理的同學處理大功告成後，學生就陸陸續續進教室。接著，蔡老師又藉機進行一次機會教育，引導學生回顧整個事件的經過，以及在這個過程中每人的心情，如下所述：

　　師：這次多虧大家分工合作與鼎力配合，才能化解難題。我們
　　　　來回顧一下，目睹打翻的醬汁和十多片排骨肉，那時候你

們最強烈的情緒是什麼呢？我調查一下。

結果出爐：幸災樂禍看好戲有三位，擔心被罵有五位，慌亂、不知所措的有十四位，生氣不能準時吃飯的有四位，扣除外幫忙的幾位學生，其他沒舉手代表不知道、不在乎。向來喜歡知道老師心裡感受的維尼熊提問了……

維尼熊：老師，那妳呢？妳覺得怎麼樣？

師：你們想知道呀？

全班：對呀！

小魚兒：老師一定很生氣！

君君：但是剛才看不出老師在生氣耶！

維尼熊：我們就不要猜了，聽聽老師怎麼說，老師妳快說啦。

師：看來你們很想知道我的感受唷！呵呵！說真的一開始我真的有點生氣，尤其是我看到有人惟恐天下不亂的鼓譟和指責，真的很厭惡，因為這樣的舉動對事情一點幫助也沒有！不過，我很快的「觀呼吸」把心靜下來，同時也深刻的感覺到自己的情緒是混雜著生氣、厭惡、煩躁的。

亮亮：（暫停課外閱讀）蘊含了二大類的情緒喔！

師：真不愧是亮亮！一心多用，卻也能學以致用把丹尼爾‧高曼的情緒八大族類說出來！

全班（七嘴八舌）：觀呼吸？什麼是「觀呼吸」？

師：你們有興趣嗎？最近老師剛好要安排恰當的時間教你們呢！延續剛剛的話題，觀呼吸過程當中，很神奇唷，我察覺自己的情緒後，冥冥中好像有一股力量攔住我，引導我冷靜的去思考接下來要怎麼做才能解決問題。這個覺察力很重要！因為有覺察力所以才有後來的停下來冷靜思考！覺察到自己的那些負向情緒是礙事的，於是心平氣和的邀請你們進教室做有意義的閱讀來靜心，安撫你們情緒的同時也安撫了老師的情緒，等到老師到走廊指導六位同學時，我腦海竟然不斷的浮現正向的、積極的想法和做法。

真的很神奇！要謝謝大家冷靜的分工合作和配合，現在外
頭整個圓滿處理完畢，別班都已經吃飽了在抬餐盒、潔
牙，再過五分鐘就會敲午休鐘，我們等會吃飯鐵定會占用
到午休時間，避免打擾到別班午休時間，我們分組去洗手
和打飯菜，要上洗手間的不用報備自己悄悄的去……

　　這一段引導學生回顧事件經過的過程非常精彩，也充分展現了情緒機
會教育的精神。在這個過程中，全班師生都全然接受各種情緒的存在，師
生都沒有指責，也沒有人追問是誰打翻醬汁的，更沒有人互踢皮球與推卸
責任。蔡老師著重在引導學生回顧大家的情緒。更難能可貴的是，在學生
的好奇提問下，蔡老師也坦然表達了自己在整個過程中的情緒與感覺，以
及自己如何運用「觀呼吸」（第142頁）把心靜下來（且留下伏筆會在日
後教學生如何練習「觀呼吸」）。此外，蔡老師更藉機分享靜心如何協助
自己後續思考及處理事情的過程，並再度肯定學生的冷靜、分工合作、高
度配合的團結精神、打翻餐盒後積極面對與打掃的態度等。蔡老師事後對
此事件的省思對於情緒教育也相當具有啟發意義，如下所述：

如果事情一發生，我無視於周邊來來往往認識和不認識的學
生，求好心切的查個水落石出，肇事者在擔心挨罵、恐懼被同
學指指點點的內心折騰下，是否會讓他們想找藉口規避自己的
責任，推諉平衡熱心過度所衍生的意外呢？長久以來我們的身
邊充斥著這樣的處理模式，讓我們習以為常的以為找出肇事者
讓肇事者負全責是最快最有效率的方法，然而過程中摻雜不少
負向情緒在裡頭，難免會不自覺的在「緝兇」的過程中流洩出
來，表面上事情好像處理完畢，背地裡是否也會養成肇事者想
盡辦法推卸責任、規避懲處的投機心態呢？沒有人希望發生
這樣的意外，能接受已經發生的事實，鎮定情緒平靜的找出法
子來解套，這才是正向的學習、正向的力量，才能引導出好的
結果。從這次打翻餐盒事件，肇事者勇於承認並樂觀積極的處

理善後就是最好的印證；其他熱心參與清理醬汁的同學一心一意只想把事情處理妥善的精神，讓我感受到這是個充滿希望的班級，教室裡靜悄悄閱讀的孩子們則安住我和走廊六個孩子的心，同樣是功不可沒！「遇到事情，謾罵無法改變事實，穩住情緒才能找到出路，生出智慧」是這則事故後我和孩子們得到最棒的禮物！

面對校園生活中難免會發生的各種意外事件，教師的情緒涵養就益發顯得重要。有了情緒涵養的基礎之後，教師不僅能在過程中以自己的身教來示範情緒涵養，並用來說明情緒涵養對於處理事情的重要性，更能進一步善用這些意外事件來實施必要的情緒教育活動，協助學生逐漸學會情緒涵養。

六、學生面臨重要任務或場面

學校生活中，學生常常會遇到一些所謂「重要任務或場面」，諸如：考試、比賽、表演、典禮、來賓訪問等。學生在面臨這些重要任務或場面前通常會感到很緊張、焦慮、不安等。而在這些重要任務或場面結束後，學生們也可能會有各種不同的情緒，例如：有些學生可能因為比賽成績傑出而感到很開心或興奮，有些人可能因為表演或比賽成績不如預期而感到傷心、沮喪、失望、失落或懊惱等。在這些事件發生前及發生後，教師都可以找恰當的時機實施情緒機會教育。

就事件發生前來說，教師可以利用時間實施第173頁「情感交流」這個教學活動，讓學生抒發或分享當下的各種情緒。教師可以利用時間引導學生練習「理性思考法」，也就是實施第153頁「辨識非理性思考」這個教學活動，尤其是著重在指導學生辨識出自己是否有「預先誇大後果的嚴重性」這個非理性思考。除此之外，教師也可以實施第145頁「全然覺受法」這個教學活動或請學生書寫自己的心情日記，讓學生練習接受自己的緊張或焦慮，不要排斥它，以免受到這些負面情緒影響自己的臨場表現。就如以下張玉真（2008）所述的這個實例：

雖然低年級學生對於一學期舉行二次的考試，不至於產生很大的壓力，但他們仍然會有一些情緒的波動。情緒涵養高的學生，可以平常心應付考試，頂多是口頭上說：「好緊張喔！」情緒涵養低的學生，可能口頭上不說，卻在生理上出現焦慮症狀。曾經有一位小朋友，連續兩次在考試時尿褲子，一次是平時的聽寫小測驗，一次則是期末考試。身為監考老師的我，在事前一點兒也覺察不到他的緊張情緒。一直到他大聲喊：「老師，我尿褲子了！」我才知道。但一切已經來不及了，接下來只好是一連串收拾善後的工作。

有了這樣的經驗，我試著在94學年度上學期（二年級）期中考、期末考前後，引導學生利用心情日記的書寫，做情緒覺察練習。考試前一天，我引導學生在心情日記本上記下考前的心情，經過一陣熱烈的討論後，小朋友們似乎都能覺察自己的情緒狀態，並用文字描述來表達。

經過兩次考試前後的情緒覺察練習，小朋友面對考試前緊張、害怕的情緒時，能從一開始的排斥，慢慢轉為接受，甚至能學習將負面情緒轉化為正向能量，在考場中一展身手。

教師也可以實施第145頁「全然覺受法」這個教學活動，協助他們把心情冷靜下來。如果平常已經實施過這些教學活動，教師只要在學生即將面臨這些重要任務或場面前，用引導語帶領學生練習或提示學生自行練習自己喜歡的方法即可。如果尚未實施過這些教學活動，就提早一些時間實施，以便學生可以提早熟練這些方法，適時幫助學生面對這些重要任務或場面。就如以下張玉真所述的這個實例：

在93學年度下學期（一年級）時，班上學生第一次參加班際接力賽，大家顯得非常緊張，深怕自己跑太慢，成績不好會被同學指責。上場前，我指導學生們做「觀呼吸」的練習……在引導語中我請小朋友閉上眼睛，觀察自己的呼吸、覺知自己的呼

吸，用心感覺氣體在鼻孔進出。

一開始，學生們仍顯得焦躁不安，約莫經過五分鐘以後，現場的氣氛開始由焦躁轉為平靜，學生們臉上的表情也寧靜下來，慢慢接受自己緊張的情緒。等到真正上場比賽時，我看到學生們充滿信心的眼神，雖然會緊張但已經不焦慮了，大家都能盡全力衝刺，最後還為班上奪下第一名的佳績呢！

在這些事件發生後，教師可以利用時間實施第173頁「情感交流」這個教學活動，讓學生抒發或分享事件過程中的各種情緒。就如以下張玉真（2008）所述的這個實例：

比賽結束後，我請小朋友在心情日記本上寫出自己的情緒發生過程。首先是描述比賽前的情緒，接著記錄比賽當時的情緒反應，最後描述比賽後的心情……學生在心情日記本上用文字表達心情，再一次覺察、觀照自己的情緒發生歷程。

如果有些學生因為結果不如預期而感到傷心、沮喪、失望、失落或懊惱時，教師可以引導學生再度練習「理性思考法」，協助學生辨識出自己是否有「誇大失敗或損失的嚴重性」或「過度追求完美」之非理性思考。接著，教師可以實施第145頁「全然覺受法」這個教學活動，讓學生練習觀照與接受自己的傷心、沮喪、失望、失落或懊惱等負面情緒，不要排斥它們，同時看著這些負面情緒逐漸消融。如果有些學生在這些重要任務或場面中表現優異因而感到很開心或喜悅，教師也可以藉機引導他們練習第145頁的「全然覺受法」。

七、同學或親友生病或死亡

在一個班級中，有時難免會有學生因為生病住院，請病假沒有來上學，或者因為家人病故，請喪假沒有來上學。這類情形通常會引起其他同學的注意，且會引起某種或強或弱的悲傷情緒，尤其是當同學生了重病，

多日沒有來上學，對其他學生當然會有一些情緒上的衝擊。碰到這類事件時，導師可以藉機實施第173頁「情感交流」這個教學活動，讓學生分享與抒發彼此的心情。導師甚至可以藉機請學生各自寫慰問卡或慰問信給因為生病而多日沒有來學校上課的同學，練習表達自己的情緒。就如以下張玉真（2008）所述的這個實例：

　　94學年度第二學期（二年級）一開學，就接到安安家長來電，說安安舊病復發，開刀傷口嚴重感染，學期末休業式完就住進了醫院，一整個寒假都處於危險期，情況很不好。現在開學了，仍然要住院治療，必須請長假。安安是個血友病童，自體免疫力原本就弱，再加上開刀傷口一再感染，上學期幾乎常常請病假，沒想到這學期情況更糟，細菌侵襲了肺部、心內膜，造成嚴重感染。

　　找了個空閒時間，我親自去了一趟醫院探視安安，看到病床上瘦了一圈的安安，真是心疼！一向勇敢的安安，因為病魔的折騰，失去了原有活潑開朗的笑容，連跟老師說話的力氣都沒有，身為導師的我，很替他擔心。回校後，我對班上同學說明了安安的病情，大家都非常同情安安，希望能為安安做點什麼。

　　於是在情緒教育課程裡，我設計了一個「安安生病了」這樣的主題。我們一起閱讀主題書《安安——和白血病作戰的男孩》，書中的安安和班上的同學安安不謀而合都生病了，一個是血癌，一個是血友病，兩個安安都必須長時間住院，不斷接受折磨人的檢查，但是他們都非常勇敢，在家人的關愛中勇敢接受治療。也因為都叫安安，所以故事讀起來特別有感覺，就像是在說一個大家認識的主角。說到動容處，我似乎看到了班上小朋友同情、關懷的目光，更看到了大家想要化關心為行動的情感。

　　故事讀完後，我指導小朋友一人寫一封信給安安，學習對

生病中的安安表達關懷。孩子們個個振筆急書，寫下心中無限的祝福，仔細讀著這些真誠、毫不矯情的祝福，我看到了友情的可貴，也見到了情緒教育的曙光。

就當事人來說，當請假結束回學校上課時，難免也會帶著某些情緒來到學校。如果因為病好了，健康地回校上課，可能會屬於比較正面的或開心的情緒。其他學生也可能引發各種情緒，因此導師可以再度藉機實施第173頁「情感交流」這個教學活動，讓學生分享與抒發彼此的心情，如張玉真（2008）所述的「安安生病了」這個實例：

在同學的祝福中，整整住院二個月的安安終於出院了！他回到學校的那一天，班上同學顯得有些生疏、有些害羞。但話匣子被老師一開，氣氛馬上熱絡起來，生疏的感覺全都不見了！我請安安向班上同學分享住院的經驗，好的感覺、不好的感覺，都說出來。安安一起頭，班上同學也跟著你一言、我一語的分享彼此的生病經驗：有人住過院、有人半夜掛急診、還有人開刀……。原來「生病」是大家少不了的共通經驗呢！

接著我們討論生病時的情緒反應，小朋友們爭相回應，有的說很難過、有的說很討厭，還有的說住院很好，因為家人會對他特別照顧。我接著問小朋友：「從小到大有沒有最難忘的生病經驗？當時的感覺如何？」我請小朋友在紙上用圖畫、文字描述，練習生病情緒的表達。每個小朋友的作品都栩栩如生，就像回到生病當時的情景一樣。

如果是因為家人病故，喪假結束回校上課，學生難免仍然會帶著悲傷或哀傷的情緒來到學校。這些情形當然也會被同學察覺，也可能會使某些同學再度為他感到悲傷或難過。此種情形和當事人請假沒有來上學時的情形又不太一樣，因為當事人就在現場，情緒的感染力比較強些。有時學生可能因為寵物剛剛死亡，帶著非常悲傷的情緒來到學校，或者班級共同飼

養的寵物因故死亡，都可能引發學生的悲傷或難過。這些情形都涉及「死亡」的議題，教師除了實施第173頁「情感交流」這個教學活動，讓學生分享與抒發彼此的心情之外，也可以盡快找一段恰當的時間來實施生命教育或死亡教育的教學活動。這些都是實施機會教育的絕佳時機。張玉真（2008）在她的碩士論文中提及一個利用班級寵物死亡的機會實施情緒教育的實例，如下所述：

> 95學年度的班上學生，有個很特別的學習經驗，那就是飼養班兔。因為這一屆的學生有一部分是屬兔的，因此，我特地買了一隻寵物兔，放在班上飼養，希望牠能陪伴學生們快樂學習。但世事難料，才養不到一個月，就因為高年級孩子的疏忽，讓小兔子被大狗追到心臟衰竭而亡。第二天，班上學生都因為看不到班兔而難過不已。於是我請孩子們每人寫一張祈福卡，掛在小兔子的籠子上。一方面抒發自己難過的情緒，一方面為小兔子祈福。雖然這樣的事情，是誰都不想讓它發生的，但也藉由這樣的隨機事件，讓我及班上學生都上了寶貴的一課。

在這個例子中，張玉真利用班兔死亡的時機讓學生寫祈福卡，用來抒發他們的難過情緒。

貳、利用班級活動時間實施情緒教育

如前所述，中小學的班級導師除了在自己班級的正式課程之授課時間外，還有很多和學生相處的時間，互動也非常頻繁。此外，班級導師還可以彈性運用「班級活動時間」，亦即九年一貫課程中的「班級彈性教學節數」，可以提供各班導師實施補救教學、充實教學、班級輔導等活動。十二年國教總綱中有如下一段課程規劃說明：

「校訂課程」在國民小學及國民中學為「彈性學習課程」，包含跨領域統整性主題／專題／議題探究課程、社團活動與技藝課程、特殊需求領域課程，以及本土語文／新住民語文、服務學習、戶外教育、班際或校際交流、自治活動、班級輔導、學生自主學習、領域補救教學等其他類課程。

因此，國中與國小的「彈性學習課程」有可能分配一部分給班級導師彈性運用。對中小學的班級導師而言，如果具備情緒教育的理念，就可以善用這些班級活動時間來實施情緒教育。導師如果想利用班級活動時間實施情緒教育，並非一定要進行正式的教學活動，而是要掌握機會引導或提醒學生練習在正式的教學活動中學過的各種情緒表達或情緒涵養方法，例如：理性思考法（第153頁）、「積極聆聽」（第179頁）及「我訊息」（第183頁）。如果在這些班級活動時間中出現了一些問題或衝突，導師也可以即時提醒學生實際運用課堂中學過的「溝通與問題解決法」（第186頁）。此外，在所有這些時間中，導師隨時都可能和全班或部分學生有一些互動或對話。只要師生之間有互動或對話，導師本身都可以示範優異的情緒表達方法（即「積極聆聽」及「我訊息」），然後在親身示範這些情緒表達方法後提醒學生注意自己的示範。這些都算是利用班級活動時間來實施情緒教育。

在情緒教育中，有一些重要的情緒主題教學活動都需要事先安排一定的時間來進行，無法臨時安排時間倉促進行。導師可以運用一部分的班級活動時間和某些學習領域的內容加以統整，實施第213頁所述的「情緒教育的統整主題教學」，把這些重要的情緒主題教學活動融入其中，或根據學生的學習需求安排一部分班級活動時間實施情緒主題教學活動。

中小學的班級導師可以利用班級活動時間讓學生參與制定班級規範，培養學生自主自律的能力。教師應儘量提供機會讓學生自己決定、自己負責、自我管理，以便逐漸養成學生主動積極、自動自發、自律自治的能力或習慣。很多班級導師都會跟學生制定班級公約，但是不見得能培養學生的自主自律能力。關鍵在於：導師應信賴學生（參見第62頁「優質的互動

與相互信賴的關係」），逐漸讓學生制定屬於他們自己的班級公約，而不是由導師主導一切，用頒布班級公約的方式來要求學生遵守規範。Jonathan Cohen等學者（鄭雅方譯，2004：144）亦主張，學生應遵守的規範不應是由教師在學期一開始時單方面決定並實施。由學生制定班級公約必然要花一些時間，且可能會有不完善、不成熟或不可行之處。然而，在班級公約的實施過程中，一旦遇到問題時，導師可以逐步引導學生反省、檢討與修改班級公約，使其愈來愈完善與可行。這種過程本身就是很好的情緒教育，為學生示範如何和諧地解決團體生活中的各種衝突或狀況，維持班級生活中的秩序與紀律，同時一面培養學生的自主自律能力。

此外，導師亦可安排一部分班級活動時間來帶領學生練習一些靜心法，如：第142頁的「觀呼吸」、第144頁的「觀身體感受」。經過導師的帶領，學生有了初步的經驗，然後導師在各種適當的時機就可以適時提醒學生練習這些靜心法，協助他們冷靜自己的情緒。

參、以教師的身教來實施情緒教育

由於班級導師和學生的相處時間很長，導師的一言一行都看在學生的眼裡，導師的身教就顯得相當重要，優異的身教往往勝過千言萬語。以下歸納出一些教師在身教層面值得努力或注意的要點：一、示範積極聆聽與接納他人情緒；二、示範良好的情緒表達方式；三、示範優良的溝通與問題解決法。

一、示範積極聆聽與接納他人情緒

在學校生活中，教師常常要面對學生的各種困擾或負面情緒。在這一類時機，教師可以藉機示範如何用「積極聆聽」（第179頁）的方式來接納學生的情緒。John Gottman & Joan DeClaire（劉壽懷譯，1996：122）也提及，傾聽並非只是運用聽覺來聽學生的話語，也包括運用我們的視覺來觀察學生的肢體語言、臉部表情、手勢或行為表現，來深入體會學生的情緒狀態，並把自己對學生的情緒之理解表達出來，讓學生清楚自己的情緒

已被理解。

　　教師除了示範如何聆聽學生的情緒之外，更重要的是示範接納與同理學生的情緒，不要否定、壓抑、阻止或禁止學生的情緒或感覺。學生其實可以觀察到教師究竟是接納或否定他們的情緒。在學校生活中，學生可能有很多時候會表現出不愉快或負面情緒，此時教師可以用身教來示範如何積極聆聽與接納學生的情緒。學生在長期耳濡目染下自然會從教師身上逐漸模仿此項技巧，且內化成自己的能力。這也是最直接且有效的情緒教育。

　　當然，教師示範積極聆聽與接納學生的情緒不只是為了情緒教育的目的，也可以培養良好的師生關係與溫馨的校園氣氛（參見第65頁營造溫馨愉快與愛心關懷的氣氛），因為積極聆聽與接納學生可以直接展現出教師對學生的愛心與關懷。教師如果想培養學生適切的情感反應與同理心，本身要先示範適切的情感反應與同理心，對學生的負面情緒要展現積極聆聽與接納的態度，要設身處地體會學生的感受。如果教師平常很少積極聆聽與接納學生，很難期待學生會聆聽與接受教師的言教。

二、示範良好的情緒表達方式

　　在學校生活中，教師本身不可能沒有任何情緒，也無需隱藏或壓抑自己的情緒，重點在於如何用適當的方式來表達自己的情緒，使學生逐漸學習良好的情緒表達方式。情緒的表達方式絕非天生自然就會，絕大多數人需要學習與練習妥適的表達方式。教師本身如果有任何情緒，可以很清楚地向學生表達出來，而且讓學生很清楚自己的情緒反應之原因。不要刻意隱藏自己的情緒，但是也不要讓自己被情緒淹沒，或者表現出情緒失控的樣子，尤其切忌讓學生覺得自己莫名其妙地亂發脾氣。

　　表達自己的情緒不是為了傷害或責罵別人，主要的目的是為了影響或改變別人的行為，以解決自己的問題與困擾，改善自己的處境。因此表達的重點是在強調自己的感覺，不是在指責與追究他人，否則可能會激起他人的防衛。Thomas Gordon（歐申談譯，2013）把這種情緒表達的技巧稱為「我訊息」（第183頁）。

當教師因為學生的某些不當行為而產生困擾或負面情緒時，教師可以採用「我訊息」的方式來表達自己的感覺，同時希望藉此改變學生的行為、影響學生日後的行為表現。如此一來，教師不僅示範了優異的情緒表達方式，也成為情緒涵養的最好身教。有了身教的基礎，教師可以進一步在適當時機用語言來說明及引導學生了解此種情緒表達方式的要點，並適時提醒學生在實際生活上也嘗試練習此種情緒表達方式。反之，如果教師用錯誤的方式來表達自己的情緒，不僅無法教導學生正確的情緒表達，甚至成為不好的示範。例如：當教師看到學生在教室裡大吼大叫，結果自己也用大吼大叫的方式叫學生不要大吼大叫。或者看到一個學生在生氣，結果教師非常生氣地叫學生不要生氣。這些都不是很好的身教。

三、示範優良的溝通與問題解決法

只要是在一起生活，人與人之間難免會發生大小不一的衝突，並造成彼此的情緒。就情緒涵養的「治本法」而言，我們終究要學會如何和他人誠懇溝通，討論出彼此都能接受的解決方法，或者找出誤會的根源，以消除彼此的歧見。因此，和相關當事人進行理性溝通與解決問題是一個非常基本且重要的情緒涵養方法（饒見維，2004：81）。

在學校生活中，師生之間或學生之間也一樣難免會發生意見或生活習慣的衝突。很多教師會用高壓的方式要求學生聽從教師的話，或者強調教師的身分以強迫學生接受自己的想法。如果學生不順從或有一些不當的行為，就用打罵的方式要學生就範。這些當然是最不好的身教，不僅破壞師生關係，也讓學生無形中模仿了用暴力解決衝突的行為模式。

從情緒教育的觀點，教師如果能利用學生之間產生衝突的機會示範理性的溝通與問題解決法（第103頁），用人性化的方式來對待學生，而不是用高壓的態度來控制學生，或者用教師的地位來強迫學生接受自己的想法。如此一來，可以成為很好的身教，也可以避免破壞師生關係。教師亦可搭配實施第186頁「溝通與問題解決法」的教學活動，利用此種機會教導孩子如何進行理性的溝通與問題解決。總之，當教師和學生之間有任

何衝突時，教師如果能用自己的身教不斷示範此種理性的溝通與問題解決法，再結合適當的言教，必定能達到很好的情緒教育效果。

……第四節　在適當時機以情緒桌遊來實施情緒教育……

　　除了前述在傳統的課程與教學，或結合班級經營之外，教師還可以在適當時機以「情緒桌遊」來實施情緒教育。「情緒桌遊」是指專門為情緒教育目標而發展出來的桌遊，且情緒桌遊兼顧教育與娛樂的功能，也可以減少孩子們對3C遊戲的依賴，因而減少對眼睛的傷害或網路成癮的危害。

　　由於桌遊能自然地吸引學生高度投入，並從中同時學習相關的知識與能力，我國很多中小學教師也逐漸開始嘗試在各領域的教學中結合使用各種教育性桌遊（楊俐容等人，2016：58）。在各種教育性桌遊中，「情緒桌遊」可以發揮的情緒教育功能包括：學習新的情緒詞彙；練習應用課堂中學過的一些情緒詞彙；練習應用課堂中學過的情緒涵養方法（例如：讓學生練習辨識理性思考與非理性思考、讓學生針對一些情境來練習如何轉念）。學生透過反覆玩桌遊因而逐漸深化與熟練學過的情緒詞彙或情緒涵養方法。畢竟，課堂上的學習仍然不夠，而桌遊等於創造了一些情境，讓學生延伸應用在情緒教育課程中初步學習到的內容。從情緒教育的觀點來看，這些獨特功能並非傳統的正式課程或班級經營中所能達成，值得教師的重視與採納。

　　以下探討在學校中實施情緒桌遊的適當時機、選擇情緒桌遊要考量的因素，及使用桌遊的注意事項：

壹、實施情緒桌遊的適當時機

　　教師如果具備情緒教育理念，也可以考慮在適當時機指導學生玩情緒桌遊。所謂「適當時機」，可能包括：正式課程時間、班級活動時間、社

團活動時間、課後輔導與補救教學時間等，茲一一說明如下：

一、正式課程時間

所謂「正式課程」包括「單獨設立的情緒教育課程」（第100頁）或「在相關學習領域中融入情緒教育課程」（第101頁）。教師可以在這些正式課程時間中，配合教學內容或主題，選擇一部分上課時間讓學生玩相關的情緒桌遊。至於「一部分上課時間」到底是多長，要依據上課進度或單元主題來決定，也要考慮玩桌遊所需的時間，因為不同的桌遊，所需的時間不一樣。

二、班級活動時間

班級導師可以運用的班級活動時間很有彈性，可以實施的情緒桌遊內容也更為多元化（因為不用配合正式課程的內容或主題）。

三、社團活動時間

學校可以成立「桌遊社」，而桌遊社的指導教師就有很大的彈性來選擇適當的情緒桌遊。

四、課後輔導與補救教學時間

教師可以配合課後輔導與補救教學的實際需求或空餘時間，選擇一部分時間讓學生玩情緒桌遊。

總之，適合讓學生玩情緒桌遊的時機其實很多，教師只要具備情緒教育理念，必然可以找出適當的時機。比較重要的是，教師要如何選擇適切的情緒桌遊？下一節對此深入探討之。

貳、選擇情緒桌遊要考量的因素

並非所有的桌遊都適用於學校情緒教育。教師選擇情緒桌遊時可以考

量以下幾個因素：

一、遊戲規則的難易度

在學校中和家庭中使用情緒桌遊的方式有一點不一樣：在家庭中，父母通常可以陪伴孩子一起玩情緒桌遊，而在學校中，教師通常是讓學生在分組中自行玩桌遊，教師只是從旁協助指導桌遊的進行而沒有和學生一起玩。主要原因當然是班級學生人數多，因而必須分組各自玩。一個班級人數如果太多，同時有很多組的學生在玩桌遊，教師很難兼顧各組學生。有些桌遊之遊戲規則太複雜或太難，可能不適合國中、國小學生玩，因為教師很可能會為了指導各組學生如何玩桌遊而感到疲於奔命或分身乏術。

基於此，教師要根據學生的年齡來選擇適當難易度的桌遊。如果難易度適切，只要經過教師的簡單解釋，學生就能自己玩。然而，一個好的桌遊也必須具有適度的挑戰性與難度。如果遊戲太簡單，吸引力與趣味性可能也會降低。

二、遊戲規則的公平性與合理性

教師在選擇桌遊時也要考量遊戲規則的公平性與合理性，否則學生在玩桌遊的過程中可能會心生不滿、不想玩或玩不下去。有時候，只有在玩桌遊的過程才會發現遊戲規則的不公平與不合理之處。因此，教師在選擇採用某一個桌遊前，最好私底下自己先找幾個學生和他們一起玩一遍。如果發現到遊戲規則的不公平與不合理之處，也可以和學生討論如何修改遊戲規則才比較公平與合理。有時，教師甚至可以簡化遊戲的規則或延伸新的玩法，不用完全依循桌遊的原始玩法。

三、桌遊的競賽性與合作性

多數的桌遊都具有某種競賽的成分，而競賽往往能激起人類好勝的天性，並造成活動的挑戰性與趣味性，增加學生參與活動的動機與興趣。有些桌遊則具有合作的成分，也就是在小組裡大家必須一起合作，共同完成遊戲的目標或任務。就情緒教育的角度來看，優異的桌遊最好能有適當的

合作成分，以免造成學生之間太過激烈的競爭。然而，「合作性」的桌遊畢竟可遇不可求，並非絕對要具備的條件。

四、桌遊的趣味性與機遇性

遊戲之所以稱為遊戲，往往是因為遊戲的過程具有某種機遇的因素，造成遊戲的趣味性。就好比兩個人玩撲克牌時，透過洗牌與發牌的手續，每次拿到的牌都不一樣，因此造成某種程度的機遇性，也使得玩牌的人每次都有所期待，因此能一回合又一回合地玩下去。影響桌遊的趣味性之因素很多，除了機遇性之外，還包括前述的難易度、挑戰性、競賽性、合作性，甚至包括：桌遊的精緻度、圖形的品質、遊戲主軸的設定、桌遊玩法的變化性與多元性等等。

值得注意的是，桌遊的趣味性很多時候也是因玩家的年齡而異。有些桌遊對年紀小的學生而言很有趣，年紀大些的學生可能反而覺得無趣。此外，趣味性是一個「趣味程度」的問題，而非「有無趣味」的問題。總之，桌遊的趣味性乃是一個整體的效果，而不是決定於單一的因素。教師在選擇桌遊時，可以綜合考量這些因素來判斷桌遊的趣味程度對學生是否足夠。有時甚至要實際讓學生玩玩看，才知道是否有足夠的趣味性。

五、桌遊的教育性

前面幾個考量適用於所有的桌遊，而使用在學校情境中的桌遊則要兼顧教育性。就情緒教育而言，好的桌遊能夠以不著痕跡的方式發揮情緒教育的功能。因此，教師在選擇桌遊時就要考量桌遊的主題或內容之適切性，以及是否能達成情緒教育的目標或功能。當然，教師在考量桌遊的教育性時也同時要考量學生的年齡、成長需求與舊有經驗等。

參、在學校中使用情緒桌遊的相關措施或行動

教師在學校中讓學生玩情緒桌遊時，並非只是把桌遊丟給學生玩就好。不管在玩桌遊前、過程或結束，教師都要採取一些相關措施或行動，

茲一一探討如下：

一、採用恰當的分組方式

除了「單人桌遊」（即個人可以獨自玩的桌遊）外，在學校中使用的桌遊通常都是分組進行。究竟要把哪些學生分配在同一組是頗傷腦筋的一件事，也需要一些技巧。此外，即使是全班一起玩桌遊，由於桌遊數量的關係，有時各組所玩的桌遊不見得都一樣，而不同的桌遊之人數限制也不一樣。因此，教師要根據情況來決定如何分組及每組多少學生。根據筆者的經驗，教師可以參考採用下列四種分組方式：

㈠按照學生既有的座位分組

教師可以按照學生既有的座位就近分組，例如：在「兩人一組」的遊戲中，可以讓坐在同一個桌子的兩位同學自然成為一組；如果是「四人一組」，就讓鄰近的兩個桌子合併成一組。這種方式最簡便，也一目了然，而且平常就已經養成某種默契。

㈡隨機分組

教師可以製作學生的姓名卡，一張一個姓名，且後面都有一個小磁鐵。每次要分組時就當場洗牌，隨機把學生的姓名分配在黑板上，學生馬上可以看到誰和誰同一組。這種方式很簡便、公平，而且可以每次變換組員，讓不同的學生有機會在一起互動。缺點是，每次都和不同的人在一起，成員不易養成默契。有時碰到同組內有些同學平常就合不來，該組的互動可能不佳，甚至可能玩不下去。

㈢按照學生程度與個性分組

按照學生的能力與個性來分組，又可以分為「異質性分組」與「同質性分組」兩種方式。「異質性分組」是指，教師仔細考慮每位學生的能力、個性及平常的互動情形，把各組內的學生均勻搭配能力好和能力不好的學生，並儘量讓各組內的互動情形良好。教師亦可把較有包容性的學生和較易衝動的學生分在同一組，避免同一組內都是容易衝動的學生（親子

天下編輯部，2016：104）。這種方式的好處是，組與組之間的實力約略相當，且組內的互動良好；缺點是，教師要做到恰到好處的異質性分組其實非常不易，且同一組學生如果長期分在一起，會使學生缺乏機會學習和不同的人互動，也容易形成組與組之間的對立或隔閡。

「同質性分組」是指，教師把能力與個性相當的學生分在同一組。教師可以把男生和男生放在同一組，女生和女生放在同一組。這樣分組的好處是可以避免男女生之間有時有互動不良的問題（如：國小低年級或中年級小朋友），讓遊戲比較容易進行。但是，這樣的分組也有一個缺點：學生缺乏和異性互動的機會。教師亦可把能力相當的學生放在同一組，以免在一個小組內總是由能力較強的學生在主導遊戲或贏得每一次的遊戲，能力較弱的學生不易投入。此種分組方式也有一個缺點：組與組之間的實力可能會過於懸殊，不適合採用「組與組之間競爭」的桌遊。

㈣學生自由組隊

此種方式乃是讓學生自行尋找伙伴組隊，教師不做任何安排。教師只要規定好一組的人數，並規定學生在一定的時間內組隊完成，向教師報名。好處是學生可以尋找和自己比較合得來的好朋友，因此互動情形最好，比較不會有糾紛，團隊的精神也最好。此種方式的最大缺點是，容易在班級內形成小圈圈。此外，有些學生（人緣不好或過去的表現不好）可能會面臨落單的處境，教師若介入指派到某些小組可能會引起不滿。

由前述說明看來，每種分組方式都有優點和缺點，沒有一種分組方式是完美的。教師必須根據情形，靈活採取適當的分組方式，也可以根據桌遊的性質採用不同的分組方式。此外，組員的分配方式也要有變化，有時採座位分組，有時則採隨機分組，有時按程度分組，有時自由組隊。教師不需要把分組方式加以固定，以避免長期使用之後，擴大了某種分組方式的缺點。

二、協助指導學生如何玩桌遊

學生分組之後，就可以開始玩桌遊。然而，在學生玩桌遊前，教師仍然要講解桌遊的玩法及遊戲規則，並且在學生玩桌遊的過程中，根據需要協助指導學生排除遇到的狀況或問題。如前所述，教師最好選擇難易度適切的桌遊，然後經過教師的簡單解釋，學生就能自己玩。否則，教師可能為了協助解決各組學生遇到的問題而感到疲於奔命。

如果某一組學生在玩桌遊的過程中遇到了一個狀況或問題，教師應即時判斷，如果這個狀況或問題屬於各組學生都可能遇到的問題，就應立即暫時停止各組的遊戲，馬上對全班學生加以解釋。當然，教師本身要先玩過桌遊，且要熟悉遊戲規則，才能為學生排除各種問題與狀況。

三、協助學生學習如何面對與接納玩桌遊所帶來的種種情緒

不管玩哪一種遊戲（桌遊、3C遊戲、團康遊戲、大地遊戲等）或參與哪一種競賽（運動競賽、音樂比賽、美術比賽、作文比賽等），一個人難免都會在遊戲或競賽過程中或結束後產生各種情緒，如：高興、喜悅、沮喪、傷心或失望等，就如同我們在面對生活上及工作上的各種得失時，難免會產生各種情緒。因此，學生玩桌遊（不管是不是情緒桌遊）時，當然也會產生各種情緒。從情緒教育的觀點來看，這並非要避免的危機，更不是桌遊的缺點，這反而是一個情緒教育的良機。如第51頁所述，情緒教育的一項重要原則乃是「善用機會教育化危機為轉機」。易言之，教師不要把學生玩桌遊的過程所產生的情緒視為麻煩或困擾，也不能放任學生自行面對這些情緒，更不要譴責或壓抑學生的情緒，而是要藉機協助學生培養相關的情緒涵養。

教師可以藉機協助學生培養的能力包括：如何面對與因應競賽前與競爭過程中的壓力；如何面對與解決遊戲中遇到的困難或挫折；獲得勝利時如何以「勝不驕」的方式表達自己的喜悅；獲得勝利時如何面對他人可能對自己的讚賞、羨慕、忌妒、揶揄、懷恨或憤怒等；輸掉競賽時如何以「敗不餒」的精神來面對與接納自己的失望、懊悔或沮喪；輸掉競賽時如

何面對他人可能對自己的安慰、責怪或嘲笑。這些都是情緒教育中的重要目標，不是用一般的教學法或講述法就足以幫助學生學會這些課題。

桌遊所引發的種種情緒剛好可以提早讓學生面對與學習這些課題，並發展出相關的情緒能力。畢竟，學生遲早都要面對真實人生中各種競賽過程與結果所產生的種種情緒。誠如澳洲雪梨大學教育心理學家Robyn Hromek指出（引自楊俐容等人，2016：60），玩桌遊的過程可以讓孩子體驗種種的社交難題。但是桌遊所提供的基本上是安全的情境，學生可以從中演練自己的行動抉擇，因而逐漸學習恰當的社交技巧與情緒調節。玩家的每一次行動決定都是一個實驗，也給玩家帶來立即的回饋，並品嚐行動決定的後果。

四、教師可以把既有的桌遊加以修改或延伸出不同的玩法

桌遊雖然有很強大的教育功能，然而很多現成的桌遊並非設計得很好，或者不見得符合學生的情緒學習需求。因此，教師可以把既有的桌遊稍加修改或延伸出不同的玩法，以符合教師所要達成的情緒教育目標。

桌遊的任何玩法或遊戲規則本來就是人為的設計，就像一疊撲克牌可以有很多不同的玩法。當玩家們在玩一套桌遊時，只要經過玩家的同意，有時也會自行更改遊戲規則，或針對原本桌遊設計者沒有想到的情況來增加新的規則。因此，除了桌遊設計者原本提供的玩法之外，教師當然也可以根據自己的需要來設計新的玩法或更改遊戲規則。尤其是在學生玩桌遊的過程中，教師如果發現原本的遊戲規則不好或不足，當然要修改遊戲規則，或者跟學生一起討論如何做必要的修改。這個修改遊戲規則的過程本身就體現了很好的民主法治教育。

另一種設計新玩法的方式是，教師只採用桌遊的一部分牌卡或器材，或簡化桌遊的部分遊戲規則，讓初學者比較容易上手或逐漸熟悉桌遊的各種牌卡或器材。等到學生比較熟悉桌遊，再採用原本的遊戲規則。教師甚至可以設計出比原本的桌遊更複雜、更難的玩法，讓一些能力比較強的學生來玩，不但增加了遊戲的挑戰度，也可以增加學生的興趣與磨練。至於應如何增加難度，關鍵在於教師玩桌遊的豐富經驗及創意。

　　教師也可以根據自己的教學需求，以某一個桌遊為基礎，但是自行設計新的牌卡、角色或器材，來延伸原本的桌遊玩法。此種方式比前述修改桌遊的方式又更難些，也需要教師更多的經驗與創意。

五、教師可以根據需求自行開發適切的桌遊

　　除了選擇市面上既有的、已出版的桌遊之外，教師亦可根據需求自行開發適切的桌遊。目前市面上出版的桌遊雖然很多，但是不見得能滿足各種情緒教育的需求。有些情緒教育的目標可能比較難以達成（例如：培養學生團隊合作能力或培養情緒表達與溝通能力的桌遊），所以還沒有出版商開發出適切的桌遊，或者沒有人想到可以運用桌遊來達成此類教育目標。因此，教師亦可根據想達成的情緒教育目標，透過行動研究的過程，開發出全新的情緒桌遊。筆者曾經指導過兩位碩士生就是以行動研究的方式開發出全新的情緒桌遊（林婉婷，2020；褚秀敏，2020）。

　　此種方式當然比前節所述（即把既有的桌遊加以修改或延伸出不同的玩法）還要困難些，但是卻更有價值、更有貢獻。開發一套新桌遊的方法就如同任何課程設計與課程發展的過程，也如同任何遊戲的設計與發展過程。教師要先擬定此桌遊想要達成的教育目標，然後運用創造思考的心理技巧與策略（饒見維，2005）來產生各種初步的、可能的遊戲方法或遊戲構想，然後再從中選擇一個最有發展潛力的遊戲方式。接著開始設計相關的桌遊器材或牌卡，然後找學生試玩，再根據試玩的情形來逐步改進桌遊。試玩桌遊時所要衡量的「規準」（criteria）包括：遊戲規則的難易度、遊戲規則的公平性與合理性、桌遊的競賽性與合作性、桌遊的機遇性與趣味性、桌遊的教育性等。任何桌遊當然都不易完全滿足這些規準，它們只是桌遊的設計方針或理想。優異的桌遊都是透過反覆試玩來逐步改善，逐漸逼近這些規準，而非一步到位。

　　值得一提的是，「兼具競賽性與合作性」的桌遊非常具有教育價值，也非常值得開發。目前大部分桌遊都具有競賽性，合作性的桌遊則比較欠缺。在學校教育中，一個班級往往有很多組學生一起玩桌遊，一般的桌遊主要是在小組內由學生自行玩，而教師則要同時準備很多套桌遊給各組

同時進行。在玩的過程中，不管各組是玩同一種桌遊或不同的桌遊，教師都難免分身乏術。這對教師而言是一個很大的挑戰與困難。為了兼顧競賽性與合作性，可以開發出一種「全班分組對抗」的桌遊，也就是說，全班乃是一起玩同一套桌遊，但是各小組要透過合作的方式來完成某種任務目標，然後讓各組之間進行競賽，看哪一組比較快完成任務目標，或在一定的時間內，哪一組完成的數量比較多。如此一來，除了小組內的合作，組與組之間也有某種程度的競賽。此種桌遊等於是全班一起進行，但是各組內又要合作，因此兼具了競賽性與合作性。此種桌遊乃是以一個班級共同使用一套桌遊來設計，但是一套桌遊要同時能提供數個小組同時使用的器材。因此，這一類桌遊乃是專門針對學校教育的脈絡來設計，在家庭中反而不易進行。

　　如果沒有前述「全班分組對抗」的桌遊，教師也可以使用任何一般的桌遊，但是採用「分組加配對」的玩法來兼顧遊戲的競賽性與合作性。「分組加配對」的玩法如下：把學生分成四人一組或六人一組，然後在各小組內進一步兩兩配對。例如：每小組有四人，然後把此四人再兩人配成一對，一共分成兩對；或者每小組有六人，然後把此六人再兩人配成一對，一共分成三對。如果運用此種「分組加配對」的方式，玩桌遊時每一個配對視為一人，且在玩的過程中，兩人要密切合作與討論。因此，如果每小組有四人，玩的時候變成兩個配對在競賽；如果每小組有六人，玩的時候變成三個配對在競賽。在此種「分組加配對」的玩法中，小組內有配對之間的競賽，同時又有配對內的合作，等於是「全班分組對抗」的縮小版。

第七章

學校情緒教育的
教學活動

　　情緒教育的實施經常要透過某些教學活動或教學方法（以下本章統稱為「教學活動」）來落實。不管是隨機教學或者正式課程中的教學，教師們往往會採用某種教學方法來達成情緒教育的目標。國內外學者已經開發出愈來愈多有關情緒教育的教學活動。以下筆者試圖用一個簡單的架構把這些教學活動加以歸納整理，以供教師在各種不同場合，根據不同的教學目標來選擇適當的教學活動。為了讓教師能簡單地掌握情緒教育的精髓，筆者把各種情緒教育中常用的教學活動分成「覺、辨、感、行、省」五個面向（如下圖7-1所示）。

圖7-1　情緒教育的教學活動五個面向：覺、辨、感、行、省

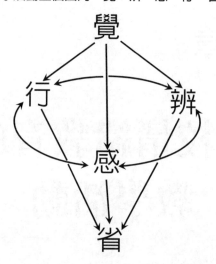

　　「覺、辨、感、行、省」五個面向乃是把各式各樣的情緒教育教學方法加以歸納整理，成為一個簡潔的概念架構，以便掌握情緒教育的本質，並能在各種時機中進行適當的情緒教育教學活動。此五個面向和第72頁「情緒教育的目標之五個面向」（即「覺、辨、感、行、省」）一樣，其意義參見第四章之詳細說明。

　　「覺、辨、感、行、省」這五個面向是一個分類架構，可以作為日常教育實踐的口訣，以便時時刻刻牢記這五個面向，以免偏廢任何一個面向。易言之，在情緒教育的過程中，我們要儘量平衡關注這五個面向，使

這五個面向互相搭配、互相支援。除了作為教學活動的分類架構，圖7-1中「覺、辨、感、行、省」這五個面向之間的箭頭乃是用來表示：情緒教育的一系列教學活動常常以「覺」的活動開始，並以「省」的活動結束。其間可能包含「辨、感、行」三者之一、之二，或三者皆有。「辨、感、行」三者之間的活動順序亦非常靈活。

　　以下說明這五個面向的意義以及教學活動舉例。其中有些教學活動特別強調某一個面向，有些教學活動則可能同時包含數個面向，亦即可以同時達成多重功能。為了呈現的方便，本節以該活動的主要功能與特性來分類。此外，本章的教學活動只是就各個面向中舉出一些例子，而非窮盡所有可能的教學活動。教師在實施情緒教育的過程中，可以參考採用這些教學活動，並根據實際的需求與目標來延伸設計其他適切的教學活動。

　　值得注意的是，本章所述的教學活動多半屬於在短時間內（約十分鐘到兩、三節課左右）就可以實施完成的教育行動，因此顯得比較零零散散，它們雖然可以由教師根據需要隨時加以實施，但是通常屬於有系統的課程規劃與課程設計之一部分。本書第八章「學校情緒教育的統整主題教學」（第213頁）將舉例說明如何把這些零散的教學活動以統整主題教學的方式結合起來實施。

第一節　「覺」的面向

　　凡是為了達成表4-1中「覺察」這個面向的目標之教學活動，都屬於「覺」的面向。情緒的覺察是情緒涵養的出發點，同時也是情緒涵養的終點（饒見維，2004：18）。易言之，情緒的覺察始終是學習情緒涵養的重要面向。在教學活動的設計上，任何可以提昇學生情緒覺察力的教學活動都值得我們重視，也都屬於「覺」的面向。以下舉一些「覺」的面向之教學活動實例。

壹、觀呼吸

「觀呼吸」雖然是來自佛教的「內觀靜坐」方法之一，但是它比較沒有宗教色彩，是一個很好的情緒涵養方法，也是一個重要的靜心法（饒見維，2004：114）。本活動可以提高學生對呼吸的覺察力，進而提昇學生的情緒覺察力，所以強調的是「覺」的面向，但是學生也可以同時學習如何冷靜自己的情緒、放鬆自己或抒解壓力，因此也具有培養行動能力的功能（即「行」的面向）。

一、教學目標

1. 能持續覺察自己的呼吸與情緒。
2. 能使用觀呼吸讓自己冷靜下來、放鬆自己或抒解壓力。

二、適用的年級

各年齡層皆適用。

三、適用的學習領域

任何領域。

四、教學活動所需時間

約十分鐘。

五、教學活動方式

1. 教師請學生用最輕鬆的方式坐在椅子上，把眼睛閉起來，用最自然的方式來呼吸，快慢都沒有關係。
2. 教師請學生覺知呼吸的氣息進出鼻子時在鼻孔產生的感覺，不管它是涼涼或者帶著一點溫溫的氣息，都沒有關係。只要讓那個感覺一直存在就好。儘量不要讓鼻息的感覺中斷。這是整個觀呼吸

的要點。

3. 請學生留意：在一呼一吸的循環中，會有兩個呼吸中斷點。當我們吸氣完，但還沒有呼出來前，會有一個呼吸中斷點。當我們呼氣完，還沒有吸入前，也有另外一個呼吸中斷點。在這兩個呼吸中斷點，我們覺知不到氣息。其餘時間請學生儘量保持鼻息的感覺。

4. 提醒學生：如果覺察到心中有任何念頭出現，就把注意力拉回來，繼續覺知呼吸即可，儘量不要讓氣息的覺知中斷。

5. 教師停止做任何的口語說明，讓學生持續觀呼吸，根據時間的許可，持續練習五至十分鐘左右。

六、附加說明

1. 做這個練習時，不管用什麼姿勢都可以（坐姿、臥姿或立姿），覺得愈輕鬆愈好。在學校的情境中，學生可以直接坐在教室內的椅子上練習。

2. 教師可以鼓勵學生在家裡每天持續練習，任何時候只要時間許可都可以練習，甚至可以選在平常睡覺時躺著練習，不用另外找特定的時間。如果在練習觀呼吸時睡著了，就讓自己睡著，不用擔心睡著，因為我們本來就要睡覺。如果沒有睡著且能持續保持覺知呼吸，就持續練習，愈久愈好，也不用擔心睡不著。

3. 這個教學活動也可以改為練習「數息法」：引導學生呼氣時心中默數「一」，直到吐完氣為止，然後吸氣。然後再度呼氣且心中默數「二」。重複同樣的吐氣及吸氣循環，每個吸氣、吐氣計數一次，只有呼氣時才計數，直到數完「十」為止，再回到「一」重新計數。如此不斷重複「一」到「十」的吸氣、吐氣循環，直到練習時間結束。這個練習尤其適合於年級比較小的學生（幼兒園與國小中、低年級）。

4. 這個教學活動也可以改為「練習深呼吸」：引導學生把雙手放在

腹部，然後深深吸一口氣，讓腹部像氣球般慢慢鼓起，然後慢慢把氣吐出。在這個過程同時引導學生用雙手及腹部去感受腹部鼓起來及縮回去時的感覺。如此反覆循環直到練習時間結束。

貳、觀身體感受

和前述「觀呼吸」一樣，「觀身體感受」（又稱「身體掃描」）也是從佛教的「內觀靜坐」轉化而來，且比較沒有宗教色彩，是一個很好的情緒涵養方法及靜心法（饒見維，2004：126）。本活動主要目的是提昇學生對身體的覺察力，進而提昇學生的情緒覺察力，所以強調的是「覺」的面向，但是學生也可以同時學習如何冷靜自己的情緒、放鬆自己或抒解壓力。

一、教學目標

1. 能細膩覺察自己身體的感受與情緒。
2. 能透過「觀身體感受」來讓自己冷靜下來，穩定自己的情緒及放鬆自己的身體。

二、適用的年級

各年齡層皆適用。

三、適用的學習領域

任何領域。

四、教學活動所需時間

約十分鐘。

五、教學活動方式

1. 教師請學生用最輕鬆的方式坐在椅子上，把眼睛閉起來，然後開

始覺察身體各部位的感受。依照下列各區位的順序，把每一個區位看成一個圓柱體。針對每一個圓柱體，由上往下旋轉掃描該圓柱體，用心覺察每一個區位的皮膚之感受：頭部、頸部、胸部、腹部、腰部、臀部、右腳、左腳、右手、左手。

2. 在覺察每一個區位的感受時，可能覺察到諸如：痛、癢、酸麻、刺痛、冷、暖、壓迫、舒暢、震動等等，不管什麼感受都用心去感受一下。然後再移動到下一個區位。

3. 由上到下覺察身體所有的區位之後，再循環一次，反覆覺察。

4. 剛開始練習時，移動的速度與區塊比較粗糙些，隨著練習的經驗增加，可以讓速度愈來愈慢，每次移動的區塊可以愈來愈細。

5. 這個練習的一個要領就是，在覺知到身體的任何感受時，要用「不取不捨」的態度來面對所有的感受。不要抗拒任何感受，不要執取任何感受。重點是要對身體的感受保持清楚且持續的覺知，儘量不要中斷。

6. 在練習的過程中，如果覺察到心裡有任何念頭浮上來，只要把注意力再度放回身體的感受，繼續覺察感受即可。

六、附加說明

1. 做這個練習時，不管用什麼姿勢都可以，或坐、或臥、或立都可以，覺得愈輕鬆愈好。在學校的情境中，學生可以直接坐在教室內的椅子上練習。

2. 教師可以在任何上課前，或者在任何學生情緒浮躁的時刻，引導學生做簡短的練習，讓學生的心情靜下來。

3. 教師可以鼓勵學生回家時儘量找時間做這個練習，只要時間許可就做，每次練習五至十分鐘左右，睡覺前也可以練習。

參、全然覺受法

「全然覺受法」既是情緒涵養的究竟法，也是練習靜心時所要掌握的

重要關鍵,在日常生活中也有廣泛的應用(饒見維,2004:95)。此處簡要說明全然覺受法之要點。當我們在練習全然覺受法時,不管面對什麼情緒,只要全心全意地覺知我們的情緒,然後全然接受它,既不要抗拒它,也不要執取它,更不要判斷它的好壞。當我們用這種方式練習全然覺受法時,負面情緒會逐漸消融、減弱,而正面情緒則會逐漸增強、昇華,到了最後甚至可以體悟到來自內心的快樂泉源。

一、教學目標

本活動主要是要訓練學生的覺察力,所以強調的是「覺」的面向,但是學生也可以同時學習如何轉化自己的負面情緒,並體悟到正面情緒的泉源。具體而言可以達成下列目標:
1. 能在情緒發生當下,即時覺察自己的情緒。
2. 能透過全然覺受法抒解自己的壓力、平靜自己的情緒。
3. 能透過全然覺受法觀照、接納與化解自己的負向情緒。
4. 能透過全然覺受法增強自己的正向情緒並了悟內心的快樂泉源。

二、適用的年級

各年齡層皆適用。

三、適用的學習領域

語文、社會、健康、綜合活動。

四、教學活動所需時間

約二十分鐘。

五、教學活動方式

1. 教師帶領學生玩任何一個競爭性的團體遊戲(例如:大風吹、蘿蔔蹲)。
2. 遊戲結束時,教師請全部學生安靜下來,坐在自己座位上,忘掉

剛剛的遊戲，什麼都不要想，也暫停所有正在做的事，只要深深地感覺自己當下的感覺，靜靜地感受發生在自己身上的任何感覺與情緒。不管是正面情緒或負面情緒，都試著練習全然接受它，既不要抗拒，也不要試圖抓著任何感覺，不要做任何判斷與取捨，就像在旁觀別人的感覺一般即可。

3. 教師提示學生，一面觀照著自己的感覺與情緒，一面看著它們的變化。如果抓到正確要領，負面情緒會逐漸消融、減弱，而正面情緒則會逐漸增強、昇華。

4. 大約五至十分鐘之後，教師指定一些學生發表自己的觀察與發現，或者讓任何有所發現的學生自由發表與分享練習全然覺受法之經驗。

六、附加說明

1. 這個活動主要的目的是藉著一個能激起學生情緒的遊戲，來讓學生學習接納自己的感覺與情緒。因此，教師可以根據學生年紀選擇適當的遊戲，任何能激起學生情緒的遊戲都可以。

2. 本活動的重點在於學習接納自己的感覺與情緒。一個適當的遊戲可以激發出非常複雜的情緒，學生很容易就可以覺察到自己的情緒。學生要學習的是「接納」自己的感覺與情緒，讓自己完全融入感覺之中。

肆、觀察與記錄情緒

　　本活動和第201頁的「書寫情緒札記」不一樣。本活動偏重於「量化」的記錄，情緒札記偏向於「質性」的記錄。兩者都可以提昇情緒的覺察力，但是本活動也可以協助學生了解他人的情緒，而情緒札記比較著重在了解自己的情緒，並從中反省思考自己的情緒反應。

一、教學目標

本活動主要是強調「覺」的面向，但是可以達成一些「辨」的功能，具體而言可以達成下列目標：

1. 持續覺察自己的情緒。
2. 辨認自己經常發生的情緒之種類、程度、持續時間、頻率、時機、場合等。

二、適用的年級

國小高年級以上。

三、適用的學習領域

語文、社會、健康與體育、綜合活動。

四、教學活動所需時間

約四十分鐘（課外時間持續約一週）。

五、教學活動方式

1. 每位學生發一張「情緒記錄表」，學生在一週當中，隨時記下自己發生的情緒之種類、程度、時機、場合。
2. 一週結束時，每位學生統計自己發生的情緒種類、程度、持續時間、次數與頻率。
3. 教師把全班學生用隨機的方式分成數組，每組約六至八人。同組的同學進一步彙整情緒記錄表的結果。
4. 分組報告彙整的結果。
5. 教師指導學生討論與比較各組的結果。

六、附加說明

1. 本活動的情緒記錄表可以根據教師的教學需要與風格來彈性設

計。記錄的週數也可以根據教學需要來決定。教師可以選擇一個學期中的某一個時期來進行密集的記錄，少則一週，多則一個月。

2. 本活動可以和「數學學習領域」加以統整實施，引導學生練習簡單的統計與分類，甚至練習繪製統計圖表。

伍、頂上工夫

在各種靜心方法中，有一類的靜心稱為「動態式靜心」，也就是在練習靜心的過程中，身體是動的，而非靜靜地坐著。此類靜心中有一項稱為「走路靜心」（或稱「行禪」）。本活動乃是把「走路靜心」加以改編，使之更具趣味性，也比較能激發學生練習的動機。

一、教學目標

本活動主要是要提昇學生對自己身體的覺察力，所以強調的是「覺」的面向，但是亦同時能提昇學生的專注力，因此亦帶有「行」的功能，即能夠在日常生活中實際應用的專注力（參見第191頁「專注力的練習」）。

1. 培養學生走路時能細膩地覺察自己的身體各部位的感覺。
2. 提昇學生的專注力。

二、適用的學生年級

從小學到大學所有年級。

三、適用的學習領域

健康與體育、綜合活動。

四、教學活動所需時間

約四十分鐘。

五、教學準備

1. 準備一些廢棄不用的光碟片，一個學生至少準備一片，用膠帶蓋住光碟片的中間圓孔（蓋住其中一面的圓孔即可）。
2. 準備一些玻璃珠，一個學生至少一個。
3. 準備一些淘汰的舊網球，一個學生至少一個。

六、教學活動場地

沒有桌椅的大教室（木地板尤佳）或活動中心。

七、教學活動方式

1. 發給學生每人一片光碟片及一個玻璃珠。請學生把光碟片用右手捧著，蓋住圓孔的一面朝上，把玻璃珠置於光碟片中央（即膠帶蓋住圓孔之處）。
2. 請學生於教室內四處緩慢走動，同時用眼睛餘光看四週，不要撞到別人，並控制好玻璃珠不要掉落地面，若玻璃珠掉落，重新放回光碟片中央即可。提醒學生：在走動時要仔細覺察自己的身體各部位的感覺，尤其是腳底及手。
3. 學生大約走動兩分鐘之後，請學生靜靜站立，然後把光碟片及玻璃珠置於頭頂，玻璃珠同樣置於光碟片中央。若玻璃珠掉落，重新放回光碟片。約一分鐘之後，請學生於教室內四處緩慢走動。同樣的，若玻璃珠掉落，重新放回光碟片中央即可。提醒學生走動時愈慢愈好，同時要覺察頭頂上的光碟片及玻璃珠壓在頭上的感覺，才能避免光碟片及玻璃珠掉落。
4. 學生練習大約五分鐘之後，教師宣布開始比賽：任何人若掉落玻璃珠則淘汰出局，靜靜坐到教室四週。撐到最後一位（或視時間決定比賽停止），玻璃珠仍然沒有掉落者獲勝。
5. 發給學生每人一片光碟片及一個網球。按照前述同樣的方式，但是把蓋住圓孔的一面改為朝下，然後把光碟片及網球置於頭頂，

網球同樣置於光碟片中央。請學生於教室內四處緩慢走動，並控制好網球不要掉落地面。練習約三分鐘後，教師宣布開始比賽：任何人若掉落網球則淘汰出局，靜靜坐到教室四週。撐到最後一位（或視時間決定比賽停止），網球仍然沒有掉落者獲勝。

八、附加說明

1. 本活動亦可先讓學生用頭頂書本緩慢走動，且運用循序漸進的方式，慢慢一本一本增加書本的數量。等學生熟練之後，再將頭頂上的書本改為光碟片及玻璃珠，最後才練習光碟片及網球。

2. 若要增加難度，教師亦可在地板上四處放置一些安全的障礙物（如：椅子、墊子、書本、帽子等），學生在走動時要同時注意避開障礙物。

第二節　「辨」的面向

　　凡是為了達成表4-1中「辨識理解」這個面向的目標之教學活動，都屬於「辨」的面向。這個面向主要是認知與思考的活動，因此屬於理性的層面。這個面向的教學活動和一般教師所熟悉的認知領域的教學活動很類似，但是在情緒教育中，教師要引導學生進行思辨的對象乃是情緒。情緒乃是一個人的心理狀態，每一個人的心理狀態是「如人飲水、冷暖自知」，只有當事人能夠直接經驗到，旁人頂多只能從表情與身體姿勢間接地推論。因此，教師在引導學生針對情緒現象加以思辨時，挑戰性比較大。

　　促進學生的理性判斷與理性思維的教學活動也是屬於「辨」的面向，而這也是情緒涵養中非常重要的一環。當一個人能理性地觀察到自己的情緒和外在之間的互動關係時，就能成為情緒的主人。教師的挑戰乃是引導學生針對他們的情緒經驗進行理性思辨，自然會慢慢掌握到情緒涵養的竅門，而不是任由情緒來控制自己。

情緒教育不能忽略認知與思辨的面向。誠如林建福（2010）所指出，人類的知識觀及價值觀和情緒教育有密切的關係。大部分情緒的產生含有信念、判斷、思想、詮釋、看待、評價等「認知」的成分，一個人是否具有適當的知識觀及價值觀，會影響到產生情緒的適當性。

「辨」的面向乃是「覺」的延伸，一個人只有先覺察到情緒，不管是自己或他人的情緒，才能針對情緒進行思辨的活動。如果對情緒不知不覺，就無從進一步加以思辨。以下舉一些「辨」的面向之教學活動實例：

壹、辨識情緒的種類和語彙

在情緒教育中，情緒表達是一項非常重要的目標。情緒表達的基礎乃是對情緒的種類之辨識，並能應用精確的語彙來標識或溝通情緒。由於情緒屬於主觀經驗，無法客觀地指認出情緒的特性與名稱。每一個人從小就透過和父母的互動逐漸學會使用口語來標識或溝通各種不同的情緒。由於家庭生活中本來就充滿各種情緒事件或情緒經驗，情緒語彙的學習在家庭中自然而然地進行著，孩子似乎毫不費力地或神奇地就逐漸學會可以用來溝通情緒的各種語彙（指口語的聽與說）。當然，親子互動愈豐富，孩子在情緒語彙方面的學習就愈豐富、細膩。在有些家庭，透過陪著孩子閱讀童書、討論童書或讓孩子大量接觸童書，孩子也能學會辨識很多情緒及情緒語彙，甚至情緒詞彙（指文字）。等到孩子開始接受學校教育，他們會進一步學習更細膩、更豐富、更複雜的情緒辨識，且開始學習相關的情緒詞彙（含讀與寫）。這些都是培養情緒表達能力的基礎。因此，本活動主要是適用於學校教育，且強調「辨」的面向，同時能達成一些「覺」的功能。

一、教學目標

1. 從他人的表情覺察與分辨他人的情緒狀態。
2. 理解與應用精確的情緒語彙。

二、適用的年級

國小低、中年級。

三、適用的學習領域

語文、社會、健康。

四、教學準備

1. 準備各式各樣有人臉的表情照片約二十至三十張，黑白的大頭照即可，最好男女老少都有，每張照片放大約為A4大小。
2. 磁鐵片約二十至三十個（與表情照片同數）。

五、教學活動所需時間

約四十分鐘。

六、教學活動方式

1. 教師把所有的表情照片用磁鐵片壓在黑板上。
2. 教師鼓勵學生自願上來，到黑板前把類似的表情放在一起（分類），分成幾類都沒有關係。任何人都可以上來操作，人數不限。
3. 教師引導學生把所有照片都加以分類，然後和學生討論每一類的表情所顯示的情緒，並把每一類用適當的詞彙加以標記。
4. 針對每一類的表情，教師引導學生說出各類表情的特徵與辨認的要點。
5. 教師把照片收起來，然後一次隨機出示一張照片，再抽點一位學生說出該表情照片所顯示的情緒狀態。

七、附加說明

1. 教師可以根據自己的教學目標和適切的情緒詞彙來選擇表情的種

類。低年級學生學習比較粗略的分類，中年級可以開始進行比較
細膩的分類，以豐富學生的情緒語彙及詞彙。

2. 有時一張照片可能顯示好幾種可能的情緒，教師可以鼓勵學生提
出各種可能的情緒，並做必要的釐清與討論。

貳、辨識轉移法

「轉移法」屬於情緒涵養中的「治標法」，也是最簡單的情緒涵養方
法。所謂「轉移法」乃是藉著轉變外在的事物與環境來轉變我們的情緒，
例如：以下四種轉移法：

一、做事轉移法

選擇一些自己喜歡的事來做，或者做一些能讓自己專心投入的事情藉
以分散注意力，將不愉快的心情暫時淡忘掉，例如：沖個澡、聽音樂、唱
KTV、看電視、剪頭髮、睡個覺、整理書桌或房間等。

二、運動法

運動法也是做事轉移法的一種，當我們感到心情沮喪時，我們可以去
好好運動一下，例如：打球、慢跑、登山、游泳，或者到健身中心、有氧
舞蹈，讓身體好好流汗。運動流汗可以轉移我們的注意力，累了後去好好
洗個澡，可以讓自己乾淨的放鬆，這時思想就清明許多。運動之後，人的
情緒必然會有所轉變，因為運動可以加速身體的新陳代謝，讓身體的荷爾
蒙系統做一個迅速的轉換與流注。

三、環境轉移法

單純地轉移我們的環境來轉變我們的情緒。例如：心情不好時，可以
到海邊看夕陽、聽海潮、吹海風，望著無涯的大海，可以使煩躁的心情平
靜下來。或者到大自然走走，眺望遠方，發呆吹風，讓自己的雙腳泡在涼
涼的溪水裡，讓自己被青山包圍。

四、暫時擱置法

當有人產生衝突且情緒非常激動、對立嚴重時，最好的方法就是立即讓兩人分離，請兩人都暫時離開現場，讓雙方的情緒都先冷靜下來，避免被情緒繼續激盪下去。藉著暫時離開現場，情緒通常都會產生轉變，這時再來處理兩人的衝突比較容易。

「轉移法」只是暫時轉換我們的情緒，並沒有澈底解決根本的問題，還要配合學習「治本法」。此外，即使「轉移法」只是治標法，卻可以顯示出一個深刻的事實：我們可以透過各種方法來轉換我們的情緒，無形中我們就成為情緒的主人，不再被情緒所困了。如果我們累積愈多這方面的經驗，對於成為情緒的主人就會愈來愈有信心。這對於學習其他情緒涵養的方法也有正面的價值。

本活動主要是協助學生理解與辨識常用的轉移法，因此屬於「辨」的面向。

一、教學目標

1. 理解與辨識轉移法的功用及種類。
2. 辨識使用各種轉移法的恰當時機。
3. 辨識各種轉移法的限制。
4. 辨識使用各種轉移法的注意事項。

二、適用的年級

國小低、中年級。

三、適用的學習領域

語文、社會、健康。

四、教學活動所需時間

約四十分鐘。

五、教學活動方式

1. 解說「轉移法」的意義與功用，並舉例說明各種不同的轉移法之優缺點、適用的時機、限制與注意事項。教師亦可分享自己使用轉移法的經驗。

2. 教師舉一個實際情境案例，抽點一些學生回答：在此情境中，可以採用哪些恰當的轉移法？教師針對學生的回答各自給予回饋（是否恰當），並做必要的補充說明（使用轉移法的限制或注意事項）。

3. 反覆前項步驟數次，直到學生充分理解與辨識轉移法的功用、場合、限制或注意事項等。

4. 引導學生分享過去使用過轉移法的經驗，並給予必要的回饋或補充說明。

六、附加說明

1. 教師應適時提醒學生，「轉移法」只是情緒涵養的「治標法」，還必須搭配使用「治本法」（即理性思考法及表達法）。

2. 在日常生活中，教師應適時提醒學生練習採用轉移法，並適時引導學生省思練習轉移法的經驗或心得。

參、辨識非理性思考

人類的行為和情緒都深受自己的思想所影響。當我們面對一件事情時，往往只是改變一個角度來看，我們的情緒就截然不同。「理性思考法」又稱「轉念法」，也就是透過把我們的非理性思考轉換為理性思考，來轉換我們的情緒。對自己的情緒、身體、或事情有正面幫助的想法或思

考方式就是理性思考；反之，對事情沒有實質幫助，只會產生沒有必要的負面情緒的想法與思考方式，就是非理性思考。不管是選擇理性思考或非理性思考，都是自己的選擇。換言之，我們只要透過選擇自己的思考方式，就可以成為情緒的主人。

　　事實上，我們的想法常常只是一個慣性而已，而且每一個人的慣性不一樣。我們在面對某一類的事情與處境時，往往會根據採取的行動反應與結果，慢慢就形成了某一個習慣。於是，每當類似情境出現，就會產生定型化反應，包括想法、情緒與行為等。久而久之，我們就成為外在處境的奴隸。理性思考法的主要關鍵就在於深入追究自己對事情與處境的定型化反應，一旦了解自己的深層想法是什麼，就能掙脫自己思考的慣性。

　　Windy Dryden（武自珍譯，1997：29）的「理性情緒心理學」也是關於我們如何把「非理性的信念」轉換為「理性的信念」，因而轉換我們的情緒反應。理性的信念是彈性的、合邏輯的、與事實一致的、可以促進目標達成的；反之，非理性的信念則是嚴苛的／絕對的、不合邏輯的、與事實不一致的、阻礙目標的達成。

　　「理性思考法」屬於情緒涵養中的「治本法」（饒見維，2004）。練習理性思考法之前要先學會辨識非理性思考，然後知道如何轉念為理性思考。一般人常見的非理性思考有以下九項：(1)負面心態；(2)先入為主（預設立場）；(3)過度的期待與擔心；(4)過度的責備；(5)預先誇大後果的嚴重性；(6)過度的自貶與妄自菲薄；(7)誇大失敗或損失的嚴重性；(8)過度追求完美；(9)過度的自怨自艾。詳細的說明請參閱《情緒涵養》一書第五章。

一、教學目標

　　本活動主要是協助學生辨識常見的非理性思考，因此屬於「辨」的面向。具體的教學目標如下：

1. 理解一般人常見的非理性思考種類。
2. 辨識負面情緒事件或處境中的非理性思考。
3. 理解如何把非理性思考轉念為理性思考。

二、適用的年級

國小中年級以上。

三、適用的學習領域

語文、社會、健康與體育、綜合活動。

四、教學活動所需時間

約八十分鐘。

五、教學活動方式

1. 教師說一個如下的「轉念故事」：

　　一位老農夫有兩個女兒，後來大女兒嫁給了傘店老闆，小女兒嫁給了冰水店的老板。但老農夫每天都很擔心。下雨天時，她擔心冰水店沒有生意；晴天時，她就擔心傘店的雨傘生意變差。結果老農夫就這樣天天為女兒們擔心，一點也不開心。鄰居是一位退休老師，發現老農夫常常看起來都很不開心的樣子，就問他是怎麼回事。老農夫就說了自己常常為兩位女兒擔心的事。

　　鄰居聽了之後就大笑地告訴他：「您真是好福氣啊！下雨天時，您的大女兒的賣傘生意一定很好；晴天時，換成您小女兒的冰水店生意很好。不管晴天或雨天，你都可以為女兒感到高興才對啊！」農夫仔細想想好像很有道理，從此每天就都很開心。

2. 教師請幾位學生發表對這個故事的感想，然後請學生發表自己過去是否有類似的經驗或聽過類似的故事。學生如果都無法提出類

似的經驗或故事，教師可以略做補充類似的故事[1]。

3. 藉著這些故事來解說「非理性思考法」的意義：情緒的好壞往往是受到我們的想法影響，非理性思考常常造成負面情緒。如果想轉化我們的負面情緒，只要從「非理性思考」轉為「理性思考」即可，此即「轉念法」。

4. 教師舉一至二個負面情緒事件案例（參見第266頁附錄四情緒事件案例），用以說明該事件或處境中的當事人可能有的非理性思考，以及如何轉念為理性思考。

5. 教師再提出一個負面情緒事件或處境案例，請學生寫下事件中當事人可能有的非理性思考及當事人可以如何轉念（即從「非理性思考」轉變為「理性思考」）。

6. 全班都寫好後，教師抽點一些學生回答他們所寫的內容，並針對被點到的學生之回答給予必要的回饋（學生所提出的非理性思考是否正確？學生所提出的轉念方式是否恰當？），教師要著重在學生是否能說出案例中的當事人可能有什麼非理性的想法？為何那樣想是非理性？要如何轉念才是理性思考？

7. 根據時間許可，採用不同的情緒事件案例，反覆步驟5及6幾次。

六、附加說明

1. 本教學活動可以反覆實施多次，運用類似附錄四情緒事件案例，且儘量使用接近學生的生活經驗之不同案例。直到學生熟悉一般人常有的九項非理性思考，即：(1)負面心態；(2)先入為主（預設

---

[1] 類似的故事如下：

➤ 一個人珍藏的酒被喝掉半瓶，悲觀者生氣地大罵：「誰那麼可惡把我的酒喝掉半瓶。」樂觀者開心說：「還好我的酒只被喝掉半瓶，我還有半瓶。」

➤ 奉製鞋公司老闆指派兩個業務員到非洲某一個國家考查賣跑鞋的市場。後來，一個業務員很洩氣地回報給老闆：「那裡的人很少穿鞋子，鞋子一定不好賣。」另一個開心地回報：「那裡的人很少穿鞋子，有很大的市場潛力。」

立場）；(3)過度的期待與擔心；(4)過度的責備；(5)預先誇大後果的嚴重性；(6)過度的自貶與妄自菲薄；(7)誇大失敗或損失的嚴重性；(8)過度追求完美；(9)過度的自怨自艾。

2. 在學校生活中若發生負面情緒事件或處境時，教師可以適時引導學生討論並辨識可能的非理性思考以及如何轉念。

3. 提醒學生在日常生活中隨時記得練習辨識自己的非理性思考，並練習轉念為「理性思考法」。透過持續的提醒，逐漸提高學生對於情緒及非理性思考的覺察力，並逐漸熟練與掌握「理性思考法」。

肆、辨析情緒的產生原因

本活動是「辨識非理性思考」（第153頁）這個教學活動的延伸，目的是引導學生進一步辨認出會引發一個人負面情緒的原因，雖然有很多可能性，但是也因人而異。易言之，教師要讓學生理解任何原因都沒有必然性。某一個因素會引發某甲的負面情緒，不見得會引發某乙的負面情緒。總之，每一個人終究要為自己的情緒或感覺負責，而不要怪罪於他人或任何外在的因素。

一、教學目標

本活動主要是強調「辨」的面向，具體而言可以達成下列目標：
1. 辨析產生情緒的時機或場合。
2. 辨析產生情緒的各種可能原因。
3. 理解產生情緒的任何因素並沒有必然性，而是因人而異。

二、適用的年級

國小高年級以上。

三、適用的學習領域

語文、社會、健康、綜合活動。

四、教學活動所需時間

約四十分鐘。

五、教學準備

1. 一些A4大小的資源回收紙（有一面空白可以寫字），一位學生至少準備兩張。
2. 一些圓磁鐵片（跟資源回收紙的數量相當）。
3. 一些馬克筆（一位學生一枝）。

六、教學活動方式

1. 教師發給每位學生一張資源回收紙及一枝馬克筆，請學生用馬克筆在紙上寫一個自己最容易產生情緒的時機或場合，及產生的情緒名稱。寫完的學生把自己的紙張用磁鐵吸附在黑板上。
2. 針對紙張上的各種情緒，進行分類與整理。教師引導學生在黑板上移動紙張，把有類似的情緒放在一堆，把所有紙張分成數堆。
3. 針對每一堆紙張，教師引導學生稍微討論產生情緒的時機或場合有哪些相同或相異之處。
4. 把紙張全部打散，然後針對紙張上的各種時機或場合，進行分類與整理。教師引導學生在黑板上移動紙張，把類似的時機或場合之紙張放在一堆，把所有紙張分成數堆。
5. 把紙張全部打散，然後針對各個紙張，教師一面引導學生討論引發情緒的背後可能原因，一面引導學生對紙張進行分類與整理。教師可以在黑板上移動紙張，把類似的原因放在一堆，最後把所有紙張分成數堆。
6. 針對每一堆紙張，教師引導學生討論每一堆的類似特性，並用適

當的語詞加以標示。

7. 引導學生討論：是否有任何一個原因適用於所有人？是否有某一個原因必然會引起所有人的負面情緒？透過這個討論，教師引導學生逐漸理解任何引發負面情緒的因素都沒有必然性，且因人而異（即個別性）。每一個人終究要為自己的情緒或感覺負責，而不要怪罪於他人或任何外在的因素。

七、附加說明

如果學生已具備下一節所述的「理性思考法」之先備知識，最後一個教學步驟可以改成如下：針對每一類負面情緒產生的時機或場合，引導學生說出產生負面情緒背後可能有的非理性思考（可能不只一項）。然後針對學生的回答做必要的討論與釐清。

伍、「轉念法」的案例討論與編劇演出

本活動乃是第153頁「辨識非理性思考」的延伸，但是改為分組「案例討論」與「編劇演出」的方式，以加強學生辨識負面情緒背後隱含的「非理性思考」，並加強練習如何把非理性思考轉念為理性思考。

一、教學目標

本活動主要是強調「辨」的面向，具體而言可以達成下列目標：
1. 辨識負面情緒事件或處境中的非理性思考。
2. 理解如何把非理性思考轉念為理性思考。

二、適用的年級

國小中年級以上。

三、適用的學習領域

語文、社會、健康、綜合活動。

四、教學活動所需時間

　　約八十分鐘。

五、教學活動方式

1. 教師把學生加以分組，每組約四至六人。
2. 教師發給每組學生一張紙，上面有一個情緒事件案例，每組拿到不同的案例（參考採用附錄四情緒事件案例中適當的案例）。
3. 各組學生針對拿到的案例討論以下問題：
   (1) 在整個過程中，「事件主角」可能有哪些非理性思考？為何那樣想是非理性？
   (2) 如果你是「事件主角」，可以如何轉念？
4. 各組根據討論的結果編出兩個劇本，以正反方式演出不同的想法造成不同的情緒。第一個劇本乃是原始的案例，且要演出事件主角心中的「非理性思考」以及所產生的負面情緒；第二個劇本則要演出事件主角剛開始的負面情緒，接著轉念為「理性思考」，導致情緒的轉化。
5. 各組開始編劇時，教師要強調說明：各組要把事件主角心中的非理性思考與理性思考都儘量外顯化，並採用OS（即內心獨白，英文Overlapping Sound）的方式講出心中的非理性思考與理性思考。亦即，事件主角要在適當的時機暫時停格，由另一位同學用OS的方式來突顯演出內心的想法，然後主角再繼續演出後續的情緒與事件。至於正負面情緒則可以用語言、肢體或表情來演出。
6. 各組編劇完成兩套劇本後，先讓教師看過劇本並做必要的修改，然後各組自行分配人員扮演劇中人物，並自行做簡單的排演。兩套劇本分別由不同的人演出，以便突顯不同的人可能有不同的想法，因而造成不同的結果。（最好分為兩次上課，每次四十分鐘。兩次上課隔一、兩日或一週，學生可以在兩次上課中間自行找時間給教師看過劇本，並做必要的修改及排演。）

7. 各組一一演出兩套劇本。

8. 教師針對每一組的演出給予必要的回饋或講評。

9. 各組全部演完之後，教師進行最後的整理，並再度強調：負面情緒的背後都隱含著一些「非理性思考」。我們如果能把非理性思考轉念為理性思考，就可以轉化負面情緒。

陸、辨識情緒與感覺

人類在產生情緒時，通常在身體上也會同時產生一些生理狀態的變化。在情緒教育中，教師可以透過引導學生注意自己的身體上所發生的生理狀態變化，來提昇他們對情緒的覺察力。然而，教師要協助學生先能辨識與理解「情緒」和「感覺」的不同，前者屬於「心理」的範疇，後者屬於「生理」的範疇。就「生理的範疇」來說，教師也要協助學生辨識情緒發生時各種不同的身體感覺或生理特徵變化，以及相關的用詞，如下表所示：

表7-1　伴隨著情緒的身體感覺或生理狀態特徵

	情緒	身體感覺或生理狀態特徵
正面情緒	快樂	身體感覺輕鬆、面帶微笑
	興奮	臉部及身體感覺稍熱、心跳稍快、臉色微紅
負面情緒	緊張	心跳加快、冒汗、肌肉緊繃
	生氣	氣喘吁吁、臉部緊縮、渾身發抖、講話聲音變大
	害怕	身體發冷或顫抖、呼吸加快、臉色發白

一、教學目標

本活動主要屬於「辨」的面向，但是亦有一部分「覺」的功能（即增進學生對自己的性情之覺察力）。具體而言可以達成下列目標：

1. 能覺察伴隨著自己的情緒之身體感覺或生理狀態特徵。

2. 能辨識理解「情緒」與「身體感覺」之不同。

3. 能辨識理解情緒發生時之身體感覺或生理狀態特徵。

二、適用的年級

國小中年級以上。

三、適用的學習領域

語文、社會、健康、綜合活動。

四、教學活動所需時間

約四十分鐘。

五、教學準備

A4大小的學習單「情緒與身體的感覺」（如第265頁附錄三），一位學生一張。

六、教學活動方式

1. 教師舉例說明情緒發生時，同時在身體上也會產生一些特殊的感覺或生理狀態特徵（如表7-1）。

2. 教師發給每位學生一張學習單「情緒與身體的感覺」（如附錄三），請學生寫出最近發生的兩個「正面情緒事件」及兩個「負面情緒事件」，以及當時伴隨著情緒的身體感覺或生理狀態特徵。

3. 學生完成學習單後，依據時間許可，教師抽點幾位學生發表自己所寫的內容，然後讓幾位學生自願發表。

4. 部分學生發表學習單的內容後，依據時間許可，教師抽點幾位學生分享完成這個學習單的心得與收獲（對自己有沒有什麼新的發現、新的認識、新的啟示），然後讓幾位學生自願分享。

柒、辨識理解情緒與性情

人類除了有種種的「情緒」之外，也有種種的「性情」（第67頁）。「性情」就是林建福（2010）所謂的「氣質性情緒」，雖然不見得會被當事人當下所感受到，但它卻能影響一個人從何種觀點來知覺每日生活的情境，也是人們潛藏而具有支配性的心靈架構或心靈狀態。情緒是一個人當下所感受到的身心狀態。

正如情緒可以分為「正面情緒」與「負面情緒」，性情也可以分為「正面性情」與「負面性情」。擁有「正面性情」的人比較容易產生正面情緒；反之，擁有「負面性情」的人比較容易產生負面情緒。然而，「性情的轉化」遠比「情緒的轉化」還要困難，因為性情屬於一個人的長期習性與固執反應。雖然俗話說：「江山易改，本性難移」，然而負面性情並非「不能移」，只是比較「難移」，因為需要長時間的反省與轉化。一個人如果想要轉化自己的負面性情，需要長時間持續反省與轉化自己的非理性思考（第153頁），只要非理性思考愈來愈少，負面性情就會逐漸轉化為正面性情。

從情緒教育的角度來看，我們不僅要協助學生覺察與辨識自己時時刻刻的情緒狀態（即偶發性情緒），也要協助學生覺察與辨識自己長期的性情（即氣質性情緒），甚至協助學生轉化自己的負面性情。如果要轉化負面性情，首先要幫助學生辨識「情緒」與「性情」的差別，然後才能進一步協助學生覺察自己的性情，並逐漸轉化自己的負面性情。然而，本活動著重於協助學生辨識與理解性情，不涉及性情的轉化。

一、教學目標

本活動主要屬於「辨」的面向，但是亦有一部分「覺」的功能（即增進學生對自己的性情之覺察力）。具體而言可以達成下列目標：

1. 能辨識理解「情緒」與「性情」之不同。
2. 能辨識理解「性情」對情緒的影響。
3. 能覺察與辨識自己的性情。

二、適用的年級

國小高年級以上。

三、適用的學習領域

語文、社會、健康、綜合活動。

四、教學活動所需時間

約六十至八十分鐘。

五、教學準備

1. 一些A4大小的資源回收紙（有一面空白可以寫字），一位學生至少準備兩張。
2. 一些圓磁鐵片（跟資源回收紙的數量相當）。
3. 一些馬克筆（一個學生一枝）。
4. A4大小的學習單「三長兩短：正面性情與負面性情」（如附錄二），一位學生一張。

六、教學活動方式

1. 教師說明「情緒」與「性情」之不同，並舉一些「性情」的例子，且每一個「正面性情」都舉一個「負面性情」作為對照，如下所示：

正面性情	樂觀	鎮定	溫柔	友善	開朗
負面性情	悲觀	慌張	暴躁	奸險	沉默

2. 教師用前述的例子說明「性情」對情緒可能造成的影響：擁有「正面性情」的人比較容易產生正面情緒；擁有「負面性情」的人比較容易產生負面情緒。例如：

(1) 性情「樂觀」的人遇到挑戰或任務時，比較會用輕鬆、愉快或興奮的心情來迎接；反之，性情「悲觀」的人則比較會用不開心、低落、厭煩或厭惡的心情來面對。

(2) 性情「鎮定」的人遇到麻煩或困難時，往往比較平靜、安詳、輕鬆、愉快；反之，性情「慌張」的人則比較容易緊張、害怕、焦慮、憂慮、心煩。

3. 教師發給每位學生一張資源回收紙及一枝馬克筆，請學生在紙上寫一個自己學過或認識的描述「性情」之詞彙。請學生把字儘量寫大些且清晰易讀。

4. 教師請學生把寫好的詞一一用磁鐵片壓在黑板上，一張紙壓一個磁鐵片，儘量分散開來布滿整個黑板。

5. 針對黑板上的所有詞彙，教師請學生指出哪些詞彙並非描述性情的詞彙（因為有些學生可能會誤寫了描述「情緒」的詞彙）。教師針對被指出的詞彙，引導學生說明為何它們並非描述性情的詞彙，逐一確認之後把並非描述性情的詞彙移動到黑板的邊緣某處。教師也要注意：有些詞彙可能同時可以用來描述情緒或性情（例如：開朗、憂鬱），要看使用的脈絡來決定。這一類詞彙可以接受為描述性情的詞彙，不用太過僵硬看待。

6. 針對黑板上描述性情的詞彙，教師問學生有沒有任何不懂的詞彙。如果有學生提問，則做必要的舉例說明。

7. 教師在黑板上畫分出兩個空白的區域，上面分別標示「正面性情」與「負面性情」。

8. 教師請學生自願上臺移動黑板上的紙張，把描述性情的詞彙移動到「正面性情」或「負面性情」之一。任何學生都可以上臺，但是上臺的學生一次只能移動一張紙。每次有學生移動紙張後，都請全班學生確認是否正確。直到所有詞彙都正確地移動到「正面性情」或「負面性情」中為止。

9. 教師發給每位學生一張學習單「三長兩短：正面性情與負面性情」（如附錄二），請學生寫出最能描述自己的三個「正面性

情」及兩個「負面性情」（請學生寫出自己覺得比較明顯的性情即可），並請學生寫出他們是依據什麼來判斷自己有這個性情。教師可以暗示學生：從自己遇到事情時經常會產生的慣性情緒反應來判斷自己的性情。

10. 學生完成學習單後，依據時間許可，教師抽點幾位學生發表自己所寫的內容，然後讓幾位學生自願發表。

11. 部分學生發表學習單的內容後，依據時間許可，教師抽點幾位學生分享完成這個學習單的心得與收獲（對自己有沒有什麼新的發現、新的認識、新的啟示），然後讓幾位學生自願分享。

捌、辨識理解人的差異性

人與人間的特質（如：個性、性情、性向、智能、才華、外貌、性別、能力、知識、想法或信仰等）可能有很大的差異性與多元性。有些特質比較受歡迎，有些則比較不受歡迎；有些是優勢特質，有些是弱勢特質。本活動可以協助學生辨識理解哪些特質可能比較受歡迎，哪些特質比較不受歡迎，並進一步理解自己的優勢與弱勢特質，且辨識理解、感性接納、包容尊重他人的差異性與多元性特質。這些都有助於學生建立優良的人際關係，並協助學生進一步反省轉化自己的弱勢特質。

一、教學目標

本活動主要屬於「辨」的面向，但是亦有一部分「感」的功能，具體而言可以達成下列目標：

1. 能辨識理解自己的優勢與弱勢特質。
2. 能辨識理解他人的差異性與多元性特質。
3. 能感性接納、包容與尊重人與人間的差異性與多元性。

二、適用的學生年級

從小學各年級。

三、適用的學習領域

語文、生活、健康與體育、綜合活動。

四、教學活動所需時間

四十至六十分鐘。

五、教學準備

印出學習單「喜歡或不喜歡的特質」（附錄五），每位學生一張。

六、教學活動方式

1. 教師發下學習單「喜歡或不喜歡的特質」，並請每位學生填寫學習單。

2. 教師把黑板畫分成四大區塊（左上區、右上區、左下區、右下區）。

3. 教師請學生發表：「我們如何描述我們所喜歡的特質？」教師把學生舉出來的特質一一寫在黑板「左上區」。

4. 教師請學生發表：「哪些行為可能造成被喜歡的特質？」教師把學生舉出來的行為一一寫在黑板「右上區」，並和「左上區」的相關特質用線連接起來（可能是一對無、一對一、一對多或多對一）。

5. 教師請學生發表：「我們如何描述我們不喜歡的特質？」教師把學生舉出來的特質一一寫在黑板「左下區」。

6. 教師請學生發表：「哪些行為可能造成不被喜歡的特質？」教師把學生舉出來的行為一一寫在黑板「右下區」，並和「左下區」的相關特質用線連接起來（可能是一對無、一對一、一對多或多對一）。

7. 教師針對黑板上的圖文綜合歸納說明個人特質與行為表現的關係，且說明有些特質和行為表現無關（如：性向、外貌、性

別），而是天生的。

8. 教師說明：人與人間的特質有很大差異性與多元性，我們要能學習感性接納、包容尊重這些差異性與多元性。

9. 教師請學生發表哪些是優勢特質？哪些是弱勢特質？

10. 教師引導學生討論哪些弱勢特質是可以轉化的？哪些弱勢特質是無法轉化的？如果是可以轉化的，要如何轉化弱勢特質？

11. 教師針對學生的發言加以整理歸納，提出必要的補充說明。

玖、特定情緒的主題探討

　　繪本是實施情緒教育課程很好的教學媒材，繪本中主角的情緒表現，提供教師與學生探索情緒，並進行交流的機會，藉由彼此的分享以了解情緒、認知與行為之間的關係。此外，以繪本來連結學生的生活經驗，比教師說教的方式更容易讓學生接受。

　　本教學活動乃是引導學生深入探討某種特定情緒（例如：生氣、悲傷、緊張等），以便協助學生對該特定情緒有更為深入的了解，並學會如何面對與處理該情緒。以下用「生氣情緒」為例，來說明本教學活動的進行方式，其他特定情緒的進行方式依此類推。

一、教學目標

　　本活動主要屬於「辨」的面向，但是亦有一部分「感」的功能。具體而言可以達成下列目標：

1. 深入了解產生「生氣情緒」的各種可能原因。
2. 深入了解轉化「生氣情緒」的重要。
3. 深入了解面對與處理「生氣情緒」的各種可能方法。

二、適用的年級

　　國小中、高年級。

三、適用的學習領域

語文、社會、健康、綜合活動。

四、教學準備

蒐集各類與「生氣」主題相關的繪本，如《我變成一隻噴火龍了》、《家有生氣小恐龍》、《消氣的飛船》、《生氣的亞瑟》、《菲菲生氣了，非常非常的生氣》、《生氣湯》等教材。

五、教學活動所需時間

約四十至六十分鐘。

六、教學活動方式

1. 引導學生一起閱讀與分享生氣情緒的主題書，並共同討論書中主角處理生氣情緒的方式有哪些？是否恰當？
2. 引導學生歸納處理生氣情緒的共通特點：雖然每本書中的主角都因為不同的事件引起生氣情緒，而每個人處理情緒的方式也不盡相同，但是他們都有一個共通特點，就是能適當的化解生氣情緒，讓自己重新快樂起來。
3. 請學生回想一件曾經令自己非常生氣的事情，把它畫在圖畫紙上。
4. 請學生分享個人當初引起生氣情緒的原因。
5. 請學生寫下自己處理生氣情緒的小法寶。
6. 引導學生歸納整理處理生氣情緒的方法之類型。
7. 針對每一類型，教師引導學生討論各類型之優點和缺點。教師針對學生之發言給予必要的補充及回饋。

第三節　「感」的面向

　　凡是為了達成表4-1中「感性接納」這個面向的目標之教學活動，都屬於「感」的面向。「感」的面向也是「覺」的面向之延續。「覺」的面向強調培養覺察力，而「感」的面向則強調覺察到的主觀感覺、感受或感情，因此重點在於促進學生注意、關心、接納自己感受與情緒。如林建福（2010）所述：「情緒教育除了活化學習者的敏銳感受性之外，陶冶良善的感受態度更是不可或缺。」此外，「感」的面向還涉及到他人的感覺、感受或感情。教師要引導學生推己及人，能夠以「人同此心、心同此理」的情懷來注意、關心、接納他人的感受與情緒，進而養成設身處地、感同身受的態度與習慣。以下舉一些「感」的面向之教學活動實例：

壹、情感交流

　　本活動的重點就是情感交流、感受分享或感情抒發，不需要做太多理智上的論辯與討論，純粹讓學生進行情感的交流。情感的交流是人類彼此關懷的基石，教師可以掌握任何適當的機會來讓學生表達與聆聽彼此的感覺、心情、情緒等各種情感反應。藉著彼此的分享，教師可以增進學生體會他人心聲的能力，並啟發出彼此關懷與設身處地的心胸。

一、教學目標

　　本活動主要是強調「感」的面向，具體而言可以達成下列目標：
1. 能適切表達自己的感覺與心情。
2. 能聆聽與接納別人的感覺與情感反應。
3. 對別人的情感反應能感同身受。

二、適用的年級

　　任何年級。

三、適用的學習領域

任何領域。

四、教學活動所需時間

約四十至六十分鐘。

五、教學活動方式

1. 針對學校生活中實際發生的某一個事件，教師請某些學生發表自己的感覺或心情，同時也讓學生有機會彼此聆聽別人的感覺、心緒。

2. 可以作為感情抒發的事件例如：

   (1) 最近校內完成的某個活動或是某個突發的意外事件，例如：學校剛剛舉辦校慶園遊會、教室內剛剛玩了某一個熱烈的遊戲、某位同學在運動場上發生意外骨折、兩位同學因某事產生衝突或打架等等。

   (2) 最近學生在校外或家裡親歷的某一事件或參與的某一個活動，例如：某位同學剛剛在家裡舉辦完一個生日派對、某一個同學發生車禍、某一個同學家屬生重病或過世、某些同學最近參加全縣運動會等等。

3. 教師可以鼓勵學生從下列各種角度來表達自己的感覺或心情：事件發生時的心情與感覺、事件發生後的心情與感覺、目前的心情與感覺。

4. 教師可以採用以下各種方式來決定由哪些學生來發表：

   (1) 教師指定事件的當事人或親歷者發表。

   (2) 教師指定事件的旁觀者發表。

   (3) 教師讓學生自由、自願發表，根據時間的許可決定發表的人數。

   (4) 由教師隨機抽取學生來發表，根據時間的許可決定發表的人數。

5. 當學生發表時，教師鼓勵其他同學仔細聆聽別人的感覺。發表者發表結束時，教師抽點或指定幾位同學複述別人的感覺，激發出學生仔細聆聽的能力。

六、附加說明

1. 這是一個非常靈活簡單的教學活動，時間長短不拘、地點不限、人數不限，因此可以經常或適時地進行。

2. 這個活動不一定限於口語的發表，教師也可以請學生用語言、圖畫或其他符號來描述或表達自己的感覺，例如：寫慰問信、繪製祝福卡或祈福卡等。教師甚至可以根據情況請學生採用身體動作、姿勢、表情或戲劇的方式來表達自己的情緒或感覺。

3. 教師引導學生複述別人的感覺，這個步驟也很重要，可以培養學生聆聽與接納他人的能力，重點在於是否能把別人的感覺或心情再度陳述出來，而不是做任何評論或反應。因此，教師要避免讓學生陷入論辯或爭執。

貳、感同身受

　　本活動的主要目的是要刺激學生同情性反應的發展，培養學生感同身受、感覺擬情、設身處地或角色取替的能力。如果經常實施這個活動，可以幫助學生體會別人的心情、接納別人的感覺。由於本活動涉及學生的想像力，因此比前面的感情交流稍微困難些。學生最好已經有一些感情交流的經驗比較能夠進行本活動。但是由於採用的不是學生親歷的情境，教師可以選擇的範圍比較廣、比較靈活，不必受限於實際發生的事件。

一、教學目標

　　本活動主要是強調「感」的面向，具體而言可以達成下列目標：

1. 對於他人能感同身受、設身處地的。

2. 能聆聽與接納別人的感覺與情感反應。

二、適用的年級

任何年級。

三、適用的學習領域

任何領域。

四、教學活動所需時間

約四十至六十分鐘。

五、教學活動方式

1. 針對某一個虛擬的情境或者學生並沒有親歷的情境，教師引導學生想像如果他是當事人，處在那個情境中，可能會有什麼感覺或心情，然後加以發表之。

2. 教師可以用來引發「感同身受」的情境或事件包括：

   (1) 社會上最近發生的某一個重大新聞事件、眾所矚目的事件，例如：某地發生了一個火災或殺人事件、某地發生了一個大地震、美國遭受恐怖攻擊、某國正在鬧飢荒、延燒世界各國的武漢肺炎等等。

   (2) 歷史上的某一個事件，例如：二二八事件、珍珠港事變等等。

   (3) 某一本童書或童話故事中的情節，或者某一個虛構的故事。

   (4) 某一個動畫、電影或小說的情節。

3. 教師可以用下列各種不同的方式來激發學生設身處地的反應：

   (1) 指定不同的學生設身處地於不同角色，發表各自的感覺與心情。

   (2) 指定同一個角色，但是由不同的學生各自設想自己可能的感覺與心情。

   (3) 指定不同的學生，針對情節的發展來一一發表不同的角色各自的感覺。

(4) 指定某一個情節點，請學生設想如果當事人做出不同的反應，後續的故事可能會有什麼不同的情節發展。

4. 教師可以採用以下各種方式來決定由哪些學生來發表，根據時間的許可決定發表的人數：

(1) 直接指定某些學生發表。

(2) 讓學生自由、自願發表。

(3) 隨機抽取學生發表。

參、情節編排與角色扮演

學生天生會模仿，且能從日常生活中觀察人們的互動及情感的交流。角色扮演可以幫助學生體會別人的情緒，了解別人的感受，增進學生觀點取替的能力，並建立同理心。在本活動中，教師透過讓學生角色扮演，激發他們的同理心，並學習如何因應同學對自己的不當行為，適時引導學生學習恰當的情緒表達方式及合宜的行為。有關「恰當的情緒表達方式」可以參考第183頁的「我訊息」的情緒表達訓練。

一、教學目標

本活動主要是強調「感」的面向，但是也同時兼具「行」的面向（即情緒表達方式）。具體而言可以達成下列目標：

1. 能同理與理解他人情緒。

2. 面對別人對自己的譏笑、嘲笑、諷刺、謾罵或作弄時，能用恰當的方式表達自己的情緒。

二、適用的年級

國小高年級以上。

三、適用的學習領域

語文、社會、健康、綜合活動。

四、教學活動所需時間

約八十分鐘。

五、教學活動方式

1. 教師把學生分成幾組，每組約四至七人。
2. 教師說明一個假設的狀況：某甲因為身體有某種缺陷（例如：臉部某處有胎記、左手有些扭曲變形），經常遭受同學譏笑。
3. 請各組同學討論某甲該如何應對這種情況，並編出一個短劇本（演出時間約三分鐘），且要展現出某甲用恰當的方式表達自己的情緒。
4. 各組劇本編好之後，由組內同學分配角色，自行排演並準備必要的道具。
5. 各組同學一一演出所編出的劇本。
6. 教師引導學生討論各組的劇本以及演出的效果。
7. 在各組表演結束，教師引導各組學生一一說明他們的劇本為何如此編，並討論各組劇本的適切性。
8. 教師整理歸納遭受別人譏笑時的理性反應方式與恰當的情緒表達方式。
9. 全班選出一個最佳劇本，然後再針對此劇本討論如何加以修改此劇本，或結合其他劇本的某些優點，整編出一個最適切的劇本。
10. 選出某些學生扮演最佳劇本中的角色，再演出一次給全班看。

六、附加說明

1. 如果學生排演時間不夠，演出時可以看劇本演。若時間夠，儘量不要看劇本演出。
2. 對於年紀比較小的學生，教師可以直接提供現成的情節劇本，讓各組學生自行分配角色與演出。此時教學的重點在於演練適當的情緒涵養方法。學生年紀比較大時，再由他們自行討論與編排劇本。

3. 演出後的討論與分享非常重要，可以加深學生的印象，激發學生的同理心。

4. 教師可以根據不同的教學目標，設定不同的處境，每一種處境都可以用類似的方式來編排與演出，例如：

   (1) 面對別人對自己的生氣與憤怒。

   (2) 面對別人對自己的要求、命令、指使、指責、批評。

   (3) 面對別人在背後詆毀、中傷、說自己的壞話。

   (4) 面對別人忌妒、羨慕自己。

   (5) 面對別人讚美與稱譽自己。

   (6) 面對別人誤解、歧視、忽視自己。

   (7) 面對別人對自己的干擾、破壞、挑釁、恐嚇。

   (8) 面對別人對自己的炫耀、誇耀、傲慢、狂妄。

肆、「積極聆聽」他人的情緒

　　良好的情緒涵養，包括「對己」與「對人」兩個層面（饒見維，2004）。我們除了要學會涵養自己的情緒之外，也要學會如何面對他人的情緒。這也是一項非常重要且需要學習的情緒涵養技巧，畢竟，並非每一個人天生就會的技巧。所謂「積極聆聽他人的情緒」，就是我們在聆聽他人表達情緒時，也要適度表達出對他人的情緒之理解，讓對方覺得我們已經體會到他的感覺與情緒。易言之，積極聆聽不只是聽而已，更重要的是要「表達」出對他人的情緒理解。

　　在生活上，我們難免有時會發現朋友或親人處於某種負面情緒之中，例如：失望、挫折、沮喪、不高興、心情不好、憂鬱、憂慮、生氣憤怒、害怕或驚嚇等等。面對他人的情緒時，最重要的是要學會積極聆聽與體會他人的情緒。積極聆聽不只是聽而已，最重要的是要「表達」出對他人的情緒的理解與接納。

　　Thomas Gordon（歐申談譯，2013）主張以積極聆聽的方式來面對別人的困擾，並藉此表達我們可以體會與接納他人的感覺。因此，積極聆聽

也是一種同理心的表現。「積極聆聽」的表達方式通常用「換句話說」的問話方式，把別人的情緒複述一次，用語言來精確地掌握與表達他人的情緒與感覺。這種方式一方面可以確認自己的理解無誤，同時也讓對方知道自己能理解他的感受。邱珍琬（2018：73）也歸納了以下「傾聽的重要條件」：

1. 挪出一段空閒時間。
2. 選擇一個不受打擾的環境。
3. 把舞臺讓給說者。
4. 擺出專心聆聽的姿勢，例如：開放姿勢、身體微微前傾、眼神專注與說者偶爾交會。
5. 心上不要掛慮任何事件或是想著要如何回應。
6. 讓對方完整說完故事。
7. 設身處地站在對方立場，體會對方可能有的感受與想法。
8. 同理反映給對方，用自己的話做摘要，也做深度情感反應。
9. 給對方釐清的機會。

Thomas Gordon（歐申談譯，2013）對「積極聆聽」的表達方式有非常深入的說明，此處就不再贅述。

一、教學目標

本活動主要是強調「感」的面向，同時也具有「行」的面向（積極聆聽的技巧）。具體而言可以達成下列目標：

1. 能聆聽與接納別人的感覺與情感反應。
2. 對別人的情感反應能感同身受。

二、適用的年級

任何年級。

三、適用的學習領域

任何領域。

四、教學活動所需時間

約四十至六十分鐘。

五、教學活動方式

1. 教師舉幾個例子說明何謂「積極聆聽」，並舉一些「積極聆聽」的反例作為對比，藉此說明為何要積極聆聽他人的情緒。

2. 教師舉一些模擬的，針對每一個情境，問一些學生可以如何採用「積極聆聽」的表達方式，並給予必要的回饋。根據時間的許可決定提問的情境數量。

3. 教師可以採用以下各種方式來決定由哪些學生來回答，並根據時間的許可決定回答的人數：

   (1) 直接指定某些學生回答。

   (2) 讓學生自由、自願回答。

   (3) 隨機抽取學生回答。

六、附加說明

1. 在日常生活中，面對實際遇到的情緒事件或處境時，教師適時提醒學生練習採用「積極聆聽」的表達方式。

2. 根據實際遇到的事件或處境，於事件過後，教師可以引導學生省思與討論在該事件中的情緒表達方法是否恰當。如果沒有採用恰當的「積極聆聽」方式，可以如何改進聆聽的方式？透過持續的提醒、省思與討論，協助學生逐漸熟練積極聆聽的表達法。

第四節　「行」的面向

　　凡是為了達成表4-1中「行動表達」這個面向的目標之教學活動，都屬於「行」的面向。情緒教育不能脫離實際的生活情境，因此教師最好能指導學生在實際的生活情境中，把情緒涵養的技巧付諸行動，才能逐漸熟練情緒涵養的方法。有時在現實生活上不易找到機會直接演練情緒涵養的技巧，教師也可以設計模擬的情境，讓學生在其中演練。模擬的情境雖然不夠真實，但是比較安全，甚至可以反覆演練，直到熟悉為止。而且可以按照學生的能力發展程度來設計適當的練習內容，逐步學習深化各種情緒涵養的技巧。因此，在學校的情緒教育中，模擬的情境有時比實際的情境更為重要。

　　然而，Jonathan Cohen等學者（鄭雅方譯，2004：196）也指出，即使教師已經在課堂上用虛擬的情境來讓學生演練一些社會情緒素養，教師仍然要指導、協助或提醒學生在日常生活各種情境中實際練習相關的技能，如此才能真正改善學生的行為表現。總之，凡是在模擬的情境中協助學生演練情緒涵養的技巧，或者引導學生在實際生活中實踐情緒涵養技巧，都是屬於「行」的面向。這個面向的教學方法強調行為實踐、技巧演練、具體的行動或實際的情境。

　　「行」的面向強調實際的行動，就像學習游泳必須下水實際演練，否則就成了「岸上學游泳」。情緒教育的實用性是學生能立即感受到的，因為他們能夠把學習的結果在實際生活上實際加以應用。如果教師引導得當，可以引導學生把情緒教育的學習內容在生活上持續不斷深化與調整自己的情緒涵養。因此，透過「行」的面向，激發出學生持續學習的內在動機，不是用外在動機來制約學生。一旦學生在行動中實際體驗到情緒涵養的好處，就可以引發學生堅定的實踐意志。

　　由於是強調行動，由此任何培養行動能力的情緒教育活動都屬於這個面向。而且為了養成能力，所以非常強調熟練原則與反覆練習。強調「行」的典型課程方案就是「社會決定課程」（Elias & Butler,

1999:79）。這個課程方案的目標是對準核心的生活能力，並針對這些能力提供練習，甚至「過度學習」，並把這些能力充分內化，以便學生在壓力大及複雜的情境下能隨時取用它們。然後，他們會提供學生完整的教學以及教室內外各種機會充分運用這些技能。讓學生置身於這種方案中，且忠實地實施長達數年的期間。由此可知，整個方案都在強調「行動能力」。誠如Elias & Butler（1999:87）所述，當一個能力被「過度學習」之後，即使在相當大的壓力情境中，它仍然能被一個人隨時取用，而這當然需要時間來練習，以便把能力內化，並成為自動化。

　　Elias等人（1997:55）也認為，就認知、情緒與行為的統整而言，重複與練習是一個關鍵。如果一個SEL方案能包含涵蓋廣泛的生活能力與問題避免（problem-prevention），比較可能發揮最大的影響（Elias et al., 1997:94）。他們所謂的「生活能力」就是強調「行」的面向。Elias等人（1997:55）提及，為了培養學生之生活能力，教師應在學校生活中的每一個層面儘量使用提醒與暗示（prompting and cueing）的技巧來協助學生把正課所學遷移到日常生活上，並採取行動。他們也建議三個具體的提醒與暗示技巧：示範與模塑（Modeling）、提醒與口令暗示（Cueing and coaching）、展開支持性的對話（Scaffolding dialogue）。這些教學技巧與活動相當值得我們實施情緒教育時參考採用。

　　「行」的面向乃是前述三個面向（覺、辨、感）的延伸。學生從「覺、辨、感」的教學活動中領悟到初步的情緒涵養方法，然後在「行」的面向中進一步體驗、深化、修改、調整、體證情緒涵養的要領。因此，「行」的面向不能單獨進行，不僅要配合前述的「覺、辨、感」，也要配合後面的「思」的面向。這樣才能整合「認知、技能、情意」三個範疇，達到知行合一的境界。以下舉一些「行」的面向之教學活動例子：

壹、「我訊息」的情緒表達訓練

　　情緒表達是情緒教育中一個非常值得重視的面向。林建福（2010）建議，在情緒教育中必須培養適當的情緒抒發與表達之習慣，因為隱藏而不

表達可能會扼殺某些情緒，情緒的適當抒發與表達有助於人際溝通，共同抒發與表達的習慣有益於形成群體意識與歸屬感。Aristotle觀察到人們都會憤怒，但是要如何適當地表達自己的憤怒（如：針對適當的人、以適當的程度、在適當的時間、帶著適當的動機、以適當的方式），這可不是容易的事（引自林建福，2010）。

表達自己的情緒不是為了傷害或責罵別人，主要是為了影響或改變別人的行為，以解決自己的問題與困擾，改善自己的處境。因此表達的重點是在強調自己的感覺，不是在指責與追究，否則可能會激起他人的防衛。Thomas Gordon的（歐申談譯，2013），把這種情緒表達的技巧稱為「我訊息」（I-message）。完整「我訊息」包括三個部分：指出別人的哪些行為不可接受、此行為給自己的感受或情感、此行為對自己實質且具體的影響或後果。在「我訊息」的表達方式中，主詞是「我」，也就是希望對方能體會到他的行為已經讓「我」產生哪些情緒或感覺，同時也讓對方理解到產生這些情緒或感覺的原因。

本活動主要是讓學生演練「我訊息」的情緒表達技巧。此種情緒表達方式需要反覆練習，才能熟練並養成習慣，因此放在「行」的面向，但是此活動其實也含有「感」的成分，除了練習表達自己的感覺外，也可以激發學生養成理解別人感覺的習慣，以及理解到自己的任何行為可能都會造成別人的困擾，因此無形中也會激發學生的同理心。

一、教學目標

本活動主要是培養「我訊息」的技巧，因此屬於「行」的面向。具體的教學目標為：面對引起自己困擾的人時，能用「我訊息」的技巧完整且恰當地表達自己的真實感覺、感受或情緒。

二、適用的年級

國小五年級以上。

三、適用的學習領域

任何領域。

四、教學活動所需時間

約四十至六十分鐘。

五、教學活動方式

1. 教師說明當我們在面對別人某種不可接受的行為時，可以用「我訊息」來表達自己的感覺。

2. 教師可以舉兩、三個例子說明何謂「我訊息」的情緒表達法，並舉一些「你訊息」的情緒表達法，作為對比，並藉此說明為何要採用「我訊息」（Thomas Gordon著，歐申談譯，2013）的情緒表達法。

3. 教師強調說明，完整的「我訊息」包括三個部分：不可接受的行為、此行為給自己的感受或情感、此行為對自己的實質且具體影響或後果。

4. 教師舉一些簡單的模擬情境，針對每一個情境，請一些學生回答可以如何採用「我訊息」的情緒表達法。教師可以採用以下各種方式來決定由哪些學生來回答，並根據時間的許可決定回答的人數：

   (1) 直接指定某些學生回答。

   (2) 讓學生自由、自願回答。

   (3) 隨機抽取學生回答。

5. 教師請學生自行組隊，每組兩人，每組學生自行討論一個簡單的劇本。劇本中要有兩個人，其中某甲對某乙的某種行為覺得無法接受，於是試圖用「我訊息」的方式來向某乙表達自己的感覺。劇本中的對話不需要太長（大約來回三次即可）。

6. 各組編好劇本之後，教師請各組自行排演，直到不需要看劇本就

可以演出為止。如果學生排演的時間不夠，可以允許學生在演出時看著劇本演出。

7. 教師抽點某些小組學生到教室前演出他們編出來的劇本（根據時間的許可決定演出的組數）。

8. 在每一組學生表演完之後，教師給予一些講評，並邀請其他學生或演出的學生討論演出的對話是否有掌握到「我訊息」的技巧。

9. 如果時間允許，可以讓每一小組根據老師的講評修改劇本，然後小組內的學生互換角色再演出一次。

六、附加說明

1. 在日常生活中，面對實際遇到的情緒事件或處境時，教師應適時提醒學生練習採用「我訊息」的情緒表達法。

2. 根據實際遇到的負面情緒事件或處境，於事件過後，教師可以引導學生省思與討論在該事件中的情緒表達方法是否恰當。如果有不當之處（例如：採用「你訊息」），可以如何改用「我訊息」的情緒表達法。透過持續的提醒、省思與討論，協助學生逐漸熟練「我訊息」的情緒表達法。

貳、溝通與問題解決法

　　人的情緒通常都和別人有密切的關係，比如說和別人意見不和，或者彼此生活習慣有衝突，或者因某些特殊的事件，造成彼此心裡有疙瘩。只要是在一起生活的人，不管是家人或朋友，生活中難免會發生大小不一的衝突，並造成彼此情緒不良。就情緒涵養的「治本法」而言，除了學習前述的「我訊息」與「積極聆聽」之外，我們終究要學會如何和他人誠懇溝通，討論出彼此都能接受的解決方法，或者找出誤會的根源，以消除彼此的歧見。因此，和相關當事人進行理性溝通與解決問題是一個非常基本且重要的情緒涵養方法（饒見維，2004：81）。

　　溝通的過程必然涉及情緒的表達與回顧，既然是溝通，就是雙向的表

達，而不是單方面的傾訴。因此溝通包括表達自己的情緒，及了解別人的情緒，然後試圖找到解決衝突的方法。所以要同時兼用前面第183頁所述的「我訊息」與第179頁所述的「積極聆聽」這兩個技巧，然後試圖找出「雙贏」的問題解決方式。溝通雙方必須有耐心地探索各種可能的解決方式，直到雙方都覺得滿意、都可以接受為止。

Shriver, Schwab-Stone, & Defalco（1999:53）提倡一種「停靜想模式」（Stop, Calm down, and Think）的溝通與問題解決模式，且在他們的課程方案中訓練學生熟練此模式。此「停靜想模式」強調在行動前先「停一下」、「靜一下」，然後「想一下」。「想一下」這個部分通常是由有衝突的相關當事人一起進行，且最好有一個中立者在場。如果是在學校的場合，此中立者通常就是教師。以下是進行「想一下」的步驟：

1. 有衝突的相關當事人各自說出遇到的問題及各自的感覺。
2. 共同設定一個積極的目標。
3. 共同構想許多可能的解決方案。
4. 推想每種解決方案可能的行動後果。
5. 選擇一個最好的行動方案，且是各方都同意的方案。如果找不到大家都同意的方案，則回到步驟3再度構想其他的可能方案。
6. 根據共同決定的方案採取行動。

本活動主要是培養學生熟練此「停靜想模式」，屬於廣義的人際關係與互動技巧的訓練。教師可以藉此訓練學生如何和他人發展友誼與社會人際關係，因為一個經常和他人衝突且不知如何解決衝突的人很難發展良好的人際關係，生活也不會快樂。本活動和Thomas Gordon（歐申談譯，2013）所謂的「用沒有輸家的方法解決衝突」意思完全一樣。此種問題解決模式除了用在親子互動、師生互動之外，事實上可以用在任何人際互動上，已經被廣泛地應用在許多情緒教育的課程與教學之中，相當值得推廣採用。

一、教學目標

「溝通與問題解決法」是一項很重要的情緒涵養方法，也是一項需要長時間練習的技能。本活動可以協助學生培養此種技能，因此屬於「行」的面向。具體的教學目標如下：

1. 遇到和他人有衝突的問題時，能採用溝通與問題解決模式來解決問題。
2. 能採用理性的方式來面對問題、分析問題，並提出有創意的解決問題方法。

二、適用的年級

任何年級。

三、適用的學習領域

任何領域。

四、教學活動所需時間

約四十至六十分鐘。

五、教學活動方式

1. 教師說明如何與他人進行溝通與問題解決，並舉幾個例子說明溝通與問題解決的過程，並說明溝通與問題解決的重要性。
2. 教師說明前述「停靜想模式」的意義與步驟。
3. 教師舉一些模擬的情境，針對每一個情境，引導學生討論可以如何運用「停靜想模式」和他人進行溝通與問題解決。
4. 針對班級上任何一個衝突事件或班級遇到的棘手問題，教師示範如何採用此問題解決模式（帶著學生走一遍上述模式）。
5. 教師於平日在班級上遇到任何衝突事件時，反覆帶著學生運用此模式，並隨時提醒或暗示學生自行運用此問題解決來解決他們自

己遇到的個人困擾或問題。如有可能，亦經常邀請學生分享他們採用此模式的經驗。

六、附加說明

1. 在日常生活中，面對實際遇到的情緒事件或處境時，教師應適時提醒學生練習「停靜想模式」。
2. 根據實際遇到的事件或處境，於事件過後，教師可以引導學生省思與討論在該事件中的溝通與問題解決法是否恰當。如果沒有採用恰當的溝通與問題解決法，可以如何改進？透過持續的提醒、省思與討論，協助學生逐漸熟練溝通與問題解決法。

參、情緒涵養的實踐練習

情緒涵養的練習方法雖然很多，但是如果沒有在日常生活中加以實踐，一切都是空談。因此，情緒教育終究要協助學生在日常生活中持續練習情緒涵養，並逐漸發展出對學生有效的情緒涵養方法。本活動乃是協助學生在日常生活中綜合實踐情緒涵養的方法，需要長時間來實施（至少要一個學期），不像一般在短時間可以實施完畢的單元主題教學，因此最好由中學以上的班級導師來逐步指導學生。

一、教學目標

本活動主要是強調「行」的面向，但是也可以達成「覺、辨、省」的功能，具體而言可以達成下列目標：
1. 培養情緒的覺察力。
2. 培養有效的情緒涵養方法。
3. 培養省思的習慣。

二、適用的年級

國中以上。

三、適用的學習領域

語文、社會、健康、綜合活動。

四、教學活動所需時間

課外時間持續約一學期。

五、教學活動方式

1. 蒐集情緒涵養方法：教師請學生回去詢問親朋好友，蒐集他們常常使用的情緒涵養方法。學生亦可從相關書籍中蒐集一些情緒涵養的方法。

2. 選擇情緒涵養技巧：教師指導學生分享蒐集來的情緒涵養方法（用全班一一口語報告的方式，或分組於小組內分享報告）。學生從他人的分享以及自己蒐集得來的方法中，各自選擇三個情緒涵養的方法，準備於生活上加以嘗試運用這些方法。教師請學生把所選擇的方法寫下來，並交給老師，或者在公開的場合和同學分享自己的選擇。

3. 實踐情緒涵養方法：學生把自己選擇的情緒涵養方法在日常生活上付諸實踐。

4. 蒐集行動回饋與省思檢討：學生於每週至少寫一篇情緒札記，反省自己實踐情緒涵養方法的情形，檢討是否要調整自己的情緒涵養方法，或寫下實踐的心得與感想。

5. 教師鼓勵學生之間相互提醒情緒涵養的實踐。老師指定學生定期（如：每三週一次或一個月一次）把情緒札記交給老師批閱。

6. 期末總檢討報告：學生於學期末，把整學期的情緒涵養實踐經驗做個總整理，包括：失敗或挫折的經驗、成功或有心得的體悟、有待繼續努力之處等等。

六、附加說明

1. 本活動類似教育研究法中的「行動研究法」，透過「計畫、執行、檢討」的反覆循環歷程，學生針對自己的情緒涵養練習行動持續檢討改進，教師則站在引導者的角色來協助學生實施自己的行動研究。

2. 教師如果具備情緒教育的理念，可以在自己擔任導師的班級實施本活動，以一個學期為實施期程，每個學期皆可反覆實施。

3. 本活動雖然比較適合中學生，但是如果國小學生在中、低年級時已經接受過情緒教育，具備一些情緒涵養的基礎，亦可於高年級嘗試實施本活動。

肆、專注力的練習

「專注力」是指能調節與控制自己的注意力與心思，以專心於自己正在從事的活動，不受外在情境的干擾、吸引、誘惑或影響。廣義來說，第142頁的「觀呼吸」及第144頁的「觀身體感受」這兩種靜心法也都能協助學生提昇專注力。由於「觀呼吸」及「觀身體感受」強調提昇學生的覺察力，所以置於「覺」的面向，而本教學活動強調提昇專注力，所以放在「行」的面向。

本節所列教學活動的目的是透過引導學生把注意力放在覺察與控制自己的身體某些特定部位或某些特定動作，來協助學生把心收回到當下，因而停止躁動或紛亂的心。在任何一項練習的過程中，教師要提醒學生儘量細心地覺察自己身體的感覺，感覺愈清晰愈好，身體的控制也會愈細膩。

每一項活動都可以在一節課剛開始上課時實施，或者在教學活動過程中，全班學生因種種因素而太過激動或秩序太亂時實施，用來作為「收心」的活動，以利後續的教學活動之進行。這些活動可以在任何學習領域，在任何適當的時機實施，每次選擇一項，單獨實施約三至五分鐘即可，不需要太長。重點在於經常實施、長期實施，以便點點滴滴地培養學

生的專注力及身體覺察力、控制力。

一、教學目標

本活動主要是培養專注力，因此置於「行」的面向，同時也能提高學生對身體的覺察力，因此也有「覺」的面向。具體的教學目標為：

1. 能專注於覺察與控制自己的身體某些特定部位或某些特定動作。
2. 能把心收回到當下，因而停止躁動或紛亂的心。

二、適用的學生年級

從小學到大學各年級。

三、適用的學習領域

任何領域。

四、教學活動所需時間

每次約三至五分鐘。

五、教學活動方式

以下所列每項教學活動方式都是獨立的活動，教師可以每次選擇一項單獨實施約三至五分鐘即可。

1. 教師請學生坐在椅子上，然後引導學生練習控制自己的眼睛「以順時鐘方向轉動一圈」。請學生儘量保持頭部不動，先控制眼睛儘量往上看，然後以「順時鐘」的方向往右緩慢轉動眼睛一直到往最右邊看，然後慢慢轉動眼睛到往最下邊看，再轉往左看，最後回到開始時往最上邊看。如此一來，學生完成了「以順時鐘方向轉動眼睛一圈」。眼睛轉動的速度大約像秒針的移動速度，轉動一圈大約一分鐘。轉動的過程教師可以大聲唸出「1, 2, 3, 4, 5, 6, ⋯⋯60」，一秒鐘唸一個數字，以協助學生緩慢控制眼睛轉動的

速度。接著教師再唸一次「1……60」引導學生以「逆時鐘」的方
向再轉動眼睛一圈。如此來回反覆轉動眼睛大約四圈即可。學生
如果已經有幾次的練習經驗，可以請學生自己在心中默唸「1……
60」。佐佐木豐文（陳美瑛譯，2010：90）指出，經常練習轉動
眼球，可以避免或預防現代人因為大量使用3C產品所造成的「視
野狹窄化及專注力減弱」現象。

2. 教師請學生站起來，閉起眼睛，然後引導學生練習控制自己的手
臂「以順時鐘方向旋轉一圈」。學生之間站立的距離以不互相干
擾為原則。請學生儘量保持身體不動，把右手手指併攏儘量往上
伸直，然後以「順時鐘」的方向往右緩慢旋轉手臂一直到最右
邊，然後慢慢旋轉手臂到最下邊，再慢慢旋轉手臂到最左邊，最
後旋轉手臂回到開始時的最上邊。如此一來，學生完成了「以順
時鐘方向旋轉手臂一圈」。手臂旋轉的速度大約像秒針的移動速
度，旋轉一圈大約一分鐘。旋轉的過程，教師可以大聲唸出「1, 2,
3, 4, 5, 6, ……60」，一秒鐘唸一個數字，以協助學生緩慢控制手
臂旋轉的速度。接著教師再唸一次「1……60」引導學生以「逆時
鐘」的方向再旋轉手臂一圈。如此來回反覆旋轉手臂大約四圈即
可。學生如果已經有幾次的練習經驗，可以請學生自己在心中默
唸「1……60」。

3. 教師請學生坐在椅子上，閉起眼睛，然後引導學生練習控制自己
的手指。請學生儘量保持身體不動，把右手手指握拳置於桌上，
手臂貼著桌面，大姆指貼在其他手指上。請學生把注意力放在拳
頭上，然後緩緩張開大姆指，一直到全部伸直大姆指為止。教師
可以大聲唸出「1, 2, 3, 4, 5, ……10」，一秒鐘唸一個數字，以協助
學生緩慢控制大姆指伸直的速度。以同樣的方式依次伸直食指、
中指、無名指、小指。每一個手指約花10秒鐘的時間來伸直，總
計五十秒鐘。在過程中提醒學生每次專注在控制一個手指即可，
即使會牽動其他手指（尤其是無名指和小指）也無所謂。接著引
導學生用類似的方式把手指一隻一隻地收起來，但是收起來順序

依次為：小指、無名指、中指、食指、大姆指。每一個手指約花10秒鐘的時間收起來，總計50秒鐘。最後成為完整的握拳。接著用同樣的方式引導學生控制左手的手指。根據時間許可或需要，引導學生左右手各練習幾遍。（本活動改編自Theron Dumont著，胡彧譯，2019：150）

4. 仿照前述方式，教師可以自己設計各種控制手指、手臂、手腕、腳、腳趾等的動作（如：旋轉、左右搖擺、上下擺動、前後伸縮等）。教師甚至可以引導學生練習做臉部各部位的控制（例如：控制嘴唇形狀的變化、控制舌頭在口腔內外做各種變化、控制眉毛的變化、控制眼皮的變化等），或身體一些特定部位的細膩肌肉控制（例如：單一手指或腳趾、手腕、腳掌、肩膀）。從比較大的動作開始練習，到愈來愈細膩的肌肉控制，且讓動作的變化愈來愈緩慢。教師本身應自己事先設計動作並練習，然後根據學生的年齡及過去的經驗，來決定每次讓學生練習控制哪個身體部位或做哪些動作。

伍、因應「同儕為難的壓力」

在各種壓力源中，有一類壓力稱為「同儕為難的壓力」。兒童或青少年常會面臨同儕的各種負面態度或行為，諸如：譏笑、瞧不起、諷刺、謾罵、作弄、慫恿、拒絕、排斥、詆譭、中傷、批評、歧視、輕視、誣蔑、干擾、挑釁、恐嚇、炫耀、霸凌、威脅、命令、指使、非難、刁難、指責等。來自同儕的這些負面態度或行為往往讓兒童或青少年不知如何是好，也往往造成某種壓力或苦惱，因此筆者把這一類負面態度或行為統稱曰「為難」。不管同儕的人數多寡，只要是來自同儕的為難所產生的壓力或苦惱都可以簡稱為「同儕為難的壓力」。產生「同儕為難的壓力」的主要原因是，自己覺得應該如何做比較對得起自己，但是又害怕做了之後會受到同儕的為難。此外，有時自己覺得不應該做某些事，但是，又害怕如果不去做會受到同儕的為難。「該做而不去做」或「不該做而去做」都會讓

自己覺得「對不起自己」或「覺得自己很糟」。總之，學生一方面要照顧自己的感覺與判斷，一方面又要擔心同儕的為難，因而產生莫大的壓力或苦惱。

值得注意的是，學生可能面對的壓力源有很多的可能。本節只針對「同儕為難的壓力」，第208頁則專門針對「轉化與抒解競爭的壓力」。

本活動的主要目標乃是協助學生培養如何因應同儕為難的壓力，屬於培養具體的行動能力，因此放在「行」的面向。然而，為了達成這個最終的目標，本活動要先協助學生辨識與理解「對得起自己」與「同儕的為難」之間的關係，然後進一步做出抉擇與判斷：究竟是「對得起自己」比較重要？或者「避免同儕的為難」比較重要？學生要學會從可能的因應行動中衡量輕重緩急，做個抉擇，然後採取恰當的因應方式。這些都涉及「辨識與理解」，因此也含有「辨」的成分。

一、教學目標

1. 辨識與理解來自同儕的各種可能的「為難」行為。
2. 辨識與理解來自同儕的「為難」造成壓力的原因。
3. 辨識與理解「同儕為難的壓力」和其他各種壓力源之差別。
4. 辨識與理解「對得起自己」與「同儕的為難」兩者的意義與關係。
5. 衡量「對得起自己」與「同儕的為難」兩者的輕重緩急。
6. 面臨同儕為難的壓力時，能採取恰當的因應行動。

二、適用的學生年級

小學高年級到國中。

三、適用的學習領域

語文、生活、社會、綜合活動。

四、教學活動所需時間

約八十至一百分鐘。

五、教學準備

教師為每位學生準備一張「因應同儕為難的壓力情境」（參見附錄六）。教師可根據學生年齡調整其情境內容，以接近他們的生活經驗。

六、教學活動方式

1. 教師說明學生可能會面臨的、來自同儕的各種負面態度或行為，如：譏笑、瞧不起、諷刺、謾罵等。教師把這些負面態度或行為用「為難」來統稱，並舉一些具體的實例來協助學生理解為何把這些行為統稱為「為難」（因為這些負面態度或行為往往讓學生感到不知如何是好，也往往造成某種壓力或苦惱）。

2. 請學生舉出他們曾經遇到或聽到過的「為難」之實例，學生也可以提出其他用來描述「為難」的語詞，如：作弄、慫恿、拒絕、排斥、詆譭、中傷、批評、歧視、輕視、誣蔑、干擾、挑釁、恐嚇、炫耀、霸凌、威脅、命令、指使、非難、刁難、指責等。

3. 教師舉例說明產生「同儕為難的壓力」的兩個主要原因：(1)該做而不去做：自己覺得應該如何做比較對得起自己，但是又害怕做了之後會受到同儕的為難；(2)不該做而去做：自己覺得不應該做某些事，但是又害怕如果不去做會受到同儕的為難。

4. 教師引導學生辨識與理解「同儕為難的壓力」和其他各種壓力源之差別，並舉例說明其他的壓力源，例如：來自長輩的為難所造成的壓力、來自同儕之間的競爭所造成的壓力；由於自己在政治信念、宗教信仰、族群背景、價值觀或性別取向和同儕不一樣，因而感受到無法融入同學或不被同儕接納的壓力。這些壓力的因應方式都不同，因此不屬於本活動所關切的範圍。教師說明本活動乃是針對「同儕為難的壓力」，而非其他的壓力。

5. 針對「該做而不去做」或「不該做而去做」這兩種產生「同儕壓力」的主要原因，請學生舉出他們實際遇到的實例。針對學生所提出的實例，教師引導學生做必要的釐清與討論。

6. 在學生舉出一些實例且做必要的討論之後，教師總結：不管是「該做而不去做」或「不該做而去做」，最後都會讓自己覺得「對不起自己」或「覺得自己很糟」。

7. 教師引導學生討論：「對得起自己」（feeling good toward self）比較重要或「避免同儕的為難」比較重要？

8. 教師發給每位學生一張學習單，並請學生填好學習單。

9. 教師把學生分組，每四人一組，每組針對學習單上的各種情境進行討論，並針對每一個情境分別歸納出一個最恰當的因應方式，及他們的抉擇背後所考慮因素或原因。

10.針對第一個情境，教師引導各組報告他們討論的結果。各組報告完之後，根據學生的報告情形，進行全班的討論，並做必要的釐清與整理。

11.教師應儘量引導學生討論如何衡量可能的因應方式，並如何做出最恰當的行動抉擇。

12.用同樣的方式逐一討論各種情境。

13.教師最後用自己的具體經驗來說明與總結：「對得起自己」遠比「避免同儕的為難」重要得多。因此，面臨同儕為難的壓力時，不能為了避免同儕的為難，而讓自己覺得「對不起自己」或「覺得自己很糟」。終究，如果讓自己覺得「對不起自己」或「覺得自己很糟」，這種感覺會一直持續形成心中的陰影或傷害。

陸、團隊的建立與經營

　　人類社會中經常需要透過組成團隊且在團隊中分工合作來完成任務。此遊戲的目的乃是加強學生體認到每一個人都有正面或負面的性情，也都有優勢或弱勢才華。在任何團隊中，我們要學會接納每一個人的正面性

情、負面性情、優勢才華及弱勢才華。一個團隊若要運作良好，團隊成員的正面性情及優勢才華當然是愈多愈好，而負面性情及弱勢才華則是愈少愈好。誠如親子天下編輯部（2016：98）指出，在學校中，教師要指導學生如何交朋友、如何和不同個性的同學相處，且要指導學生如何避免互相排擠。

一、教學目標

本活動主要是強調「行」的面向，也有「辨」的面向，具體而言可以達成下列目標：

1. 能辨識自己的正面與負面性情。
2. 能辨識自己的優勢才華及弱勢才華。
3. 能辨識理解他人的差異性與多元性。
4. 能選擇朋友、參與團體或組成團體，以發展良好的人際關係和團隊合作。

二、適用的學生年級

小學高年級。

三、適用的學習領域

語文、社會、生活、健康與體育、綜合活動。

四、教學活動所需時間

四十分鐘。

五、教學準備

教師準備下列「性情與才華清單」，每位學生一張：

【性情與才華清單】　　　　　姓名：

正面性情 （勾選兩項）	負面性情 （勾選一項）	優勢才華 （勾選一項）	弱勢才華 （勾選兩項）
□樂觀積極	□悲觀消極	□國語	□國語
□慷慨大方	□沉默隱諱	□英語	□英語
□熱心助人	□優柔寡斷	□數學	□數學
□委婉含蓄	□固執死板	□社會	□社會
□平易近人	□暴躁易怒	□自然	□自然
□寬宏大量	□自負張揚	□健康體育	□健康體育
□開朗風趣	□拘謹孤僻	□美術	□美術
□鎮定冷靜	□心浮氣躁	□音樂	□音樂
□穩重謹慎	□慌張急躁	□表演	□表演
□謙虛樸實	□膽小怯懦	□	□
□純真善良	□自卑自貶	□	□
□坦率直白	□		
□			
□			

備註：如果清單上的項目沒有符合自己的性情或才華，自行在空白處用原子筆填寫。請
　　　用原子筆慎重勾選或填寫，書寫或勾選之後就不能塗改。

六、教學活動方式

1. 教師發給每一位學生一張「性情與才華清單」，請學生用原子筆
勾選最符合自己的正面性情、負面性情與才華。正面性情勾選兩
項，負面性情勾選一項，優勢才華勾選一項，弱勢才華勾選兩
項。如果清單上的項目沒有符合自己的性情或才華，可以自行在
空白處用原子筆填寫。教師特別提醒學生，勾選時要仔細想好，
書寫或勾選之後就不能再塗改。學生在書寫或勾選性情與才華
時，教師先不要說明此活動的目的。如果有學生覺得自己沒有弱
勢才華或負面性情，仍然要請他們勾選相對比較弱勢的才華，或
者寫出沒有列在表格上的弱勢才華或負面性情。

2. 每一位學生都書寫或勾選好自己的性情與才華之後，教師才說明此次活動的目的乃是要組織一些「特別任務小隊」，且每一個小隊要由具備不同性情與才華的同學來組成，以備日後執行一些特別的任務。

3. 教師先隨機抽取學生組成一些小隊，每一隊的人數為五或六人。如有可能，每隊人數儘量一致。

4. 教師請各隊學生聚在一起，並各自檢查是否滿足下列「組隊條件」：

   (1) 每一隊成員的「正面性情」愈多愈好，總計至少要具備八項不同的正面性情。

   (2) 每一隊成員的「優勢才華」愈多愈好，總計至少要具備四項不同的優勢才華。

   (3) 每一隊成員的「負面性情」愈少愈好，總計不能多於四項不同的負面性情。

   (4) 每一隊成員的「弱勢才華」愈少愈好，總計不能多於八項不同的弱勢才華。

5. 任何一隊如果沒有符合上列條件，就要自行尋找其他隊進行成員的交易。兩隊交易時，人數可以不一樣（例如：一人換兩人，或兩人換三人），只要交易的結果每一隊的人數仍然維持五或六人即可。必要時，甚至可以三個小隊同時進行交易協調。所有交易或協調都由學生進行，教師只是從旁協助說明組隊的條件。

6. 教師指定教室內某一區為「完成區」，已經滿足上列組隊條件的小隊先經過教師確認後可以移動到「完成區」。其餘小隊繼續進行交易與協調，直到每一隊都成功或有些隊無法再透過交易來滿足組隊條件為止。教師根據時間決定何時中止交易與協調（大約在下課前十分鐘），無需等待所有小隊都組隊成功。

7. 教師引導全班學生分享參與此活動過程中的心情、心得或感想等。

8. 教師最後說明此活動的目的：每一個人都有正面或負面的性情，

也都有優勢或弱勢才華。我們要能接納每一個人的正面性情、負面性情、優勢才華及弱勢才華。此外，在任何團隊中，正面性情及優勢才華當然是愈多愈好，而負面性情及弱勢才華則是愈少愈好。

七、附加說明

1. 本活動乃是模仿美國職權大聯盟的「球員交易」而設計。學生最好要先學過「辨識理解情緒與性情」（第166頁）之後才實施本活動。

2. 如果學生還沒有學過「性情與才華清單」中的部分詞彙，教師可以更換部分詞彙，或補充說明這些詞彙的意義。

⋯⋯⋯⋯⋯⋯第五節　「省」的面向⋯⋯⋯⋯⋯⋯

凡是為了達成表4-1中「反省轉化」這個面向的目標之教學活動，都屬於「省」的面向。「省」乃是前述「覺、辨、感、行」四個面向的延續以及收尾。透過「省」的活動，完成一個小階段的學習，然後又開始一個新的學習循環。因此，「省」的面向常常和前述「覺、辨、感、行」四個面向交互作用、互相配合來進行。

在情緒教育這個領域中，「省」的面向有愈來愈受到重視的現象。如果教師能激勵與提昇學生之反省力或返身覺察力，使學生最終能經常自我省思、檢討改進，就可以終其一生持續提昇情緒涵養。以下舉一些「省」的面向之教學活動實例，這些活動並非只有「省」的功能，只是特別著重在「省」，因此列在本節。

壹、書寫情緒札記

本活動同時具有「覺、辨、感、行、省」五個面向的功能。由於本

活動可以養成學生反省自己的情緒涵養綜合表現之功能，所以將之置於「省」的面向。本活動類似陳素貞（2001）所倡議的「情緒日誌」，請學生做一個星期的情緒日誌，有意識的把所出現的情緒記錄下來，並引導學生去發現自己生活中的七情六慾。陳素貞指出，不愉快的情緒是身體的隱形殺手，會影響到我們的生活或身體健康。因此我們可以用書寫情緒日誌的方式，教導學生覺察、分辨、記錄自己的情緒狀態。情緒日誌不僅是教師很好的輔導素材，對學生而言也是很好的學習經驗。丘愛鈴、黃郁婷（2009）的研究也指出，書寫「情緒日誌」，有助於學童自我省思與實踐。

一、教學目標

1. 能經常使用情緒札記反省自己的情緒涵養經驗。
2. 能持續覺察自己的情緒反應。
3. 能用情緒札記來表達或宣洩自己的情緒。
4. 能用情緒札記來釐清自己的思緒。

二、適用的學生年級

從小學到大學所有年級。

三、適用的學習領域

語文、生活、健康與體育、綜合活動。

四、教學活動所需時間

課外時間持續約一學期。

五、教學活動方式

1. 教師指定學生於課堂外定期寫作「情緒札記」。書寫份量根據學生的年齡層以及課業的負擔來調整，少則每週一篇，多則每天一篇。

2. 情緒札記中可以書寫下列各種可能的內容：(1)記錄自己覺察到的
   情緒種類、強度、情緒的變化與起伏、產生的時機與場合等等。
   (2)覺察到情緒之後，採用了那些情緒涵養的方法及效果。(3)檢討
   自己在情緒涵養方面的失敗經驗與可以改進之處，或自己在情緒
   涵養方面的成功經驗與心得。(4)記錄任何生活上的心情起伏與情
   緒變化。(5)釐清自己遇到的任何令自己感到心煩的事情之頭緒，
   好像自己與自己的心靈對話。

3. 情緒札記沒有一定的結構與主題，教師應給予適當指導，使學生
   逐漸了解情緒札記的書寫方式與功能。為了避免學生不知要寫什
   麼內容，教師可以根據學生的年齡及教學需求設計適當的情緒札
   記表格，其型式與內容參見第263頁附錄一的情緒札記表格範例。

4. 教師定期閱讀學生之情緒札記，以便給予適當回饋或個別談話。
   必要時，教師可以把學生經常發生的狀況在課堂上適當的時機進
   行深入討論，指導情緒涵養的方法。

六、附加說明

1. 學生為了書寫情緒札記，自然而然會在生活上特別注意自己的情
   緒，因此本活動也可以提昇情緒的覺察力，達成「覺」的功能。

2. 教師亦可在遇到一些特殊的情況或事件時（例如：考試前、重大
   天災後等）請學生做單次的心情日記書寫，協助學生練習覺察自
   己當下的情緒，並同時達到抒發情緒的效果。

3. 本活動的效果非常好，且簡單易行，適用於各種年齡層的學生。
   情緒札記也可以作為教學評量的依據之一，教師亦可從這個活動
   了解學生的生活狀況，拉近師生距離，甚至即時發現學生的問
   題，幫助學生解決他們的困擾與煩惱。

4. 教師可以根據自己的風格做必要的調整，例如：給予學生回饋的
   方式與頻率、學生交札記的頻率與次數、情緒札記的評分方式與
   占分比例等等。

貳、靜坐反省

本活動乃是採用「靜坐」的形式來培養學生反省自己的所作所為之習慣，因此重點在於「反省」，因此置於「省」的面向。然而，本活動也同時也可以提昇學生對於情緒的覺察，且具有「靜心」的功能，因此也具有「覺」的功能。

此外，本活動最好利用一些特殊時機來進行（例如：參加某種全校性活動或比賽之後、班上發生重大情緒事件之後、教師帶領學生玩一個遊戲之後），因此本活動也屬於機會教育的一環（參見第51頁「善用機會教育化危機為轉機」及第103頁「藉由班級突發事件的機會來實施情緒教育」）。

一、教學目標

1. 能經常使用「靜坐」反省自己的情緒涵養表現。
2. 能持續覺察自己的情緒。

二、適用的學生年級

小學到中學。

三、適用的學習領域

語文、健康、綜合活動。

四、教學活動所需時間

約二十分鐘。

五、教學活動方式

1. 在班上發生一些特殊事件或參加完學校某一個活動或比賽後，教師找一段時間，讓全班學生眼睛閉起來，各自靜思與反省，內容

包括：

(1) 在剛剛那個活動中，自己有哪些情緒的起伏與變化？

(2) 在剛剛那個活動中，自己在情緒涵養方面有什麼值得改進之處？

2. 學生靜坐約五分鐘之後，教師可以發下空白紙張或學生的情緒札記本，請學生針對前述這兩個問題寫下自己的回答。

3. 教師抽點一些學生做簡短的報告，或採用自由發表的方式。

六、附加說明

1. 本活動可以在學校內任何時段進行，包括上課前、上課中、上課後，或者利用任何臨時多出來的空餘時段來進行。最好經常實施，每次不需要很長的時間，長期下來可以幫助學生提昇情緒涵養。

2. 教師也可以鼓勵學生在家裡定期靜坐反省，但是對學生可能比較沒有約束力。因此回家時，採用前述的書寫情緒札記的方式比較有約束力（教師可以看到學生是否有書寫情緒札記）。

3. 本活動也可以針對少數行為過激、行為不當的學生來進行，以便節制學生的過激行為或者使學生冷靜下來。教師可以在任何活動過程中，指定少數學生到教室某一個角落冷靜地坐下來，眼睛閉起來進行反省大約五分鐘左右，或者要求學生寫「反省書」。靜坐反省結束後，教師請學生簡短地向全班報告自己的反省結果與心得。學生反省的內容包括：為什麼教師要把我叫到這裡來靜坐反省？在剛剛的活動中，我有什麼應該加以改進之處？

參、百折不撓的練習

很多人發現，現代的學生擁有易受挫的敏感脆弱心理。有些人用「玻璃心」或「草莓族」來形容一個人的抗壓性低或「挫折復原力」（resilience）不夠的特質。本活動主要的目標是為了提昇學生的挫折復原力，

培養學生百折不撓、再接再厲的意志。當然,我們不能期望一個活動就能發揮很大的效用,但是至少引起學生覺察或重視自己的挫折復原力。然後,透過教師在各種場合不斷持續提醒與鼓勵學生再接再厲的精神,應可逐漸提昇學生的挫折復原力。

一、教學目標

1. 面對失敗或挫折時,能接受各種可能的負面情緒,然後能再接再厲、積極面對未來的挑戰。
2. 能調節自己的挫折心情與失落經驗,轉化成奮進與再起的力量。

二、適用的學生年級

從小學到大學所有年級。

三、適用的學習領域

生活、健康與體育、綜合活動。

四、教學活動所需時間

約四十至五十分鐘。

五、教學準備

教師事先準備大約十個不會太貴(每個價格大約十至三十元左右)但是對學生也有吸引力的東西作為獎品(例如:鉛筆、鋼珠筆、蘋果、柚子、橘子、盒裝飲料、小盒餅乾、巧克力等),可以是不同的東西,並把這些獎品都放在一個紙箱中蓋起來。

六、教學活動方式

1. 教師一個把獎品箱拿到全班面前,並說:「這個箱子裡有一些神祕的禮物,今天老師打算把它們通通送給同學。」然後開始帶領

學生玩以下的遊戲。

2. 教師從獎品箱中隨機拿出一個獎品，然後跟學生說：「請你們想想要用什麼理由說服我把獎品送給你。只要我覺得某個同學的理由夠充分，我就把手中的獎品送給他。」

3. 學生開始舉手提出他們想到的理由，教師一次點一位同學提出想到的理由。

4. 不管學生提出什麼理由，教師剛開始時都要說：「這個理由還不夠。請繼續想其他理由。」教師只要堅持反覆講同樣的一句話即可（一字不變，完全一樣），不要做任何解釋。但是，教師在心中要暗記每位學生的發言次數。教師其實不用記住每位同學的發言次數，只要特別留意發言比較多的幾位同學即可。當某一位同學首先總計提出五個理由時，就把該獎品頒發給他，但是不要跟學生說明為何他提出那個理由就可以得到獎品（亦即不用講破他只是因為總計提出了五個理由才拿到獎品），只要簡單地說：「恭喜你，你的理由夠充分，這個獎品給你。」即可。

5. 教師再度拿出另一個獎品，然後重複上面的步驟（已經拿到獎品的同學不能再舉手提出理由）。換一個獎品時，教師心中所累計的每位同學提出的理由數量歸零，重新開始計算（教師當然也不用明講這一點）。

6. 教師送出四至五個獎品後，引導學生分享自己當下的心情。如果有一些學生說自己感到很挫折時，教師可以引導學生練習接納此挫折的心情（參考第145頁「全然覺受法」），並鼓勵學生繼續嘗試，不要輕易放棄。

7. 教師繼續前述遊戲，直到送出所有獎品為止。

8. 教師再度引導學生分享並接納自己的挫折或失落。

9. 教師最後說明拿到獎品的祕密（亦即要提出五個理由才能拿到獎品），並說明此遊戲的目的在於：不要害怕挫折，且要接受挫折的事實與心情，但是挫折之餘要能百折不撓、再接再勵，不要輕易放棄，終究會成功。

七、附加說明

1. 這個遊戲的重點在於：不要管所提的理由內容，只管所提的理由之數量。理由的數量可根據學生的年紀來決定，年紀愈大，數量愈多。例如：對「小學生」來說，要提出五個理由才能拿到獎品，但是對大學生來說，可以改為「要提出十個理由才能拿到獎品」。

2. 此活動只能玩一次，學生一旦知道得獎的祕密就不好玩了。因此要考量玩此遊戲的時機。

3. 教師可以根據學生的年紀來決定要採用什麼東西作為獎品，年紀大的學生可以用稍貴些的獎品，但是不用太貴重。獎品的數量亦可根據全班學生人數來決定。

肆、轉化與抒解競爭的壓力

學生經常會面對各種競爭、挑戰或危機的壓力情境（例如：上臺報告、在大型場合演講或表演、重要比賽、面試等），簡稱「競爭的壓力」。如果教師能協助他們培養出如何轉化與抒解競爭的壓力（如：緊張、焦慮或害怕）之能力，就能協助他們把實力展現出來。教師可以引導學生練習第121頁所述的「全然覺受法」用來抒解自己的壓力、平靜自己的情緒。本節介紹一些其他的方法來協助學生轉化與抒解壓力。

一、教學目標

本活動涉及壓力的轉化與抒解，具有「反省轉化」的功能，因此置於「省」的面向。具體的教學目標為：能運用適當方法來轉化或抒解自己的壓力、緊張或焦慮，使自己專注於正從事的活動或工作，不受各種內外在因素的影響。

二、適用的學生年級

從小學到大學所有年級。

三、適用的學習領域

任何領域。

四、教學活動所需時間

每次約三至五分鐘。

五、教學活動方式

以下所列每項活動都是獨立的活動，教師可以每次選擇一項單獨實施約三至五分鐘即可。每一項教學活動都可以協助學生練習一項抒解壓力的方法。教師可以尋找適當的時間引導學生練習這些方法。在學生實際面臨一些壓力情境時或即將面臨壓力情境前，教師可以提醒學生自行嘗試應用學過的方法來抒解壓力（在沒有教師的引導下），然後協助學生慢慢找出一些對自己有效的方法，且透過一次又一次的實際練習來逐漸熟練它們。

1. 腹式呼吸法：引導學生坐在椅子上，眼睛閉起來，深深地吸氣，愈深愈好，然後呼氣。吸氣時，肋骨擴張、橫膈膜往腹腔下降、腹部漲起來。吐氣時，肋骨收縮、橫膈膜往胸腔上升、腹部縮回去。在呼吸的過程，引導學生把注意放在腹部，隨著一呼一吸，感受腹部的一漲一縮。可以請學生把兩手平貼放在腹部（肚臍的部位或肚臍下三個指幅的部位），把注意力放在手部，使呼吸時腹部的一漲一縮更為明顯。剛開始練習時，呼吸的快慢保持平時自然的節奏即可，一段時間後引導學生控制呼吸的快慢，逐漸放慢呼吸的節奏。

2. 肌肉鬆弛法：請學生靜靜坐在椅子上，把眼睛閉起來，注意力集中在身體某一個部位（例如：手掌），先慢慢收緊該部位的肌肉，然後慢慢放鬆肌肉，反覆三次的「先緊後鬆」。接著把注意

力移到身體的另一個部位，反覆同樣的「先緊後鬆」動作。仔細
檢查全身各處，只要能控制肌肉鬆緊的部位都可以逐一練習「先
緊後鬆」。先從大區塊的肌肉開始練習，逐漸試著控制愈來愈細
的肌肉。

3. 音流呼吸法：請學生靜靜坐在椅子上，把眼睛閉起來，教師說
「吸氣」，請學生自行吸氣但不發出任何聲音，持續約兩秒。接
著，教師發出「ㄥ……」的聲音，也請全班學生跟著輕輕地發出
「ㄥ……」的音流，且同時呼氣，持續約四秒。練習幾次之後，
請學生用自己的節奏自行練習，但是只在心中默唸「ㄥ……」的
音流，不用發出聲音來。提醒學生，在練習的過程中，若頭腦產
生任何念頭或畫面，就讓它們輕輕飄過，不用管它們。依照這個
方式讓學生練習大約三至五分鐘。這個練習改編自Emrika Padus
（包黛瑩等譯，1999：120）的「超覺靜坐法」。

4. 全觀法：請學生站起來，兩手往前伸直，姆指向上，左右手的掌
心相對，距離約10公分，姆指以外的四個手指往內彎曲90度，使
左右手的手指端微微相觸。請學生眼球不要轉動，但是同時看
兩手的掌心（一次同時看到兩手的掌心，不是輪流看兩手的掌
心）。請學生慢慢把兩手打開（即兩手掌心的距離愈來愈大），
不要轉動眼球，但是用眼睛餘光同時看到兩手的掌心。請學生
儘量把兩手打開到距離愈大愈好，但是必須能夠同時看到兩手
的掌心（模糊地看到即可，不用看得很清晰）。每一個學生兩手
能夠打開的距離可能不一樣，也無所謂，儘量打開即可。跟學生
說明：這時的視野就是「全景的視野」，簡稱「全觀」。請學生
停留在全觀的狀態約兩分鐘。然後，請學生把雙手緩慢放下，直
到完全放下為止，但是請學生在整個過程中持續維持全觀的狀態
約三分鐘，眼球也始終維持不動，不要去追蹤雙手，也不要聚焦
在視野中的任何一個點。提醒學生：如果發現自己喪失了全觀的
狀態，就重新用「逐漸打開雙手然後逐漸放下」的方式來協助自
己到達全觀的狀態。這個練習可以經常做，每次練習約五分鐘即

可，學生逐漸熟悉全觀的狀態之後，雙手打開及放下的速度可以加快，直到完全不用雙手的協助，直接進入全觀的狀態。學生逐漸熟練全觀的要領之後，可以請學生輪流站到教室前面，每次五名學生，面對全班練習全觀（用雙手協助或不用手的協助直接進入全觀狀態皆可），其餘學生則靜靜坐在各自座位上練習全觀（不用手的協助，直接進入全觀狀態）。提醒學生：都可以用全觀的方式來面對臺下的觀眾，以抒解自己的壓力或緊張。誠如佐佐木豐文（陳美瑛譯，2010：102）所述，不管在什麼場合，當我們感到緊張時，都可以用「拓展視野」的方式來緩和緊張、穩定情緒，內心就會跟著輕鬆悠閒起來。「全觀狀態」也能夠產生佐佐木豐文（陳美瑛譯，2010：104）所說的「刻意模糊焦點」之效果，因為在全觀的狀態下，我們不把注意力聚焦在視野中任何一個點，我們的心情也比較不會受到任何對象的影響或干擾。這個技巧在上臺報告、演講或表演時更顯得有效且實用。

5. 建立條件反射法：請學生靜靜坐在椅子上，眼睛閉起來，用前面所述的「腹式呼吸法」或「肌肉鬆弛法」讓自己放鬆下來。然後請學生把右手（或左手）的「拇指、食指、中指」三根指頭的指尖碰觸在一起，在心中默念幾次：「無論何時，只要我把這三根指頭碰觸在一起，我就會像現在這樣放鬆。」默念幾次之後就停止默念，但是心中仍然保有那個意念（即無聲、無語的意念）。在適當的時機帶領學生經常做這個練習，每次約五分鐘即可。然後提醒學生：在任何時刻，只要感覺到緊張，就把三根指頭的指尖碰觸在一起，就會感到放鬆了。這個練習改編自佐佐木豐文（陳美瑛譯，2010：112），他把這個方法稱為「建立條件反射」。這個方法的重點是，只要我們相信且潛意識也接受的話，即使只練習一次，也能夠建立起條件反射。

第八章

學校情緒教育的
統整主題教學

　　在學校教育中，尤其是在中小學，如果教師具備情緒教育的理念，可以在正式課程中實施有系統的情緒教育。第七章中很多教學活動也是要透過正式課程來實施。為了在正式課程中實踐情緒教育的理念，採用跨領域的「統整主題教學」是一個相當可行的課程設計方式。在十二年國教總綱中，在國中與國小都規劃了所謂「彈性學習課程」，可以跨領域／科目或結合各項議題，發展「統整性主題／專題／議題探究課程」，強化知能整合與生活運用能力。因此，本章先探討情緒教育的統整主題教學之意義、原因與實施方式，然後舉一些實例說明如何透過統整主題教學來具體實踐情緒教育。

……第一節　情緒教育的統整主題教學之意義與原因……

　　由於我國中小學目前沒有獨立設立「情緒教育」的科目或學習領域，基層教師最有可能實踐情緒教育理念的方式乃是採用跨領域的統整主題教學。事實上，在我國的九年一貫課程及十二年國教中，很多基層教師都曾經採用跨領域的「統整主題教學」（integrative thematic instruction），也就是把跨領域的科目之相關主題加以融合在一起，產生互相聯結、互相呼應、相輔相成的功能。就情緒教育而言，如果教師把跨領域之相關主題加以融合在一起，設計一系列與情緒相關的統整主題，然後進行教學，就成為情緒教育的統整主題教學。

　　在探討「如何」進行跨領域的統整主題教學前，在此先探討「為何」要進行跨領域的統整主題教學？主要的原因有如下四點：

1. 跨領域的統整主題教學可以突顯情緒教育的主題，強調情緒學習的重要性。當一個教師在某一個班級採用跨領域的統整主題教學，並規劃出一系列與情緒相關的主題時，無形中儼然獨立設立了情緒教育學習領域之名與實。如果能在每個學期的某一段時間都規劃了情緒教育的統整主題教學，更可以有系統地協助學生逐漸深入學習情緒涵養。如果一個教師採用此種方式來實施情緒教

育，不管是本班的學生或家長，或是其他班級的教師及學校行政人員，都會逐漸發現此位教師具備情緒教育的理念，且強調學生的情緒學習之重要性。無形中可能逐漸影響到別的教師或行政人員，甚至擴大推廣情緒教育的理念。

2. 跨領域的統整主題教學可以強化與落實情緒教育的理念。情緒教育的落實需要時間，且要有系統，不能只是依靠零零星星的隨機教學。第103頁所述的情緒機會教育當然也很重要，但是可能無法涵蓋一些重要的情緒主題，因此不易完整地落實情緒教育的理念。一個教師如果把情緒機會教育與統整主題教學搭配起來，最能強化情緒教育的功能，並落實情緒教育的理念。

3. 透過跨領域的統整主題教學，教師可以運用的時間比較靈活、寬廣，不會受限於單一領域的教學時數。由於採用跨領域的統整主題教學，可以用來實施情緒教育的教學時數會比較充裕。如果是一個班級導師，甚至可以把班級彈性時數也加以綜合運用。此外，如果一個教師想要實施第103頁所述的情緒機會教育，也常常需要依靠跨領域的統整主題教學所提供的彈性時間。如果採用傳統的分科或分領域教學，比較缺乏彈性運用的時間，也比較難以因應寶貴的突發狀況來實施情緒機會教育。

4. 跨領域的統整主題教學可以兼顧情緒教育目標與其他相關的教育議題。跨領域的統整主題教學最大的好處就是能夠兼顧不同的教育議題，讓學生同時學習到很多相關的教育議題之間的關聯。例如：教師如果同時具備情緒教育、品德教育、性別平等教育和情感教育的理念，可以在規劃統整主題教學時，把這些相關的理念適時、適齡地加以融合起來，成為相關的統整主題，並不需要額外增加時數。因為，很多教育議題其實都息息相關，教師本來就要讓學生學習到它們之間的關聯性，或者在這些議題之間產生聯結。如果教師能在每個學期的某一段時間都規劃這一類的統整主題教學，學生更能有系統地、逐漸深入地學習這些相關的教育議題，發揮強大的教育功能。

　　從以上四個觀點來看，跨領域的統整主題教學乃是落實情緒教育理念的一項重要策略，而這也是學校教育比家庭教育更具優勢之處。如果學校裡的教師沒有充分發揮此項優勢，就容易被家長或社會大眾質疑學校教育的必要性。下一節將進一步探討如何規劃與實施情緒教育的統整主題教學。

第二節　統整主題教學之課程設計

　　如果一個教師想實施情緒教育的統整主題教學，需要事先進行慎密的課程設計。本節闡述統整主題教學之課程設計步驟。這些步驟並非依線性的方式逐一完成，而是不斷來回修改與調整，直到前後互相呼應與匹配為止。

壹、決定實施統整主題教學的相關領域

　　進行統整主題教學之課程設計時，首先要決定運用哪些領域來實施跨領域的統整主題教學。理論上而言，任何領域之間都可以進行跨領域的統整主題教學。就中小學而言，依照和情緒教育的相關性之強弱來排的話，依次為：健康與體育、社會、生活課程、語文、藝術、自然科學、數學。而「綜合活動」與「彈性學習課程」則是最能靈活運用的領域，當然也可以拿來和相關領域加以結合，以實施情緒教育的統整主題教學。就幼兒園而言，情緒本身就是一個獨立的領域，其他的五個領域（身體動作與健康、認知、語文、社會、美感）也都和情緒教育密切相關，非常容易進行跨領域的統整主題教學活動之課程設計。

　　然而，就實務而言，一個教師在設計情緒教育的統整主題教學時，究竟要把多少領域加以統整，則要視實際需要與情形而定，包括：自己所擔任的授課領域、和情緒相關性比較強的領域、學校的特色課程或全校性教育活動的整體規劃情形等。綜合考量這些因素之後，教師就可以決定究竟

要把哪些領域加以統整規劃。然後進行後續的課程設計。如果在進行後續步驟時發現時間不夠，再回到此步驟，調整或增加相關的領域。

貳、決定所欲達成的情緒教育目標

　　教師在進行課程設計時，其次要決定所欲達成的情緒教育目標。這個步驟要考量：學生的年齡層、學生的起點能力與知識、學生的舊經驗等。此外，由於情緒教育的跨領域統整主題教學的實施乃是運用相關領域的教學時數，教師在決定有關情緒教育的目標時，當然也要兼顧這些相關領域原本所要達成的教育目標。也就是說，情緒教育目標和相關領域的教育目標應能加以聯結與統合，這才是跨領域統整主題教學的根本用意。例如：如果一個教師要把「健康與體育」及「語文」這兩個領域加以統整，他在考量「健康與體育」領域中的一個教育目標「能用健康的方法表達需求與感覺」時，可以同時兼顧「語文」領域中有關情緒語彙與情緒表達方式之教育目標。

參、設計相關的統整主題與單元

　　決定了情緒教育目標之後，教師要設計相關的統整主題與單元。此時，教師要考量這些教育目標總計約略需要多少教學節數，這些教學節數要劃分成多少單元，一共要多少週來完成。主題有大有小，大的主題橫跨數週或一個月，通常稱為「月主題」，小的主題一至二週即完成，可以稱為「週主題」或「單元主題」。很多教師可能會採用表格的方式來進行設計及呈現相關的統整主題與單元之規劃，以及各主題所欲達成的教育目標。這些主題或單元之間的關係可以用表格呈現（如表8-1及表8-2），或者用「主題網」的形式來呈現（如圖8-1）。

肆、設計適切的教學活動與教學評量

　　課程設計終究要透過教學活動來落實。因此，針對前述的統整主題與單元，教師接著要設計適切的教學活動與教學評量方法。可以參考採用第七章「學校情緒教育的教學活動」來設計適切的教學活動，並參考採用第九章「學校情緒教育的教學評量」來決定適切的教學評量方法。

·············第三節　情緒教育的統整主題教學實例·············

　　本節舉出一些情緒教育的統整主題教學實例，這些實例都來自筆者指導的碩士論文，此處只是簡要摘取大意與架構。有興趣的讀者可以詳閱這些碩士論文的全文。

壹、國小低年級的主題式情緒教育課程

　　國小一年級新生剛入學的一段時期，學生難免會產生很多複雜的情緒。身為導師，如果能夠善用這個時機實施情緒教育，又同時協助學生適應學校生活，是一件兩全其美的事。為了協助小一新生克服心理恐懼，勇敢面對學校生活，適應全新的學習經驗，張玉真（2008）曾經嘗試把情緒教育融入正式課程。在主題教學實施前，張玉真先統整正式課程中的單元主題概念，再融入情緒教育課程，擬定出一個課程主題網，如下圖所示：

圖8-1　張玉真的情緒教育課程主題網（國小低年級）

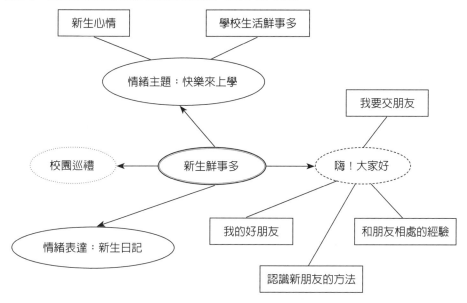

　　這個課程主題網中的教學活動及實施情形請參見張玉真（2008）的碩士論文，在此不贅述。

貳、國小中年級的主題式情緒教育課程

　　在九年一貫課程中，綜合活動學習領域的範圍包含各項能夠引導學習者進行實踐、體驗與省思，並能驗證與應用所知的活動。教師在進行課程設計時，也可以把相關的學習領域或需要聯絡教學的主題加以統整起來。以下用賴淑敏（2011）的碩士論文研究為例，說明如何在國小中年級把「綜合活動學習領域」和「健康與體育學習領域」加以統整，以實施主題式情緒教育課程，如下表所示：

表8-1 賴淑敏的情緒教育統整主題教學（國小中年級）

週別	單元名稱	教學目標	教學活動概要	學習單或評量表
1	與成功有約	認識情緒	1. 曼陀羅+音樂靜心 2. 摺報紙 3. 觀呼吸 4. 與成功有約 5. 透過遊戲覺察情緒	情緒臉譜
2	我有Feel	情緒的覺察（對己）	1. 曼陀羅+音樂靜心 2. 攻打砲臺 3. 觀呼吸 4. 感覺知多少 5. 透過遊戲覺察情緒	情緒座標 情緒臉譜
3	情緒面面觀	情緒的覺察（對他人）	1. 曼陀羅+音樂靜心 2. 攻打砲臺進階版 3. 觀肚子 4. 複習情緒的內涵及特性 5. 情緒座標 6. 透過遊戲覺察情緒	情緒語彙 情緒自我覺察表
4	四季之歌	統整課程（自然+健康+綜合活動） 情緒的理解（對己）	1. 曼陀羅+音樂靜心 2. 「四季之歌」簡報欣賞	情緒自我覺察表
5			1. 曼陀羅+音樂靜心 2. 統整課程 3. 回顧「四季之歌」簡報並討論及完成學習單	學習單1 情緒自我覺察表
6	變臉	覺察他人情緒 情緒的辨識（對他人）	1. 扮鬼臉 2. 獅子臉和包子臉 3. 「變臉」簡報 4. 繪本「壞心情派對」	
7			1. 紅綠燈 2. 關心跳 3. 獅子臉和包子臉 4. 角色扮演「塞翁失馬」	覺察自我情緒表
8	情緒「停、想、做」	覺察他人情緒 情緒的辨識（對他人）	1. 曼陀羅+音樂靜心 2. 查戶口 3. 關心跳 4. 獅子臉和包子臉 5. 十點鐘媽媽 6. 怎麼想怎麼做	

週別	單元名稱	教學目標	教學活動概要	學習單或評量表
9	打造新視野	情緒的辨識	1. 曼陀羅+音樂靜心 2. 外星人打招呼 3. 身體掃描 4. 瞎子摸象 5. 各說各話	靜心活動觀察表 覺察自我情緒表
10	偵探小柯南	情緒的表達	1. 曼陀羅+音樂靜心 2. 比手畫腳 3. 如意拳 4. 我在推論嗎？ 5. 情緒紅綠燈	靜心活動觀察表 覺察自我情緒表
11	小試身手	情緒的表達	1. 曼陀羅+音樂靜心 2. 口是心非 3. 神聖舞蹈 4. 溫故知新 5. 評量 6. 檢討校外教學	靜心活動觀察表 覺察自我情緒表
12	品格123	情緒的調節與轉化	1. 曼陀羅+音樂靜心 2. 支援前線 3. 香水靜心	靜心活動觀察表 覺察自我情緒表 作業單
13	魔鬼終結者	情緒的調節與轉化	1. 彩繪曼陀羅+音樂靜心 2. 打電報 3. 單腳瑜珈 4. 都是蝸牛開始的 5. 回顧與後設認知	靜心活動觀察表 覺察自我情緒表
14	情緒ABC	情緒的調節與轉化	1. 彩繪曼陀羅+音樂靜心 2. 打手結 3. 如意瑜珈 4. 情緒ABC 5. 情緒溫度計 6. 魔鬼與天使	靜心活動觀察表 覺察自我情緒表
15	生活EQ高手	情緒的調節與轉化	1. 彩繪曼陀羅+音樂靜心 2. 靜心—彩繪曼陀羅 3. 生活EQ高手 4. 總複習	學習單

資料來源：改編自賴淑敏（2011）

這個課程設計的教學活動及實施情形請參見賴淑敏（2011）的碩士論文，在此不贅述。

參、國小高年級的主題式情緒教育課程

國小高年級也可以實施主題式情緒教育課程，本節以蔡淑華（2009）的碩士論文研究為例，說明如何利用「綜合活動學習領域」及「班級彈性課程」來實施統整主題教學，如下表所示：

表8-2　蔡淑華的情緒教育統整主題教學（國小高年級）

單元名稱	學習活動	教學目標	教學時間
一、情緒詞彙大閱兵	1. 情緒就是這麼一回事 2. 情緒族譜 3. 情緒三溫暖	1. 認識情緒用語。 2. 了解正向情緒與負向情緒。 3. 情緒分類與擴充情緒詞彙。 4. 觀察情緒起伏變化。 5. 認識情緒的意義、特色，了解掌握自己情緒的重要。	4節
二、情緒的覺察與辨析	1. 感覺之旅——感覺自己的感覺 2. 機器人＆默劇演員 3. 辨析情緒的產生	1. 能覺察自己的情緒，並培養情緒覺察力。 2. 透過語文和非語文形式覺察他人的情緒。 3. 情緒種類、程度、頻率、發生時機以及場合等的辨認與理解。	7節
三、心情轉個彎—談情緒轉化與調適	1. 影片欣賞：佐賀的超級阿嬤 2. 乾坤大挪移 3. 換個角度想	1. 認識理性與非理性思考法，明瞭理性思考法能扭轉負向情緒為正向情緒。 2. 認識轉移法，並透過轉移事物、場地來轉移自己的情緒。	5節
四、如何好好的生氣—談情緒表達	1. 《西遊記》——從弼馬溫到齊天大聖 2. 我的情緒小書	1. 能觀照並接納自己的正負向情緒，並適時的採用合宜的方式表達出來。 2. 能辨認與理解自己和他人的情緒，並適宜的表達出來。 3. 認知具體可行的情緒表達的方法。 4. 能以「我訊息」表達自己的情緒感受。 5. 能藉由「情緒紅綠燈」的口訣面對情緒並尋求解決之道。	6節

單元名稱	學習活動	教學目標	教學時間
		6. 能面對別人對自己的正負面態度或情緒。 7. 能設身處地同理他人的感受。	
五、人際衝突藝術化	1. 故事一：《西遊記》——人參果風波 2. 故事二：《西遊記》——三打白骨精 3. 記憶串聯～我的省思札記	1. 能透過轉移想法來改變自己的情緒。 2. 能面對別人對自己的態度或情緒。 3. 能觀照與接納自己的正負向情緒。 4. 能控制自己的衝動。 5. 面對與他人的衝突與爭執，能溝通與解決問題，並化解他人的情緒。 6. 能同理別人情緒的能力，了解負向情緒的調節與轉化。	6節

　　這個課程設計的教學活動及實施情緒請參見蔡淑華（2009）的碩士論文，在此不贅述。

第九章

學校情緒教育的
教學評量

任何有關情意教育與情緒教育的研究遲早都會遇到一個非常棘手的課題：評量或測驗。簡言之，我們究竟要如何衡量情緒教育的成果？情緒教育的課程與教學對學生各方面（如：情緒涵養、學業成就、人際關係等）產生了什麼影響？如何說服或證明情緒教育的成效？如何評量情緒教育的課程與教學之成效？

·············第一節　情緒教育的教學評量之新觀點·············

本節探討一些實施「情緒教育的教學評量」（以下簡稱「情緒評量」）時所依據的觀點。這些觀點乃是筆者根據多年經驗所歸納出來的新觀點。下一節則闡述筆者所指導的一些碩士生在教育現場根據這些觀點實際發展出的「情緒評量」方法。

壹、情緒評量應著重於情緒涵養表現的變動狀態

傳統上，心理學家把「IQ、EQ、CQ」等等視為「構念」（constructs），並假定這些構念乃是人的一種「固定屬性」（fixed properties），並試圖用某種工具（即量表）來測量出這些屬性，且通常會用數字來代表那些屬性的大小。就像我們用某些數字來代表一個人的身高、體重、胸圍、腰圍的大小等等。然而，這只是一個心理學家的「假定」。如果這些構念的屬性會快速變動或波動，或者這些屬性捉摸不定、難以測度，我們就會遇到很大的困難。

面對情緒評量的任務時，我們不用把「情緒涵養」（或所謂EQ）視為一種「固定屬性」，而是將之視為一種「變動的狀態」（changing states），就像「氣溫」或「體溫」處於變動的狀態。透過情緒教育，我們當然希望逐漸提昇學生的情緒涵養表現，但是我們也可能需要在很長的一段時間，才會看得出提昇的趨勢。一個人的實際情緒涵養表現可能處在上下起伏變動的狀態，如下圖9-1所示：

圖9-1　情緒涵養表現的變動狀態示意圖

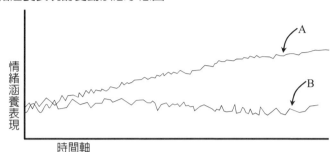

　　圖9-1中的縱座標代表一個人的「情緒涵養表現」，橫座標則代表時間軸。線條A代表的是理想上我們希望一個學生接受情緒教育後的情緒涵養表現，不僅有提昇的趨勢，且波動的幅度也逐漸變小。至於圖9-1中線條B則可能是一個沒有學習情緒涵養的人之情緒涵養表現，不僅沒有提昇的趨勢，波動的幅度也沒有變小。

貳、情緒評量應著重於「生活實際表現的評量」

　　如果我們把情緒評量著重於「變動的狀態」，我們只要關注「情緒涵養表現」即可，無需試圖評量「情緒涵養」或「情緒智力」究竟是多少。換言之，我們不用管如何測量「情緒涵養」或「情緒智力」這些構念的高低大小，而是關注學生在日常生活中實際發生的情緒涵養表現。

　　如此一來，我們當然不是透過傳統的「紙筆測驗評量」而是運用我們的觀察力來實施情緒評量。傳統的紙筆測驗乃是為了能得到量化的數據，因此忽略了很多重要的情緒涵養內涵。凡是不易量化的情緒能力（如：情緒的覺察、情緒的調節與轉化、情緒的接納與表達、情緒的了悟等）就只能排除在紙筆測驗的範疇。如果我們不受限於要得到量化數據，就可以打開觀察的範疇，如下節所述。

參、情緒評量應著重於「質性描述」

如果把情緒評量改為觀察學生在實際生活中的情緒涵養表現，我們就可以擴大與加深我們對學生的情緒涵養之了解，不會被任何測驗量表所侷限。傳統測驗與評量偏重於得到量化的資料，因而窄化了情緒評量的範疇。如果我們打破了量化分數的迷思，改為觀察學生在實際生活中的情緒涵養表現，我們就可以著重於「質性描述」。

質性描述雖然主要是採用文字的陳述，必要時我們也可以使用某些量化數據把我們透過觀察所得到的資料加以歸納、組織、總結及呈現。即使採用量化的數據，情緒評量乃是著重於「描述統計」（descriptive statistics），用來幫助我們表達對學生的情緒涵養表現之了解。

肆、情緒評量應著重於「過程描述」

傳統的測驗與評量都是假定我們可以在某一個特定的時間點對某一個屬性加以定性或定量。於是，我們看到許多研究者採用「前測、後測」的比較，來決定某個課程或教學方案是否有效果。然而，如前所述，如果情緒評量著重於情緒涵養表現的變動狀態，我們對學生的情緒評量就應著重於描述學生的情緒涵養表現之變動過程（簡稱「過程描述」）。

如果我們想了解情緒教育對學生的影響，在實施一個課程或教學方案的過程中，我們最好能觀察學生在整個歷程中的情緒涵養表現之變化。在實施情緒評量的實務來說，教師則要根據時間與精力的許可，定期觀察與記錄學生在一些時間點的情緒涵養表現（例如：每週一次、兩週一次或每月一次等），才能得到「過程描述」。如果觀察與記錄的時間點太少，當然就比較難做到「過程描述」。

伍、情緒評量應兼顧客觀與主觀的觀察

傳統的評量偏重於教師對學生的觀察與描述，或者由教師透過問卷

與訪問來誘發學生的反應。此種評量方式稱為「客觀的觀察」（或「外部的觀察」）。除了此種觀察外，我們其實還有另一種評量的選項，稱之為「主觀的觀察」（或「內部的觀察」）。「主觀的觀察」強調自我覺察（self-awareness）、自我反省（introspection）、自我省思（self-reflection）、自我記錄等。簡言之，觀察者就是觀察的對象。

　　理想上，情緒評量應兼顧客觀與主觀的觀察。客觀的觀察有「旁觀者清」的好處，但是也有很多盲點；主觀的觀察可以觸及內在的、心理的範疇，但是也受限於個人的自我覺察力及主觀的偏見或執著。因此，兩者缺一不可，最好能搭配運用。

第二節　情緒教育的教學評量方法

　　任何教育活動都難免涉及教學評量的面向，不僅為了教師了解自己的教學效果，也為了幫助相關人員了解學生的學習表現，包括：學生、家長、學校行政人員等。因此，在學校情緒教育的脈絡中，教師也必然面臨如何實施教學評量的課題。以下本節根據前節所述有關情緒教育的教學評量之新觀點，進一步探討具體的評量方法，包括：情緒涵養札記、情緒涵養表現之自我覺察表、情緒涵養表現之家長觀察表等。

壹、情緒涵養札記

　　如第201頁所述，「書寫情緒札記」屬於「省」的面向之教學活動。然而，學生所書寫的「情緒札記」本身亦可成為情緒評量的依據之一。筆者多年來在大學部開設「情緒涵養」及碩士班開設「情緒涵養與情緒教育」的課程，其中都包含「書寫情緒涵養札記」這一份作業。筆者在平日上課時經常鼓勵與提醒學生在日常生活中遇到情緒事件時，練習適切的情緒涵養方法。學生可以自行準備一本筆記本，隨時把自己練習情緒涵養時所領悟到的任何心得與發現記錄在筆記本中，並找時間把其中部分的內

容輸入電腦，每週完成一份「情緒涵養札記」（如附錄一「情緒札記表格範例」所示）。大學生要持續寫十二週的情緒涵養札記，且分為兩批評量（每六週評量一次）；碩士生則持續寫十週的情緒涵養札記，於學期末時整體評量一次。

情緒涵養札記的評量判準為「是否用心嘗試提昇自己的情緒涵養？」評分的依據是情緒涵養札記的內容，衡量學生是否用心觀察自己對情緒事件的反應？是否用心練習各種情緒涵養方法？此外，另一項評量準則是「學生是否持續用心練習情緒涵養？」評分的依據是學生缺交的週數，缺交愈多表示學生愈沒有持續用心情緒涵養。

「情緒涵養札記」的主要目的在提醒學生持續練習情緒涵養，並從而逐漸提昇自己的情緒涵養。根據筆者多年來的經驗，此項作業發揮很大的功效，且兼具多方面的功能。它一方面是教學評量的方法，也是促進學生練習情緒涵養的策略。學生為了完成此項作業，必須養成習慣覺察自己在各種情境中的情緒反應，因此可以提昇情緒覺察力。學生嘗試練習各種情緒涵養的方法，並觀察自己的情緒涵養表現，且從中省思自己的心得與感想，可以提昇對情緒的了悟。最後，學生所完成的札記則可以作為教學評量的依據之一。

如前面第227頁所述，情緒評量應著重於「生活實際表現的評量」。由於教師很難全面觀察學生在日常生活上的情緒涵養表現。情緒涵養札記多多少少可以突破這個侷限。此外，如第228頁所述，情緒評量應兼顧客觀與主觀的觀察。情緒涵養札記可以把學生「主觀的觀察」外顯化，讓教師可以略為窺見學生的主觀世界。

筆者曾經指導一位碩士生羅盈茵（2009），她是以情緒札記為焦點來實施國中生的情緒教育。她藉由事先設計好的情緒札記格式，帶領學生逐漸養成記錄情緒的習慣。而在身兼導師、國文老師和健康教育老師的課程進度以及班級經營壓力下，情緒札記的活動採取間隔書寫，並沒有連續書寫。而學生的心情每天都有不同的變化，於是在札記書寫的養成階段，部分學生會自主地將情緒記錄在不同形式上，若情緒發生在札記活動的空檔，學生會寫在聯絡簿上，或是寫信、字條向老師傾訴與分享。因此，後

來羅盈蓓就不再遷就一定格式的情緒札記，將課堂上或日常生活中，學生書寫的情緒記錄都作為廣義的情緒札記，讓情緒書寫與學生的生活結合，也減少學生視情緒札記為作業的負擔。

　　羅盈蓓也發現，情緒札記的使用方式要用文字說明清楚，並需要逐次引導才能讓學生知道該如何書寫，以及老師想看到學生呈現什麼部分，哪些書寫方式比較具體等。如此一來，學生逐漸練習情緒札記的書寫表達方法，使情緒札記成為協助學生覺察或表達情緒的幫手。後來她也輪流交替使用「由老師教導的特定札記表格」及「由學生自主設計的開放式札記」。在這兩種方式相輔相成的陪伴引導下，多數的學生能夠逐漸在開放自主的空間和詳盡引言的解說下，將心情記錄如實的呈現。

　　由於學生每天的心情狀況皆不同，情緒札記的書寫也會隨著學生每日的情緒起伏，而有不同的寫作篇幅或內容的差異。老師扮演提醒和陪伴的角色，不同於學科作業緊迫盯人的催收方式，羅盈蓓採用柔性的叮嚀、溝通，並對特殊情況的學生，彈性延長繳交的期限。她也接納不同篇幅內容的情緒札記書寫，藉以逐步地養成學生真實記錄的習慣。如此一來，情緒札記成為學生抒發心情、表達情緒繼而省思的園地。

貳、情緒涵養表現之自我覺察表

　　在情緒評量中，教師很難衡量每一個學生的情緒涵養表現之高低，因為教師無法全面觀察學生在日常生活中的實際情緒涵養表現。相對而言，學生比較能夠衡量自己的情緒涵養表現之高低，因為學生對自己的情緒涵養表現能進行比較完整的觀察。教師可以透過設計適當的「情緒涵養表現之自我覺察表」來促進學生對自己的情緒涵養表現之自我覺察，並因而深入了解每一個學生的情緒涵養之實際表現。

　　「情緒涵養表現之自我覺察表」的設計涉及到一個關鍵的問題：如何衡量自己的情緒涵養表現之高低？簡言之，當一個人的負面情緒之發生時機與種類愈來愈少，且每次發生時持續的時間愈來愈短時，代表他的情緒涵養愈來愈高。以下用表9-1來說明教師可以如何設計情緒涵養表現之自

我覺察表：

表9-1　學生的情緒涵養表現之自我覺察表

請你回想一下最近一週以來自己的情緒涵養表現，並在右邊適當格子內打勾（✓）

情緒涵養表現項目	經常可以做到	有時可以做到	很少做到	不適用或沒有碰到
1. 在考試、上臺報告、表演或比賽之前，我不會緊張或焦慮。				
2. 在考試、上臺報告、表演或比賽時，我不會緊張或慌亂。				
3. 考試或比賽成績不好，或表演的表現不好時，我能冷靜接納結果且很快平復失敗的心情。				
4. 遇到車子誤點或別人沒有照約定時間到達時，我能冷靜等待或因應，不會過度焦急。				
5. 遺失東西或金錢時，我不會緊張或慌亂。				
6. 遇到地震、打雷或颱風時，我不會緊張、慌亂或害怕。				
7. 參加大型活動或集會時，我不會浮躁不安。				
8. 參與競爭激烈的遊戲時，我的情緒和行為不會失控。				
9. 當我被別人指責、責罵、質疑或誤解時，我能冷靜表達或處理。				
10. 當我和別人起衝突時，我能適切表達我的感覺，且冷靜解決衝突。				
11. 有人故意惹我或被別人欺負時，我能冷靜表達或處理。				
12. 看到別人不當的行為時，我能用適當的方式向對方表達我的情緒，而不是過度責備與氣憤。				
13. 無法得到我想要的東西或做我想做的事時，我能適度表達自己的感覺，且冷靜接受處境。				

　　表9-1只是舉一些「情緒涵養表現項目」之例子。學生針對每一個項目要評估自己在一段期間內能做到的頻率，做到的頻率愈高代表情緒涵養表現愈高。「頻率」的選項只有三種程度，只是概略的評估，填答起來也

比較簡單。表9-1中的「最近一週」是指每週填答一次。實際應用時，教師亦可根據需要改為請學生「每兩週填答一次」或「每個月填答一次」。頻率選項的最後一項為「不適用或沒有碰到」，因為學生在填答的週期內不見得會碰到表中某些場合或事件。此外，教師也要根據自己的教學目標來選擇或設計一些適當且適量的情緒涵養表現項目，並根據學生的年齡層來調整所使用的語詞。

值得注意的是，「情緒涵養表現之自我覺察表」不能作為評分（即學習成績）的依據，而是為了促進學生的情緒自我覺察，且協助教師了解學生的情緒涵養表現，並作為教學省思與檢討改進之用。這一點一定要在實施前和學生溝通清楚，否則學生會為了得到高分而勾選符合教師期望的答案，因而扭曲了這項情緒評量的原意。

此項情緒評量方法可以和情緒教育的教學結合在一起，且根據每週的教學進度逐步調整其中的情緒涵養表現項目，變成「動態式情緒自我覺察表」。也就是說，表中的「情緒涵養表現項目」會隨著每週教學進度而逐漸演變。具體的做法說明如下：

1. 根據每週的教學進度及教學目標，設計一些能反應教學目標的情緒涵養表現項目，並讓學生於週五放學前填答一次。
2. 教師收回全班學生的自我覺察表，並根據學生的填答情形來決定次週的情緒教學目標。大多數學生已經達成的教學目標及相應的情緒涵養表現項目從覺察表中移除，而仍然需要加強的情緒涵養表現項目則保留在覺察表中。教師亦可新增一些教學目標及相應的情緒涵養表現項目。
3. 教師根據調整後的自我覺察表於次週實施必要的教學活動，且於週五放學前填答一次。
4. 反覆步驟實施2及3。

我指導過一位碩士生張玉真（2008），她把「動態式情緒自我覺察表」實際應用在小學一年級的情緒教學上。她採用逐漸檢討改進的方式來設計表格，後來發展出如下表9-2這個動態式情緒覺察表：

表9-2　張玉真的動態式情緒覺察表

日期：○○年○月○日（一）至○月○日（五）　　　姓名：

情緒涵養目標	情緒涵養能力指標	星期一	星期二	星期三	星期四	星期五
情緒的覺察與辨認	◆ 今天在學校，我可以感覺到有**快樂**的心情。					
	◆ 今天在學校，我可以感覺有**興奮**的心情。					
	◆ 今天在學校，我可以感覺有**生氣**的心情。					
	◆ 今天在學校，我可以感覺到有**緊張**的心情。					
	◆ 今天在學校，我可以感覺到有**擔心**的心情。					

說明：小朋友，請你仔細想想自己今天在學校曾經發生過的情緒，並以格線畫出它帶給你的感受強度。例如：超級快樂（畫3格）；很快樂（畫2格）；快樂（畫1格）；沒有（不用畫）。

＊這一週，讓我覺得**快樂**或**興奮**的事情是：

日期	發生的事情	

＊這一週，讓我**生氣**的事情是：		＊這一週，讓我**緊張**或**擔心**的事情是：	
日期	發生的事情	日期	發生的事情

　　值得注意的是，上述的「動態式情緒覺察表」是由學生每天填答一次，不是每週填答一次。表中所呈現的雖然有五個情緒語彙（即表中的「情緒涵養能力指標」），但是實際應用時，教師可以先選用其中一至二個簡單的情緒語彙讓學生練習，直到全班85%的學童都熟練了，於次週再逐漸增加難度或抽換不同的情緒涵養能力指標。因此，每週的情緒覺察項目可能不一樣。在每週情緒覺察表的練習中，學生可充分做「情緒覺察」、「情緒理解」、「情緒表達」的練習。整週的情緒覺察表完成後，教師帶領學童對一週的情緒覺察練習進行省思、檢討，找出自己最常發生的情緒種類，並思考這些情緒發生的原因為何？自己如何因應？同時，也能藉由情緒覺察表的書寫，來覺察自己的情緒涵養是否有提升。

　　張玉真（2008）發現，透過每天書寫情緒覺察表，可以引導學生反覆練習某幾個情緒語彙，讓原本對情緒「不知不覺」的學生，進步為「後知後覺」，甚至「即知即覺」，並且能接納自己的各種情緒，提升自己的情緒涵養。對低年級學生而言，要他們每天做「情緒覺察」是不容易的，也很容易失去興趣。然而，藉由不斷的嘗試與鼓勵，學生還是可以將情緒覺察變成是一種習慣，而不是應付老師而已。

　　除了上述功能之外，「動態式情緒覺察表」也創造了師生互動及親子互動的另一項管道。在沒有寫情緒覺察表前，老師只能藉由口語指導，來提醒學生要管理好自己的情緒，不要亂發脾氣。通常在衝突事件發生過後，學生往往轉個身就忘記了，下次類似狀況發生時，又得再提醒一次。但是，藉由動態式情緒覺察表的書寫，學生每天有一個「覺察情緒」的時間，在這個時間裡，師生可以一起溝通討論、分享喜怒哀樂、解決情緒問題，無形中增加了一個互動的管道。另外，週末假期時，張玉真會將學生的情緒覺察表發回給學生帶回家，並請家長簽閱，讓家長知道孩子一週來在學校發生的各種情緒事件，並請家長和孩子深入聊一聊，了解孩子的想法及處理情緒的方式。從家長們的回饋意見中發現，這也是一個親子互動的良好管道。

參、情緒涵養表現之家長觀察表

在日常生活中，每一個人時時刻刻都處在某種情緒狀態。然而，並非每一個人都能時時刻刻、清清楚楚地覺察到自己的情緒狀態及情緒的變化。如第228頁所述，情緒評量應兼顧客觀與主觀的觀察。我們當然不能完全依賴學生的自我覺察。然而，在學校生活中，教師通常要同時面對很多學生，很難全面觀察每一個學生的情緒涵養表現。為了減少這個侷限，教師可以設計如下表9-3「家長對孩子的情緒涵養表現之觀察表」：

表9-3　家長對孩子的情緒涵養表現之觀察表

請你針對你的孩子最近一週以來的情緒涵養表現，在右邊適當格子內打勾（✓）

情緒涵養表現項目	經常可以做到	有時可以做到	很少做到	不適用或沒有碰到
1. 在考前準備時或即將面臨表演或比賽前，孩子在家不會緊張或焦慮。				
2. 當孩子在學校考試或比賽成績不好，或表演的表現不好，回家後能冷靜接納結果且很快平復失敗的心情。				
3. 遇到車子誤點時，孩子能冷靜等待或因應，不會過度焦急。				
4. 遺失東西或金錢時，孩子不會緊張或慌亂。				
5. 遇到地震、打雷或颱風時，孩子不會緊張、慌亂或害怕。				
6. 參加大型活動時，孩子不會浮躁不安。				
7. 參與競爭激烈的遊戲時，孩子的情緒和行為不會失控。				
8. 當孩子被別人指責、責罵、質疑或誤解時，能冷靜表達或處理。				
9. 當孩子和家人起衝突時，能適切表達自己的感覺，且冷靜解決衝突。				
10. 當孩子被別人欺負時，能冷靜表達或處理。				
11. 當孩子看到別人不當的行為時，能用適當的方式向對方表達我的情緒，而不是過度責備與氣憤。				

情緒涵養表現項目	經常可以做到	有時可以做到	很少做到	不適用或沒有碰到
12. 當孩子無法得到想要的東西或做想做的事時，能適度表達自己的感覺，且冷靜接受處境。				
13. 當孩子面對沒有興趣的事物，能耐心等待或面對。				

　　如同前述的「情緒涵養表現之自我覺察表」，教師也要根據需要改為請家長「每兩週填答一次」或「每個月填答一次」，且根據自己的教學目標來選擇或設計一些適當且適量的情緒涵養表現項目。同樣的，表9-3不是作為評分（即學習成績）的依據，而是為了協助教師了解學生的情緒涵養表現，並作為教學省思與檢討改進之用。在開始使用表9-3前，教師一定要和學生及家長溝通清楚表9-3的用途，否則家長也可能會為了讓學生得到高分而勾選符合教師期望的答案，因而扭曲了這項情緒評量的原意。

第十章

結語：情緒教育的挑戰與展望

本書前面各章已經探討了情緒教育的理念與實務之各種面向。本章簡單探討情緒教育的挑戰與未來展望，作為本書的結語。

第一節　情緒教育的困難與挑戰

本節從三個觀點來探討學校情緒教育可能遇到的困難、挑戰及因應之道：教師的工作壓力有待減輕與抒解、班級學生人數太多無法面面俱到、家庭教育與學校教育需相輔相成。

壹、教師的工作壓力有待減輕與抒解

基層教師的工作壓力長久以來就很受重視，許多研究者也都曾關注教師的情緒耗竭這個課題。然而，現代的教師被賦予太多的責任，各種教改思潮如排山倒海般湧向老師。尤其是我國近年來如火如荼地推動的教改工作，無形中大為增加教師的工作壓力。不管是2004年9月開始實施的「九年一貫課程」或2019年9月開始實施的「十二年國教」都是影響非常廣的教改政策，也讓很多基層教師深感工作壓力增大。教師在應付目前的工作時，往往已經疲於奔命了，又要不斷學習新的本領，以應付教改的需求。難怪有人說「叫老師太沉重」。這的確是一個艱鉅的困境：當我們對教師的期望愈多，教師就似乎愈難以招架，而我們的期望也就愈難落實。

廖居治（1999）根據文獻研究分析的結果指出，教師的壓力會影響教師的情緒，而教師的情緒又直接影響教師的教學效能。所以，如何有效協助教師適當的抒解壓力，將壓力化為教師進步成長的動力，進而提昇教師的教學效能，是當前重要的課題。由於教學工作充滿著情緒負荷，一旦教師情緒決堤，可能一發不可收拾。

如果我們要掙脫這個困境，可能要先幫助基層教師減低來自工作的焦慮與壓力。首先，我們有必要減輕教師的工作壓力，且先不要急著推動太多的教育改革。就行政的角度而言，李彥君（2002）建議，學校行政人員

要減少非常態的教育行政事務，降低教師工作困擾，營造理想和諧的校園文化，並覺察教師的情緒感受與心理需求。江欣霓（2002）進一步建議，國民小學應該聘任專職行政人員，使教師專心於教學工作，以減輕教師的工作壓力。

其次，我們要幫助教師裝備好情緒涵養，協助教師們學會如何照顧好自己的情緒與壓力。我們不僅要幫助在職教師提昇情緒涵養，也應該在師資培育階段就開始協助師資生學習情緒涵養。就抒解壓力的角度而言，學校也可以舉辦教師情緒涵養之相關研習活動，並規劃教師之休閒與抒壓活動。總之，如果教師的工作壓力太大，且教師不會照顧好自己的情緒與壓力，尤其是在長期負面情緒的狀態下，很容易產生倦怠、疲乏，不僅不易有效實施各種教學工作，遑論實施情緒教育。

貳、班級學生人數太多無法面面俱到

就學校的情緒教育而言，班級學生人數太多對教師可能是一個很大的挑戰。畢竟，情緒教育涉及密切的人際互動。當一個教師要面對三十位學生時，很不容易在教學過程中同時兼顧所有學生的情緒與感受，也很難同時觀察學生的情緒涵養表現。尤其是，情緒教育的教學活動經常需要讓學生練習情緒表達，或進行討論與經驗分享。當學生人數太多時，教師往往無法讓所有學生都有機會分享與發表。

以臺灣目前的教育現場來說，這個問題的確是實施情緒教育時的很大挑戰。解決這個問題的一個辦法就是持續降低班級學生人數，如果能降低到每班約二十位學生可能就會好很多。尤其是，以目前臺灣少子化的社會趨勢，只要維持班級數及教師人數，就可以逐年降低班級學生人數，也可以因而避免造成超額教師。

此外，即使班級人數無法降低太多，教師可能要在教學方法上發揮創意，發展出各種自主學習、合作學習或協同學習的教學方法，以克服學生人數太多的問題。如果教師體認到情緒教育的重要性，就要盡力想辦法克服這個問題，不能因為學生人數太多就完全放棄實施情緒教育，能做多少

算多少，有做總比沒有做好。

參、家庭教育與學校教育需相輔相成

　　基層教育工作者長久以來就一直主張，家庭教育與學校教育要緊密合作，教師與學生的父母要成為教育的伙伴關係。就情緒教育這個議題而言，家庭教育和學校教育的密切配合顯得更為重要。在實施情緒教育課程的過程中，教師經常需要請父母協助觀察學生日常生活中的情緒涵養表現，以了解學生的學習狀況，做加強或補救教學的參考。教師也可能會請父母在家中和孩子進行一些情緒交流或對話，或者提醒學生適時練習與運用學校所學的情緒涵養方法。凡此種種都需要密切的親師合作，才能發揮相加相乘的效果。然而，能夠和教師如此密切配合的父母實際上可能不多。畢竟，每一個家庭的成員及環境差異很大。現代社會中單親家庭、隔代教養的家庭也很多，且很多父母忙於自己的工作，疏於關照孩子的教育。這些情形都常常使基層教師感到力不從心。

　　比較麻煩的是，有些父母本身情緒涵養不好，不僅無法配合教師的教學，甚至可能和孩子在學校所學的情緒涵養有衝突。父母在家中若能對孩子的負面情緒也給予適當的關注與回應，學生就能在信任的環境中抒發自己真實的感受。反之，如果父母本身沒有學習情緒涵養，可能會否定、壓抑或忽視孩子的負面情緒。或者父母本身經常陷入非理性思考的情緒反應，和孩子在校所學有很多的衝突。凡此種種不僅無法發揮相加相乘的效果，甚至會使教師的努力大打折扣。結果，教師要面對的不僅是學生的情緒涵養，還要面對父母的情緒涵養問題。這也是教師嘗試實施情緒教育時可能面臨的一項大挑戰。

　　事實上，當我們面對如此大的挑戰時，我們更不能放棄實施情緒教育。對於那些父母無法和教師緊密合作的家庭，他們的孩子更需要在學校接受情緒教育，否則他們的處境會更悽慘。如第32頁所述，情緒教育可以彌補家庭功能的逐漸低落。如果我們遇到能和學校相輔相成的家庭當然很好，如果遇到的是家庭功能不健全的孩子，身為教師就更應挑起教育的責

任，否則我們的社會為何需要學校與教師的存在？能夠如此思考也算是情緒涵養中的「理性思考法」，不僅可以轉化我們的負面心態與挫折感，更可以強化我們的教育愛與正面能量，讓我們更有能力與智慧來實施情緒教育。

第二節　情緒教育的展望

　　雖然情緒教育面臨如前節所述這麼多的困難與挑戰，展望未來，筆者仍然認為情緒教育將愈來愈受到重視。我們目前整個社會的發展已經過度的科技導向，衍生出的問題也逐漸在浮現，包括：手機及網路上癮的問題、3C產品造成人與人的疏離、AI科技對社會的衝擊。以下從這三個問題來切入，探討情緒教育的未來展望，並闡明為何筆者大膽預測「情緒教育將愈來愈受到重視」。

壹、手機及網路上癮的問題

　　現代社會中，「手機上癮」及「網路上癮」的問題已經愈來愈嚴重。不管年紀的大小，許多人使用手機及網路的時間愈來愈多。除了日常工作所需之外，很多人使用手機及網路只是因為習慣要看一看在各種社群軟體中所傳遞的訊息，而多數的訊息都是無關緊要的訊息或純屬好玩的訊息。筆者平日觀察周遭的人，很多成年人或大學生上癮的程度相當嚴重，不管是在上課、走路、騎自行車、開車或甚至跑步，很多人隨時都在滑手機。

　　不僅大學生或成人，連中小學生都已經開始有手機及網路上癮的問題。根據媒體報導（賴廷恆，2018），智慧型手機盛行後，很多青少年成了「低頭族」，衍生不少社會問題。大陸湖南一所農村中學的老師表示，校內八成都是「留守兒童」，大部分學生都有手機，且暑假期間都是從早到晚在玩手機。臺灣青少年的手機成癮情況與大陸相似。據教育部2017年發布的《臺灣中小學學生網路使用行為調查結果》，約一成左右的學生有

網路沉迷傾向。國、高中生具有手機沉迷傾向的人數接近三成。由於青少年手機成癮、網路霸凌的問題日益嚴重，憂鬱症與自殺傾向更是屢見不鮮。許多父母發現，子女片刻離不開手機，日常生活變得容易分心、陷入憂鬱。不僅青少年本身對手機又愛又恨，有時甚至期盼能回到沒有社群媒體、沒有手機的日子。

手機成癮現象也引發一些心理學者的重視與探討。美國加州聖地牙哥州立大學心理教授Jean Twenge（引自賴廷恆，2018）曾形容，一路使用iPhone長大的「iGen」，瀕臨數十年來最嚴重的心理健康危機。「iGen」的精神狀態高度惡化，以iPhone為代表的手機絕對難辭其咎。

如果我們追究手機及網路上癮問題的成因，最後必然涉及人的情緒與感覺。一個人因為從滑手機及上網得到快樂及滿足的感覺，且因為得到快樂的方便性與迅速而逐漸養成依賴手機及網路的習慣。此外，更由於沒有學習其他有智慧且健康的方法來得到快樂與滿足，於是就從「依賴」最終演變成「上癮」。其實，不只是手機及網路上癮，我們可以說當一個人對任何事或物成癮時，就是成為情緒與感覺的奴隸。

如果一個人要擺脫手機及網路上癮，終究要學習如何成為自己的情緒與感覺的主人。筆者在《情緒涵養》一書中指出，情緒涵養的基本目標就是要成為情緒的主人，而究竟的目標則是找到內心快樂的泉源。「全然覺受法」（第145頁）可以協助一個人與內心快樂的泉源產生連結，當一個人掌握到內心快樂的泉源之後就能逐漸擺脫對外在事物的依賴與上癮。展望未來，整個社會的成癮問題終究還是要透過情緒教育來求解。

貳、3C產品造成人與人的疏離

現代社會不僅只有手機及網路上癮的問題，由於「3C產品」的盛行，「人際互動」逐漸被「人機互動」所取代，也逐漸造成所謂「3C危機」。3C危機首先發生在嬰兒期。根據兒童福利聯盟2012年的網路問卷調查（引自彭彥禎，2017），高達六成的家長把智慧型產品當作安撫孩童的工具，三成五的家長讓孩子在餐廳使用智慧型產品，使孩子可以安安靜

靜的坐著。簡言之，很多父母把智慧型產品當做電子奶嘴，用來安撫嬰兒。

　　彭彥禎（2017）提出警告，長時間使用智慧型產品會造成家長與孩子之間互動不足，孩子無法從互動中學習相處的模式與方法，影響他們的社交能力，因而可能出現社交障礙、情緒失控，進而讓孩子不喜歡與人互動或交不到朋友。此外，大多數的家長並不知道3C產品的合理使用時間為何，也無法有效管理孩子的使用時間，長期下來可能導致沉迷甚至成癮、不聽管教，進而影響家庭和諧的親子關係。甚至有國中生因為想要買平板電腦，但是媽媽不肯購買，竟然縱火燒自己家（潘俊偉，2017）。

　　一個小兒科職業治療師Cris Rowan依據相關研究整理出科技產品對兒童身心的十個不良影響（引自朱文，2014），其中第二項是「心理疾病」，包括：憂鬱症、焦慮症、依附障礙症、注意力不足過動症、自閉症、雙向情感障礙等精神問題。第三項是「具攻擊性」，因為太多有暴力傾向的影音內容造成孩子也有樣學樣。許多電視、電影內容描述有關性、謀殺、虐待、綁架、拷打等暴力、血腥的內容，孩子看到這些不適齡的節目，不良行為圖像進入兒童頭腦，帶有攻擊性的行為對孩子產生影響。

　　簡單歸納起來，長期使用3C產品會造成人與人間的疏離，使孩童對人無感、無情，因而嚴重影響社會互動能力。展望未來，新一代的父母會開始警覺到這個問題的嚴重性，並減少讓孩童接觸3C產品的時間。美國兒童學會也建議（引自朱文，2014），最好不要讓二歲以下的兒童接觸太多的電視與其他娛樂媒介，此時期孩子的腦部發育快速，最好的學習對象是人，不是讓孩子接觸冰冷的螢幕。

　　然而，光是減少孩童接觸3C產品的時間仍然不夠，父母與教師勢必要加強實施情緒教育，才能填補孩童需要的人際需求。彭彥禎（2017）也指出，當孩子對智慧型產品產生依賴並從中獲得快樂時，可想而知我們會變得難以從孩子手中平靜的拿回智慧型產品，孩子可能會出現哭鬧、生氣等情緒，此時家長應該要先穩定自己的情緒，並且同理與接納孩子的情緒，說明採取這個措施的原因，並且跟他談談你的想法。

　　總之，在目前3C產品彌漫整個社會大環境的時代背景之下，未來將

會有愈來愈多的教師與父母意識到3C危機的嚴重性，情緒教育的重要性
也將愈來愈明顯，畢竟人類是有感情與情緒的存在，不是冰冷的科技產品
所能取代。

參、AI科技對社會的衝擊

隨著科技的進展，「人工智能」（Artificial Intelligence，簡稱AI）科
技也逐漸成長與發展。從西洋棋到圍棋，全世界心情複雜地見證AI一步
步攻陷人類智慧的堡壘（鍾張涵、張朝鈞，2017）。很多專家都預測，未
來很多工作都逐漸會受到AI產業的衝擊或取代（張淑芬，2017）。不只是
自動化生產的機器人與自動駕駛車正在取代藍領階段，可以進行知識工
作的AI正悄悄地攻占白領階級的職場。例如：日本富國人壽公司在2017年
開始裁減人力。三十四名理賠部門的員工，自1月份起被來自IBM的AI系
統Watson Explorer所取代。AI的分析結果，可縮短員工處理理賠事務的時
間，讓工作更有效率。愈來愈多日本保險業者紛紛投向AI的懷抱。隨著
AI技術的躍進，過去認為不太可能被取代的知識性工作，其門檻逐漸瓦
解，像是金融、保險、法律與醫療等。哈佛商業評論指出，有標準程序和
格式化資料可供決策的工作內容，被AI取代的機率很高（引自張淑芬，
2017）。可以確定的是，AI可以勝任的工作愈來愈多，人類勢必得培養新
的工作技能，調整工作型態與心態，才能確保不被淘汰。英國牛津大學與
野村總合研究所的研究也認為，十至二十年後會被AI取代的行業包括被
視為專業的會計師、稅理師、專利律師、代書等。這些在日本一向屬於
「士」級的工作也遭到AI的威脅（引自劉黎兒，2017）。

在美國總統川普上臺前，普林斯頓大學資訊科技政策中心主任兼白
宮科技辦公室次長Edward Felten，曾被白宮賦予了教育美國人迎戰AI的使
命。白宮曾經連發三份全球關注的AI報告，Felten就是負責撰稿的重要成
員之一，他嚴肅地說，AI會加快各個機構淘汰勞工，一些工作因此消失
（引自鍾張涵、張朝鈞，2017）。然而，Felten也強調，在超AI時代，人
類更應該具備以下幾個生存法則，包括：閱讀力、批判力、想像力、溝通

力，以及STEM技術能力（指科學、技術、工程、數學）。這些不但將是人類優勢，更是人類必須培養的新技能。

美國總統川普於2019年2月也簽署了一份行政命令「美國人工智慧倡議」（American AI Initiative, Jones Day Publications, 2019）。此份倡議提及AI不僅有助於提昇美國經濟和國家安全，更能改善人民的生活品質，因此美國應該持續投入AI的研發與應用，以保障美國在AI產業上的優勢。面對美國政府啟動了AI大戰略，國內媒體也指出（經濟日報社論，2019），AI時代帶來了多元的挑戰，不管是白領或藍領的就業都將受到一定程度的衝擊，我國政府應該有計畫且系統性地提供廣大的就業民眾相關的課程與訓練，以協助國民面對未來的AI環境。

面對前述種種有關AI科技對社會的衝擊之分析，身為教育工作者的我們所應該省思的是：教育工作是否有一天也會被AI所取代？或者我們也可以換一個角度來省思：我們的教育工作中，有哪些是無法被AI取代的？

林公孚（2018）指出，AI的研發初衷是為了把人從簡單、機械、繁瑣的工作中解放出來，然後從事更具創造性的工作。AI可以讓教師騰出更多時間和精力，以便創新教育內容、改革教學方法，讓教育變得更好。林公孚（2018）進一步指出：

> 教育的任務是教書育人，教師的作用不僅是傳授知識，而且需要通過情感的投入和思想的引導教會學生做人、塑造學生的品質等。

教育是心靈工程，教師是富於情感和智慧、想像力與創造力的人，這些特質是AI無法比擬的。基於此，人類教師仍然具有不可替代的作用。但是面對AI的衝擊，教師應該具備危機意識和改革意識，思考如何發展那些「AI無，而人類有」的能力；思考如何提高教師的不可替代性；思考什麼才是真正的教育；思考未來需要培養怎樣的人才等問題。只有如此努力，才能將AI帶來的挑戰轉變為改革傳統教育、創新未來教育的機會

（林公孚，2018）。

洪蘭（2017）也指出，在「人腦」與「機器腦」競爭的時代，人文教育是贏的關鍵。她曾經遇到一位讀法律系的學生，提起他當年為何選擇讀法律系。原來，這位學生認為，一個好的法官在判案時應兼顧「情、理、法」，電腦可以代勞其中「理、法」兩個層面，但是卻無法代勞「情」的層面。電腦不是人，它沒有感情，因此沒有同理心。在這個AI的世紀，一定要從「如果沒有我，電腦無法完成什麼工作？」來思考自己的未來。洪蘭說：「這是我碰到第一個從未來世界發展去思考自己生涯的學生，很難得。」我們目前的社會雖然是科技掛帥，但科技離不開人文素養，因為使用科技的終究還是人，不能不顧到人的因素。如果電腦無法取代的是以人文素養為核心的職業，我們就得加強學生的人文素養，來保障他們的工作。當人力逐漸被電腦取代後，最後剩下的便只有人性了。戴文波特在《下一個工作在這裡！》勸告年輕人（引自洪蘭，2017）：

> 如果你的工作可以被編碼，你就有可能被機器人取代。若只有人性（如品味、美感、同理心）無法被編碼，為何我們還不重視文學和藝術的教育？為何我們的教育還停留在上一個世紀，難道沒有看見學生未來失業的威脅嗎？

除了「人文素養」之外，我們也可以進一步省思：我們的教育內容中，還有哪些是無法被AI取代的？依照筆者的估計，我們的基層教育工作中，很多基本學科知識（如：數學與自然科學）的傳授與基本的讀寫算素養可能逐漸被AI來取代。換言之，只會教語文、數學、自然科學的教師有一天可能會失業。然而，教師會全面被AI取代嗎？當然不會，因為教育中的「人性面向」永遠無法被AI所取代，例如：人際溝通與合作、社會學習、情緒教育、情感教育、情意教育、生命教育、靈性教育、品德教育、美感教育、創造力教育等。這些領域依賴師生間密切的互動與情感交流，甚至涉及生命意義與生命價值的探索，顯然不是AI擅長的層面。筆者在第23頁所主張的「德、智、體、群、美、情」六育中，「智育」可

能最快被AI科技所取代。其他五育（德、體、群、美、情）很難全面透過AI科技來實施。誠如劉黎兒（2017）所指出：

> AI擅長讀取、分析龐大資料數據，不累、不多疑生氣；人則因情緒、欲望而不斷改變。但是，人為了追求道理而試圖溝通、滿足人性需求，卻是AI無法取代的未來新價值。

從以上分析來看，隨著AI所能取代的工作愈來愈多，基層教師的工作勢必要朝無法被AI取代的方面去加強，否則終將被科技淘汰。情緒教育的「覺、辨、感、行、省」五個面向無法被AI所取代。展望未來，情緒教育將會愈來愈被重視。「德、智、體、群、美、情」六育均衡的教育理想也許在AI的世代反而有實現的可能。

參考文獻

一、中文部分

Daniel Goleman主編，李孟浩譯（1998）。**情緒療癒**。立緒文化事業有限公司。

Daniel Goleman著，張美惠譯（1996）。**EQ**。時報文化出版公司。

Emrika Padus主編，包黛瑩等譯（1999）。**遠離壓力：情緒管理手冊I**。新自然主義。

Emrika Padus主編，黃明正譯（1999）。**奇妙的情緒療法：情緒管理手冊III**。新自然主義。

Herbert Spencer著，顏真編譯（2003）。**史賓塞的快樂教育**。新手父母出版。

John Gottman & Joan DeClaire著，劉壽懷譯（1996）。**怎樣教養高EQ小孩**。時報文化。

Jonathan Cohen主編，鄭雅方譯（2004）。**兒童情緒教育之理論與實務**。心理出版社。

Les Fehmi & Jim Robbins著，謝瑤玲譯（2009）。**你用對專注力了嗎？**橡樹林文化。

Ming-Tsung（2008）。歐美的EQ教育課程：促進另類思考方法PATHS。2020-4-21取自http://readforjoy.blogspot.com/2008/12/eqpaths.html

Robert Brooks & Sam Goldstein著，馮克芸、陳世欽譯（2003）。**培養小孩的挫折忍受力**。天下雜誌。

Theron Dumont著，胡彧譯（2019）。**專注力的力量（暢銷修訂版）：改變人生最神奇的20堂課**。喬木書房。

Thomas Gordon著，歐申談譯（2013）。**教師效能訓練**。新雨出版社。

Windy Dryden著，武自珍譯（1997）。**理性情緒心理學入門**。心理出版社。

中央社（2001）。立委指離婚率創新高　每二點九對就有一對離婚。2010-04-02取自http://tw.news.yahoo.com/2001/10/06/polity/cna/2529316.html。

友緣基金會（2020）。關於友緣。2020-4-21取自http://www.yoyuen.com.tw/RWD01/OnePage.aspx?tid=2

方惠貞（2007）。**國小班級中情緒教育之行動研究——以生氣情緒為焦點**。國立花蓮教育大學課程與教學研究所未出版碩士論文。

王宏哲（2018）。**王宏哲情緒桌遊書：EQ的力量+勇闖EQ神秘島**。方智出版社。

王財印（2000）。**國民中學學生情緒智力，生活適應與學業成就關係之研究**。國立高雄師範大學教育學系博士論文。

王煥琛（2001）。情緒與生命教育問題之研討。**臺灣教育**，608期，頁10-19。

王瑞琪（2011）。**情緒涵養取向的幼兒情緒教育行動研究**。國立東華大學課程設計與潛能開發學系未出版碩士論文。

王錦賜（2000）。讀Daniel Goleman著作「EQ」心得：老師對學生的EQ應有的認識與責任。**師說**，141期，頁53-55。

丘愛鈴、黃郁婷（2009）。「轉念一想，綻放光芒」國小二年級實施樂觀課程之行動研究。**課程研究**，4:2，頁1-27。

朱文（2014）。科技產品對兒童身心的10個不良影響。**大紀元電子報**。2019-02-23取自http://www.epochtimes.com/b5/14/12/8/n4313790.htm

朱輝章（1997）。情緒智商（EQ）及其對國中教育之啟示。**高市文教**，60期。頁12-14。

江欣霓（2002）。**國小教師工作壓力，情緒智慧與身心健康之相關研究**。國立高雄師範大學教育學系碩士論文。

自由時報（2016）。隨機殺人6大類型。自由時報（2016-03-30）。

但昭偉（2002）。**道德教育——理論、實踐與限制**。臺北：五南圖書出版公司。

佐佐木豐文著，陳美瑛譯（2010）。**一定做得到的「超」專注力**。商周出版社。

余敏琪（2010）。**靜心活動取向之班級情緒教育行動研究**。國立東華大學課程設計與潛能開發學系未出版碩士論文。

呂俊甫（1997）。EI、EQ情緒智慧和情緒教育。**臺灣教育**，559期，頁9-11。

李佩怡（2000）。你的悲傷，我了解：老師的新視窗與行動。**學生輔導**，71期，頁40-51。

李泳緹、方敏全（2017）。論國小情緒教育之紮根。**臺灣教育評論月刊**，6（6），頁185-188。

李俊良（2019）。家有青少年之情緒篇——從大腦發展的角度看情緒。2019-07-30取自http://scc.yuntech.edu.tw/column/AA/c/c_03/c_03_07.htm

李彥君（2002）。**國民小學教師工作壓力與情緒管理關係之研究**。臺中師範學院國民教育研究所碩士論文。

李錫津（2001）。教訓輔三合一的心念。**教師天地**，110期，4-5。

杏璞身心健康關懷協會（2020）。認識杏璞。2020-4-21取自http://www.shin-pu.org/ap/cust_view.aspx?bid=14

汪履維（1995）。請重視第六育：情育。**北縣教育**，6期，頁37-40。

周天賜（1981）。國民中學國文科情意教學評量之研究。**教育研究集刊**。24期，頁215-229。

東森新聞報（2003）。不能輸　壓力大，當資優生不易。2003-01-22取自http://www.ettoday.com/2003/01/22/91-1403997.htm

林公孚（2018）。人工智慧對教育的影響。2020/12/8取自https://blog.xuite.net/lingf01/twblog/580355697-人工智慧對教育的影響

林建福（2010）。情緒教育的哲學探究：迷思、重要性與建議。**教育研究集刊**，56:4，頁1-26。

林家興（1977）。學校教育內容應重視青少年輔導的功能。**臺灣教育輔導月刊**，27卷3期，頁2-7。

林婉婷（2020）。**情緒教育桌遊的發展之行動研究——以解決衝突為焦點**。國立東華大學教育與潛能開發學系未出版碩士論文。

邱珍琬（2018）。**圖解情緒教育與管理**。五南圖書出版公司。

洪蘭（2017）。人腦拚電腦　贏在人文素養。天下雜誌，614期（2017/01/04）。

唐璽惠（1999a）。「教、訓、輔三合一整合方案」的理念與做法。臺灣教育，584期，2-5。

唐璽惠（1999b）。建立學生輔導新體制：教學、訓導、輔導三合一之學校行政組織調整之我見。臺灣教育，66期，16-17。

孫良誠（1999）。情緒與學習之關係。國教新知，45卷2期，頁49-54。

徐大偉（1993）。理情團體諮商對國小情緒困擾兒童情緒反應之效果研究。教育資料文摘，12月號，頁143-155。

時報資訊（2018）。臺灣社會的離婚率全世界第二高，出生率全世界最低。2018/02/12取自https://nicecasio.pixnet.net/blog/post/358599467

馬偕醫院（2020）。情緒疾患。2020/12/8取自http://www.hkcarecentre.com/healthymethods/psychodisorder.htm

高強華（1995）。青少年的情緒調適與教育。北縣教育，6期，頁23-27。

張正夫（1999）。從輔導立場看廖曼君事件。諮商與輔導，160期，頁41-43。

張玉真（2008）。情緒涵養理念取向的情緒教育行動研究——以國小低年級為例。國立花蓮教育大學國民教育研究所出版碩士論文。

張怡筠（2001）。親師合作，教導出高EQ的下一代。學生輔導，72期，頁44-53。

張欣戊（2002）。校園暴力無法避免嗎？2006-03-12取自http://www.sinica.edu.tw/info/edu-reform/farea3/gt1_fin.html。

張芯瑋（2016）。結合非暴力溝通與靜心活動於情緒課程之行動研究。國立東華大學教育與潛能開發學系未出版碩士論文。

張春興（1996）。教育心理學——三化取向的理論與實踐。臺灣東華。

張家瑜（2011）。國小三年級實施靜心活動之情緒教育行動研究。國立東華大學課程設計與潛能開發學系未出版碩士論文。

張淑芬（2017）。人工智慧啟動　白領族開始失業。天下雜誌部落格（2017/01/09）。2019-02-23取自https://www.cw.com.tw/article/article.action?id=5080343

張毓志（2001）。**工程專業人員情緒智力、個體學習與工作績效之關係：系統思考觀點**。國立中正大學勞工研究所碩士論文。

張德聰（1997）。如何催化教育環境的活化與創造力。**空大學訊**，208期，頁151-153。

莫麗珍（2003）。**國中學生情緒智力與生活適應關係之研究——以臺灣中部地區為例**。彰化師範大學教育研究所碩士論文。

許芳菊（2018）。情緒教育怎麼教？**親子天下雜誌**，5期。2020/12/8 取自 https://www.parenting.com.tw/article/5020520-/?page=1

許維素（2000）。教師在中學生學業輔導中的情緒處理。**學生輔導**，71期，頁56-63。

郭如育（2011）。國中生情意教育的重要性及其課程設計原則。**中等教育**，62:2，頁138-154。

陳亞穎（2012）。**「覺辨感行省」情緒教育陶冶策略之行動研究——以國小一年級為例**。國立東華大學課程設計與潛能開發學系未出版碩士論文。

陳怡君（1997）。校園暴力之我見。**輔導通訊**，51期，頁41-43。

陳素貞（2001）。關心自己的情緒。**學生輔導**，75期，頁10-13。

陳淑琬（2001）。情緒教育的基本原則：找出師生情緒的律動。**學生輔導**，75期，頁30-35。

陳雲蘭（2010）。**國小低年級學童悲傷情緒調適課程之行動研究**。國立東華大學課程設計與潛能開發學系未出版碩士論文。

陳彰儀（2001）。青少年情緒教育。**臺灣教育**，608期，頁20-25。

陳德光（2001）。生命教育的宗教學基礎初探。**教育資料集刊**，26輯，59-79。

彭彥禎（2017）。電子奶嘴：孩子的3C危機。臺灣諮商心理學會暨東華大學人文臨床療癒學群聯合刊載。2019-02-23取自http://www.twcpa.org.tw/news_detail.php?nid=13451

曾文鑑（1999）。資訊科技與人文教育。**竹縣文教**，19期，頁43-46。

曾尚民（民91）。學習障礙學生的社會情緒問題與輔導。**特殊教育**，82期，頁34-40。

曾燕春（1999）。從挑戰與回應的歷史法則──論開放教育的回應。**國立編譯館通訊**，42，頁33-38。

游福生（1994）。孩子情緒困擾之輔導。**國教月刊**，40卷9、10期，頁46-47。

馮觀富（2005）。**情緒心理學**。心理出版社。

黃月霞（1989）。**情感教育與發展性輔導**。五南圖書出版公司。

黃月霞（1994）。「感覺情緒教育經驗課程」對兒童「態度」與「學業成績」影響的實徵研究。**輔仁學誌**，23期，頁315-334。

黃有志（2001）。從三合一輔導新體制淺談情緒管理與校園自殺防治。**臺灣教育**，608期，頁32-57。

黃盈彰（1999）。生命教育與情緒教育：從青少年自殺問題談起。**臺灣教育**，580期，頁19-24。

楊俐容、呂俐安、黃欣妏、黃瑞瑛、賴奕銘（2016）。**家校攜手，共讀共玩的50+提案**。親子天下。

楊麗華（1999）。臺北市日新國小資優生EQ成長活動設計。**國小特殊教育**，26期，頁51-55。

經濟日報社論（2019）。美國啟動AI大戰略的啟示。**經濟日報**（2019-03-27）。

董媛卿（1994）。當學生情緒激動的時候也是輔導者的最好良機。**研習資訊**，11卷5期，頁50-54。

廖居治（1999）。從現代教師壓力看教師情緒管理。**中等教育**，50卷1期，頁29-33。

廖春文（2001）。窗外有藍天：超越教化的心靈。**國教輔導**，41卷2期，頁57-63。

廖新春（2001）。情緒教育與輔導。**學生輔導**，76期，頁96-99。

臺灣芯福里情緒教育推廣協會（2020）。認識芯福里。2020-4-20取自https://www.happinessvillage.org/

褚秀敏（2020）。**發展情緒教育桌遊之行動研究──以轉念法為焦點**。國立東華大學教育與潛能開發學系未出版碩士論文。

劉亮（1982）。論學校教育與青少年輔導的功能。**自由青年**，67卷6期，頁21-26頁。

劉清芬（2000）。**國小學生批判思考、情緒智力與學業成就關係之研究**。國立高雄師範大學教育學系碩士論文。

劉黎兒（2017）。AI無法取代的人性價值。**今周刊**，1057期（2017-03-23）。

劉遼萍（1997）。教室生活與情緒教育。**現代教育論壇**，3期，頁174-177。

歐用生（2000）。臺北縣偏遠地區小型學校發展定位之研究。臺北縣政府（未出版）。

潘俊偉（2017）。想要平板　媽不肯，國二生放火燒宅。**聯合電子報**（2017/01/08）。2019-02-23取自https://video.udn.com/news/624582

蔡文杰（1996）。以人文主義的精神實現開放教育的理念。**臺灣教育**，548期，頁41-44。

蔡文杰（1998）。終身學習與現代教師：談現代教師的專業成長與自我實現。**師說**，124期，頁26-29。

蔡侑珍（2015）。**國中生情緒機會教育之行動研究**。國立東華大學教育與潛能開發學系未出版碩士論文。

蔡明昌（1997）。情緒管理：淺談情緒教育。**教師之友**，38卷1期，頁33-35。

蔡淑華（2009）。**情緒涵養理念取向的情緒教育行動研究——以國小六年級為例**。國立東華大學國民教育研究所未出版碩士論文。

鄭信雄（1992）。過動兒的感覺統合治療。**兒童福利**，48期，頁22-30。

鄭美月（2001）。情緒障礙學生的輔導：情緒教育的另一片天地。**學生輔導**，75期，96-121。

鄭美俐（1997）。淺談情緒教育。**臺灣教育**，559期，頁24-25。

盧富美（1997）。落實情緒教育之有效途徑。**教師之友**，38卷1期，頁21-30。

盧瑩榕（2008）。**小一新生的情緒教育之行動研究——以情緒表達為焦點**。國立花蓮教育大學課程與教學研究所未出版碩士論文。

親子天下編輯部（2016）。**情緒教育，怎麼教？**親子天下。

賴廷恆（2018）。青少年手機成癮　兩岸共同問題。2018-09-15・旺報專題報導。2019-02-22取自https://turnnewsapp.com/global/culture/50386.html

賴淑敏（2011）。**國民小學中年級實施情緒涵養理念取向的情緒教育之行動研究**。國立東華大學課程設計與潛能開發學系未出版碩士論文。

謝水南（1992）。全人教育。**研習資訊**，第9卷第2期，頁4-5。

鍾怡君（2007）。**國民小學教師因應班級中擾人學童之行動研究──以情緒問題為焦點**。國立花蓮教育大學課程與教學研究所未出版碩士論文。

鍾張涵、張朝鈞（2017）。美國人這樣迎戰AI。**今周刊**，第1054期（2017/03/02）。

鍾聖校（2000）。**情意溝通教學理論**。五南圖書出版公司。

顏銘志（2002）。情緒教育從師做起。**師友**，417期，頁84-88。

羅盈蓓（2009）。**國中生情緒教育之行動研究──以情緒札記為焦點**。國立東華大學教育研究所未出版碩士論文。

蘇素珍（2017）。**憂鬱症復原之自我敘說──走過藥物、諮商與靜心治療的歷程**。國立東華大學教育與潛能開發學系未出版博士論文。

蘇聖雅（2012）。**案例教學法應用在國中情緒教育之行動研究**。國立東華大學課程設計與潛能開發學系未出版碩士論文。

饒見維（2004）。**情緒涵養**（再版）。五南圖書出版公司。312頁。

饒見維（2005）。**創造思考訓練**。五南圖書出版公司。293頁。

饒見維（2010）。在師資培育中實施情緒教育之實踐經驗與展望。**教育研究與發展期刊**，6:1，頁65-93。

饒見維、劉秋木、呂正雄、謝文豪、陳添球、紀惠英（1992）。「仁智互動」德育模式之建構──中、西德育理論與德育模式之整合。發表於「道德教育國際學術研討會」。國立花蓮師範學院。

二、英文部分

Bar-On, R. & Parker, J. D. A. (2000). The hand book Of emotional intelligence. Jossey-Bass.

Brill, R. R. (2002). Emotional education perspective. 2015-11-10 Retrieved from http://www.emotionalhonesty.com/newsletter.html.

Brooks, J. (1999). Creating a positive school climate: Strategies for fostering self-esteem, motivation, and resilience. In Cohen, J. (Ed.). Educating Minds And Hearts. NewYork:Teachers College Press.

CASEL (2005). Safe and sound: An educational leader's guide to evidence-based social and emotional learning programs—Illinois edition. Collaborative for Academic, Social, and Emotional Learning: Chicago, IL.

Charney, R., Crawford, L., & Wood, C. (1999). The development of responsibility in early adolescence. In Cohen, J. (Ed.). Educating Minds and Hearts. Teachers College Press.

Cohen, J. (Ed.). (1999). Educating minds and hearts: Social and emotional learning and the passage into adolescence. Teachers College Press.

Collie, R. J., Martin, A. J., & Frydenberg, E. (2017). Social and emotional learning: A brief overview and issues relevant to Australia and the Asia-Pacific. In E. Frydenberg., A. J. Martin., & R. J. Collie (Eds). Social and emotional learning in Australia and the Asia Pacific. Springer.

DfES (2004). Every child matters: Change for children in schools. DfES Publications.

DfES (2005). Excellence and enjoyment: Social and emotional aspects of learning (guidance). DfES Publications.

Dryfoos, J. G. (1998). Safe passage: Making it through adolescence in a risky society. ERIC Number: ED425225

Elias, M. & Butler, L. B. (1999). Social decision making and problem solving. In Cohen, J. (Ed.). Educating Minds And Hearts. Teachers College Press.

Elias, M. J., Zins, J. E., Weissberg, R. P., Frey, K. S., Greenberg, M. T., Haynes, N. M., Kessler, R., Schwab-Stone, M. E., & Shriver, T. P. (1997). Promoting social and emotional learning: guidelines for educators. ASCD.

Feinson, T. C. (2001). Antidotes to violence in schools. 2011-06-16 Retrieved from http://adventuresinteaching.org/_forum/0000000b.htm.

Gardner, H. (1983). Frames of mind: The theory of multiple intelligences. Basic Books Inc..

Gardner, H. (1993). Multiple intelligences: The theory in practice. Basic Books Inc.

Garner, P. (2013). Social and emotional aspects of learning. The University of Northampton, UK.

Growald, E. (2002). A case for emotional literacy. 2013-01-13 Retrieved from http://www.casel.org/case.htm.

Hosotani, R. (2011). Emotional experience, expression, and regulation of high-quality Japanese elementary school teachers. Teaching and Teacher Education,Volume 27, Issue 6, August 2011, Pages 1039-1048.

Humphrey, N., Kalambouka, A., Bolton, J., Lendrum, A., Wigelsworth, M., Lennie, C., & Farrell, P. (2008). Primary social and emotional aspects of learning (SEAL): Evaluation of small group work. Research Report DCSF-RR064. School of Education, University of Manchester.

Jones Day Publications (2019). White House unveils American AI initiative: The future is now. February 2019. 2019-03-27 Retrieved from https://www.jonesday.com/white-house-unveils-american-ai-initiative-the-future-is-now-02-27-2019/#

Krathwohl, D. R. (1993). Methods of educational and social science research: An integrated approach. Longman.

Kusche, C. A. & Greenberg, M. T. (1994) . The PATHS (Promoting Alternative Thinking Strategies) curriculum. Developmental Research and Programs.

Larson, C. S. (2002). Healing feelings. 2017-11-08 Retrieved from http://reality-shifters.com/pages/articles/healingfeelings.html.

Littlefield, L., Cavanagh, S., Knapp, R., & O'Grady, L. (2017). Kids Matter: Building the capacity of Australian primary schools and early childhood services to foster children's social and emotional skills and promote children's mental health. In E. Frydenberg, A. J. Martin & R. Collie (Eds.), Social and Emotional Learning in Australia and the Asia-Pacific: Perspectives, Progams and Approaches (pp. 293-311). Springer.

MCEETYA (2008). Melbourne declaration on educational goals for young Australians. Published by Ministerial Council on Education, Employment, Training, and Youth Affairs. 2017-05-26 Retrieved from http://www.curriculum.edu.au/verve/_resources/national_declaration_on_the_educational_goals_for_young_australians.pdf

McIntosh, P. & Style, E. (1999). Social, emotional, and political learning. In Cohen, J. (Ed.). Educating Minds And Hearts. New York: Teachers College Press.

MECSST (2002). From what sort of perspectives is educational reform being moved forward. 2019-03-26 Retrieved from http://www.mext.go.jp/b_menu/hakusho/html/hpae200001/index.html

OfSTED (2007). Developing social, emotional and behavioural skills in secondary schools: A five-term longitudinal evaluation of the Secondary National Strategy pilot. Kingsway.

Orbach, S. (2002). An emotionally literate education. 2017-11-02 Retrieved from http://homepages.poptel.org.uk/antidote/susieonedu.htm#page%207

Rosenthal, R. & Jacobson, L. (1992). Pygmalion in the classroom: Teacher expectation and pupils' intellectual development (Newly expanded ed.). Bancyfelin, Carmarthen, Wales: Crown House Pub.

Seligman, M. E. P., & Csikszentmihalyi, M. (2000). Positive psychology: An introduction. American Psychologist, 55, 5-14.

Shriver, T. P., Schwab-Stone, M., & Defalco, K. (1999). Why SEL is the better way: The new haven social development program. In Cohen, J. (Ed.). Educating Minds And Hearts. New York: Teachers College Press.

Tanabe, S. (2000). Education reform in Japan: Ways towards quality. International Conference Proceedings. Brdo pri Kranju, Slovenia. College of Management in Koper.

The American Health Institute (2002). Common questions about the mind and can-
    cer. 2013-02-08 Retrieved from http://www.ahealth.com/cqac.html.

Wright, D. (2002). Daily emotional management classes in public schools.
    2013-05-18 Retrieved from http://www.globalideasbank.org/showidea.
    php?idea=2776.

附　錄

附錄一　情緒札記表格範例

第　篇情緒涵養札記		姓名：　　　　　學號：　　　　　班級：	
日期	遇到的事件或狀況	採用的情緒涵養方法	領悟到的心得或感想
94年10月23日	最近回到家，洗完澡後不知不覺倒頭就睡，連續好幾天晚上都毫無工作成效，也提不起勁完成應做的事，隔天早上才暗自懊悔讓時間白白睡去，弄得自己情緒不佳，也讓隔天累積了更多工作。	仔細思考後，我發現再這樣消沈下去也不是辦法，於是將筆記本拿出，寫下一週待處理事項，事先做好計畫，積極面對該做的工作。	在這樣的過程中，我發現自己其實是因為有好多的事要做但卻未做，才會有懊悔和焦慮的情緒，想用睡覺來逃避應付出的努力，不去面對的結果就是弄得自己更累，應採用更積極的心態才是。
94年10月25日	今天和姊姊起了衝突，不過因為一些芝麻小事，我們彼此都不和對方說話，讓家裡的氣氛怪怪的，當下我真的很憤怒，難得回家一趟，幹嘛弄的彼此這麼尷尬，你幹嘛跑來跟我吵架。	過了幾個小時後，我覺得恢復了理智，可以平靜的與她對談，於是我採用「適度的向當事人表達自己的情緒」這個方法，我向她說明我的感受。	我覺得很難做到「適度的向當事人表達自己的情緒」，因為會羞於啟齒。不過當我嘗試過後發現，其實也沒那麼困難，而且有助於這種吵架事件早點落幕。
94年10月26日	因為下禮拜的作業和報告一大堆，所以今天雖然是週末，我卻覺得心情很煩、很悶，因此根本無法積極的完成每一個作業，有一種無力感湧上心頭。當時心情不好，雖然想積極起來，但卻無法成功集中自己的注意力，因此，一點效率都沒有，而且又怕下星期的作業和報告，受這種負面心情的影響而使成績不理想。	因為自己喜歡運動，因此放下手邊所有的作業，到操場打球和慢跑，轉移沮喪的心情。	果然當自己運動流汗之後，精神頓時好了很多，在加上洗完澡之後，更覺得輕鬆很多，原本煩躁、沮喪的負面情緒蛻變、消融了，此刻的我終於可以有效率且積極的完成每一個作業了。

附錄二 三長兩短：正面性情與負面性情

姓名： 日期：

請你寫出三個最能描述自己的「正面性情」及判斷的依據：
（寫你自己覺得比較明顯的性情）

正面性情	你依據什麼來判斷自己有這個性情？
一、	
二、	
三、	

請你寫出兩個最能描述自己的「負面性情」及判斷的依據：
（寫你自己覺得比較明顯的性情）

負面性情	你依據什麼來判斷自己有這個性情？
一、	
二、	

附錄三　情緒與身體的感覺

姓名：　　　　　日期：

請你寫出兩個最近發生的「正面情緒事件」及當時的情緒及身體的感覺：		
正面情緒事件	情緒	身體的感覺
一、		
二、		

請你寫出兩個最近發生的「負面情緒事件」及當時的情緒及身體的感覺：		
負面情緒事件	情緒	身體的感覺
一、		
二、		

附錄四　情緒事件案例

案例使用說明：

在以下每一則案例後面都列舉了事件主角「**可能有的非理性思考以及可以轉念的方式**」。使用案例時，這個部分不用呈現給學生，僅供教師參考之用，也不是標準答案。其中的**黑體字**乃是事件主角的「**非理性思考**」，【理性地想想】則是可以轉念的方式。

1. 志德的包包不見了

志德是一個國中生。有一天晚上，他突然心血來潮騎腳踏車去市區逛逛。回到家才發現包包弄掉了，也不曉得是掉在哪裡。由於包包裡面有錢包、手機等等重要物品，一想到手機不見是一件非常麻煩的事，他就感到非常焦急不安。再加上手機是新買不到一年，又非常貴，所以更加感到緊張與懊惱，不曉得怎麼辦才好。他感到很懊悔，自己怎麼會這麼不小心，一直想說如果不騎腳踏車去市區就不會發生這種事情了。而且，手機、錢包掉了之後，一切事情都變得很不方便，對外聯絡的方式都沒了。他又覺得自己很倒楣，自己怎麼笨手笨腳的，什麼事都做不好，連騎腳踏車去市區也會把包包弄掉，心裡真的是沮喪到了極點。

可能有的非理性思考以及可以轉念的方式：

(1) 志德還沒有去找手機就先認為找不到手機，這是一種**負面心態**。

　　【理性地想想】：手機掉了已經是事實，緊張與懊惱於事無補，因為手機並不會因為緊張與懊惱而突然出現。應該冷靜地想想手機可能掉在哪裡，並想辦法去找回手機，能找就去找，也許還可以把手機找回來（用正面的心態來面對）。

(2) 志德覺得手機是新買的且非常貴，手機掉了之後一切事情都很不方便，對外聯絡的方式都沒了，這是**誇大了遺失手機的嚴重性**，這樣只會讓自己更加焦慮。

　　【理性地想想】：如果真的找不回手機也只好認了，再買一支手機就好，並非世界末日。比較重要的是趕緊想想手機遺失後要做什麼後續的

處理。

(3) 志德覺得自己很倒楣、懊悔、沮喪，如果沒有騎腳踏車去市區就不會發生這種事情了；他還一直怪自己笨手笨腳、這麼不小心。這些都是**過度的自怨自艾**。

【理性地想想】：事情都已經發生了，過度懊悔、自責也改變不了事實。與其自怨自艾，倒不如檢討自己可以從這次掉包包的經驗學到什麼寶貴的教訓，這樣也許以後自己做事情會更小心些，就把這次的損失當成付出一筆學費吧！

2. 美晴要到阿姨家聚餐

美晴是一個國小三年級學生。她的媽媽提到這個週末全家要一起去阿姨家吃飯。她一想起以往到阿姨家聚餐的情景，就想到了表姊，心裡就覺得很煩悶，去她們家吃飯必定會很無趣，因為美晴一直覺得表姊長得比她漂亮，常常看起來瞧不起她的樣子。接連幾天，美晴心裡一直在煩惱著，又一直在想：為什麼媽媽這麼喜歡去阿姨家聚餐？她實在愈來愈不想去，但是因為是全家的活動，又不能自己一個人單獨在家，於是愈想就愈煩。

可能有的非理性思考以及可以轉念的方式：

(1) 美晴一直覺得表姊瞧不起她，這是自己**先入為主（預設立場）**，因為「表姊瞧不起自己」這個想法也許只是她自己多想的，或是自己先入為主的假設而已，表姊可能並沒有瞧不起自己。美晴對於自己的長相可能也有點「**過度的自怨自艾**」，因而以為表姊會因為長相而瞧不起自己。

【理性地想想】：不管表姊是否瞧不起自己，都只是她的態度或想法而已，對自己也沒有造成什麼實質的損傷或後果，何必自己誇大了「表姊瞧不起自己」的後果。更何況，「表姊瞧不起自己的長相」也可能只是自己莫須有的想法而已，實際上可能根本沒有這回事。

(2) 美晴覺得「去阿姨家吃飯會很無趣」，這是**預先誇大後果的嚴重性**，因為都還沒有去阿姨家吃飯呢！

【理性地想想】：也許屆時不一定如此，何必想那麼多。反正一定要去，倒不如多想一些去阿姨家吃飯時可能會有的「好的一面」，也許心

情會好些。

3. 明儒忘了社團開會

　　明儒是一個高中生。有一天晚上他所參加的「橋藝社」要開會，開會時間是晚上七點半。由於他晚上要上補習班的課，所以當初就曾告知社長會晚點到，沒想到下課後竟忘了這件事而直接回家，看了一下電視就去洗澡。等到洗好澡才想起橋藝社要開會一事，但已經都八點四十五分了，推想他們可能都已開完會了，所以就不想再出門。

　　由於這次的會議非常重要，所以他很怕社長會生氣，就開始想理由、編藉口。最後想到的理由是：因為淋雨，所以回家洗澡，結果就來不及去開會了（當天晚上的確有下頗大的雨）。雖然捏造好了理由，想想這個理由好像也有點勉強，心中還是很害怕，連手機都不敢接！他的心中除了愧疚、害怕外，還添加了一股不安，深怕明天如果謊言被拆穿會更丟臉，也會讓社長更生氣，愈想就愈惶恐。

可能有的非理性思考以及可以轉念的方式：

(1) **明儒誇大了「忘記去開會」這件事的嚴重性**，因為忘記去開會也許沒有自己想的那麼嚴重，而且一定也有事後可以彌補的方式。

　　【理性地想想】：既然已經忘記去開會了，事實已經造成，不管忘記開會的後果是什麼，也不用去多想後果會有多嚴重，不用自己嚇自己。

(2) 一直在想理由說謊或編藉口也都無濟於事。

　　【理性地想想】：盡早打電話給社長，坦白說明自己忘記去開會的真正理由，並跟社長好好道歉，且問清楚開會的結果及自己後續該負起的責任或任務即可。

4. 宇華對籃球賽的恐懼不安

　　宇華是一個高中生。今天班上有全校班際籃球的賽程。因為平常上場打球的一位球員剛好有事，在人數不足的情況下，體育股長事先便告知他，可不可以上場參賽。雖然他也表明了不太會打籃球的立場，但實在找不到人上場了，礙於人情的壓力，當時他便答應了。結果使得他整天都處在恐

懼不安的情緒中，畢竟自己真的不太會打籃球，平常只有在體育課玩玩而已，也沒有參加過任何正式比賽。很害怕到時球打得不好，會很丟臉，更可能會害班上輸球。愈想就愈緊張、害怕、不安。

可能有的非理性思考以及可以轉念的方式：

(1) 還沒有上場打球就想自己到時候打球會打得不好，這是一種**負面心態**。

　　【理性地想想】：還沒有上場打球就不用想自己一定會打不好，到時候再盡力就是了。打得好就很好，打不好也只不過反映自己本來的實力就是如此。

(2) 「球打得不好會很丟臉，且可能會害班上輸球」這些都只是自己**事先在誇大後果的嚴重性**。

　　【理性地想想】：打球打得不好也沒有什麼好丟臉的，因為自己也是臨時被告知要替補上場，對班上已經很幫忙了。屆時班上如果真的輸球也沒有人會怪自己，何必誇大後果的嚴重性。

5. 麗晶搭上慢公車

　　麗晶是一個國中生。有一天早上她要搭公車到火車站。依照她搭了將近一年半的經驗，這段路程只須花上最多二十五分鐘，但是那天公車司機開的超級慢，更過分的是，他開到一半還突然停車去買早餐，結果竟然花了將近五十分鐘才到火車站。麗晶原本要轉搭八點四十三分的火車，但是到了八點四十一分時，公車才到達終點，剩下的二分鐘還要跑大約二百公尺才能到火車站。除此之外，那班火車還在第二月臺，結果她跑到軟腿才終於在火車門要關上的那一秒「跳上」火車。

　　起先麗晶本來是懷著一顆悠哉輕鬆的心情搭車，但當她發現司機開的速度跟旁邊摩托車的速度差不多時，就開始有點擔心了，而當她看到司機竟然停車去買早餐時，擔心的心情又轉成憤怒。接下來的心情真得是緊張到不行，眼睛一直盯著時鐘，根本就是坐立難安，且心裡一直想著：「完蛋了，一定來不及搭上火車了，怎麼辦？」一方面也很懊悔自己真不該搭這班公車。整個過程的心情真是既緊張、憤怒又懊惱。

可能有的非理性思考以及可以轉念的方式：

(1) 公車都沒有到站就一直擔心會接不上火車，根本是**過度的期待與擔心**，也是**事先在誇大後果的嚴重性**。

【理性地想想】：公車並不會因為自己的擔心而變快，且萬一來不及搭上火車也不是就真的完蛋了，一定也有其他後續可以因應的方法。現在可以做什麼準備？萬一搭不上火車時可以如何因應？這樣都比一直擔心接不上火車還要重要。

(2) 公車司機開太慢是司機本身的錯，一直在心中責備他也是**過度的責備**。

【理性地想想】：責備也沒有用，因為這是用別人的錯來懲罰自己（憤怒對身體有傷）。「公車司機開太慢」也不見得有錯，因為這位司機可能屬於比較謹慎小心開車的司機，或因為今天的路況不好，或因為剛開這個路線比較不熟悉。「司機停車去買早餐」也要稍稍體諒些，畢竟他可能真的很餓，不能只想到自己的需求。

6. 純益的好友忘了代轉作業

純益是一位國中生。有一天下午，他因為身體不舒服，臨時決定請假回家休息，但是因為下午的課要交一份很重要的作業，於是他就請一位好友阿亮把作業代為轉交給老師，並順便向老師請假。但是那位同學卻忘了幫他把作業交給老師。

第二天早上，阿亮將純益的作業遞到他的面前，且一面說：「對不起，我昨天忘了幫你交作業。」一開始，他以為阿亮是在開玩笑，但是看到了自己的作業在手上時，臉上的笑容馬上僵掉，並大聲的說：「不會吧！你真的忘記交啊！我記得老師說過遲交一天要扣十分呀！那我怎麼辦？」純益既震驚又生氣，覺得這麼重要的事情，怎麼可以忘記，一直嘀咕不停，而阿亮雖然一直在旁說抱歉也無法打消他的怒氣。

可能有的非理性思考以及可以轉念的方式：

(1) 純益把「阿亮忘了轉交作業給老師」這件事的後果看得太重了，也就是**誇大了事情的嚴重性**。

【理性地想想】：即使遲交被扣十分，也無需看得太嚴重。

(2) 雖然「阿亮忘了轉交作業給老師」，但是純益也**過度責備**阿亮。

【理性地想想】：遲交作業已成事實，不會因為責備而改變。人有時難免也會忘記事情，無需過度責備他人。更何況，也許跟老師說明之後，不一定就不會被扣分了。

7. 亦芬的同學爽約

亦芬是一位國小三年級學生。有一天下午她和同學約好要去逛街，她們相約在市區的某一個地方等彼此。剛好那天下午又下起雨來，她一個人穿著雨衣等同學，但是對方卻爽約了。一開始時，亦芬覺得很生氣，心裡一直想著：等會同學一出現時，一定要狠狠罵她一頓。剛好她的手機沒有電，無法打電話給同學。等了很久之後，她的生氣心情又轉變成擔心。她又開始擔心地想：「她會不會發生了什麼事？」等了將近一個小時，同學終於出現。同學一出現，亦芬就開始不斷責罵同學爽約，害她等了這麼久，而同學則一直說抱歉，她午睡睡過了頭。兩人雖然開始逛街，但是卻不再能像過去一般開心地逛街。

可能有的非理性思考以及可以轉念的方式：

(1) 亦芬擔心同學：「會不會發生了什麼事？」是**過度的擔心**。

【理性地想想】：事情的真相是什麼根本還不知道，既然無法打電話給同學，擔心也沒有用。

(2) 亦芬很生氣同學害她等了這麼久，且又不斷責罵同學爽約，有點**過度責備**同學。

【理性地想想】：這是拿別人的錯來懲罰自己（生氣的感覺很不舒服，且可能對身體也不好）。人有時難免也會睡過了頭，何必過於計較，何況同學爽約已經發生了，她也道歉了，過度責罵同學也改變不了事實，只是破壞逛街的心情及彼此的友情而已。

8. 明華參加趣味競賽

明華是一位國小六年級學生。學校運動會被老師分派到要參加一項趣味競賽。比賽前聽裁判講解時，他就覺得是個很難的遊戲，也開始緊張起來，

心裡也很不安、很焦慮，很怕自己會出錯，拖累同班同學，而且一想到旁邊有很多人在看，一點也開心不起來。他一直說服自己：「不要太在意，這不過是個趣味遊戲，志在參加，不在得獎！」雖然很想轉移自己的注意力，但是不安的情緒還是存在，一直覺得很緊張，直到整個遊戲結束後，整個不安的情緒才算真正解除。

可能有的非理性思考以及可以轉念的方式：

(1) 明華在開始比賽前就覺得是個很難的遊戲，很怕自己會出錯。這是**過度的自貶與妄自菲薄**，因為還沒有比賽就害怕自己會出錯。

　　【**理性地想想**】：這類比賽對每一個人都一樣很新鮮、沒有經驗，每一個人也都可能會出錯，為何害怕只有自己會出錯？何必妄自菲薄呢？

(2) 明華很怕自己的出錯會拖累同班同學，這是**預先誇大後果的嚴重性**。

　　【**理性地想想**】：即使出錯，說不定其他同學能追上，也還能補救，只有比到最後才知道結果。即使最後班上輸了，也就輸了，沒有什麼大不了。這本來就是趣味競賽，過程好玩就好了，實在不必太過在意輸贏。

9. 華美的頭髮剪得太短了

　　華美是一位國中女生，有一頭長捲髮。有一天她突然很想剪頭髮，所以就在開學還未上課的那天跑去剪頭髮。和美髮設計師溝通了一下，跟他說要剪多短以及想要什麼樣的造型後，就開始剪頭髮了。然而，剪完後完全出乎她的意料，美髮師把她的頭髮剪得太短了，而且不是她想要的造型。華美感到很生氣，因為他沒有按照自己的意思把頭髮剪好，偏偏美髮師又一直堅持是按照她的意思來剪的，讓她又更生氣了。隔天上課時，遇到的同學都說她不適合短髮，這樣剪不好看，害得她超在意、超難過的。

　　華美覺得美髮師當時沒有真正了解她想要的髮型就開始剪，實在很不應該，而且非常後悔自己沒事幹嘛去剪頭髮，且又十分在意同學所說的，所以很難過。在接下來幾天去上課時都十分在意別人在看自己的頭髮，一直很不開心。

可能有的非理性思考以及可以轉念的方式：

(1) 華美很氣美髮師沒有按照自己的意思把頭髮剪好，有點**過度的責備**。

【理性地想想】：畢竟這是雙方溝通不良的結果，不能單方面指責美髮師，自己可能也講得不夠清楚。即使美髮師真的誤會了她的意思，頭髮也剪了，已經來不及了，再怎麼生氣也無濟於事，甚至是拿別人的錯來懲罰自己。

(2) 華美對於「美髮師把她的頭髮剪得太短」這件事的後果看得太嚴重了，這是**誇大失敗或損失的嚴重性**。

　　【理性地想想】：現在頭髮雖然剪得太短，以後還是會再長出來，又不是永遠如此，何必太過在意目前的樣子。

(3) 華美對於「別人說她剪短髮不好看」一直感到很不開心，這是**過度追求完美**。

　　【理性地想想】：短髮好不好看，都只是個人的主觀感覺，且是因人而異的感覺。況且，剪頭髮是為了自己感到舒服，或只是想改一下造型，不是為了要讓人人都覺得自己的頭髮好看才去剪頭髮，何必太過在意一些人的看法。

10. 曉雲參加大隊接力

曉雲是一位國小四年級女生。有一天早上她被體育股長告知，要參加隔天學校運動會的班際男女混合大隊接力賽（每班六位男生、六位女生），被排在班上第五棒，而且是個要搶跑道的棒次。起初一知道這一點就超緊張的，一直想和其他同學換棒次，但是都沒換成。她不斷跟班上的體育股長溝通：第五棒要搶跑道，應該要換比較強的人來跑，但是體育股長也找不到別人願意和她換，而且還說她的後面五棒都是女生。由於她是女生中最強的，她跑第五棒最好。所以，整天裡她只要一想到這件事就會緊張一下。

到了第二天，就要上場比賽了，他們班前四棒的男生看起來都很厲害，讓她愈想就愈緊張，很怕自己上場後，班上會被超前，會很丟臉！心裡一直想說：糟糕，我們班一定輸定了！這個緊張的心情一直持續到她跑完了才放鬆下來。

結果，原來每一班都把四位男生排在前面，然後排六位女生，最後兩棒才

安排最強的男生來搶名次。等到曉雲上場跑時她們班已經跑在第二名，且她跑完之後，排名也沒有變，也沒有因為她而被後面的班級超前。跑到最後，她們班竟然還跑到第一呢！她回想起來，自己似乎白緊張了兩天！

可能有的非理性思考以及可以轉念的方式：

(1) 曉雲覺得「應該要換比較強的人來跑第五棒」，這是**過度的自貶與妄自菲薄**。

【理性地想想】：體育股長都已經說自己是女生中最強的，何必如此妄自菲薄。

(2) 曉雲很怕自己上場後，班上會被超前，會很丟臉，且一直想她們班輸定了，這顯示她有**負面心態**，且**預先誇大後果的嚴重性**。

【理性地想想】：都還沒有跑就一直想輸定了，只是讓自己更緊張，對比賽一點幫助也沒有。即使最後輸了，也不是什麼大不了的事，何必想得那麼嚴重。更何況，大隊接力本來就是以團隊的整體合作表現來決勝負，不是任何一個人的責任，等到自己上場時儘量跑就好了，何必把責任都扛在自己身上。

11. 雪月的春假計畫被SARS打亂了

雪月是一個在花蓮讀書的大學生。隔天就要開始放春假了，她和好朋友兩個人早早就計畫好到臺北去玩，票也都訂好了！但就在出發的前二個小時，她接到了爸爸打來的電話，說臺北SARS疫情還挺嚴重的，希望她以後再去。但因為她都跟同學約好了、票也訂了，那麼突然的變化真得造成她很大的困擾，覺得很麻煩，頓時不知道該怎麼辦才好！早早就計畫好的旅遊，竟然被打亂了！SARS有那麼恐怖嗎？大家為什麼要這麼恐慌呢？想到還要去退票、還要重新買票，真是麻煩死了！且原本計畫好好的，現在這幾天什麼地方都不能去，到底可以去哪啊？愈想就愈心煩，也很懊惱為什麼SARS疫情偏偏要在這個時候爆發，難得上大學後放第一個春假啊！

可能有的非理性思考以及可以轉念的方式：

(1) 由於SARS疫情打亂了春假旅遊計畫，雪月覺得很麻煩與困擾，這是**過度追求完美**，也是有點**過度責備**。

【理性地想想】：任何計畫都可能遇到變化，而且SARS疫情的爆發不是事先能預料到的變化，也不是任何人的責任；更何況，爸爸希望她以後再到臺北去玩，也是為她好，何必責備老天或老爸。

(2) 由於SARS疫情使得春假什麼地方都不能去，<u>雪月</u>覺得愈想就愈心煩，這是**誇大事情的嚴重性**。

【理性地想想】：春假不能出遊也可以待在學校做很多其他事，況且去臺北玩的機會以後多的是，何必一定要在這種時候去呢？

12. <u>素玉</u>被語言的騷擾

<u>素玉</u>是一位高中生。有一天和一位同學去逛羅東夜市，逛到發現天色已晚，才趕緊去公車站等車，要回宜蘭。在等車時，遇到三個中年男子對她們一直語言騷擾，轉過頭才發現整個車站只剩下她和同學兩個女生。兩個人就驚慌失措的拔腿往車站外跑，邊跑時還聽到那些人在大笑，還大聲叫說別跑。她們嚇死了，驚慌失措地跑到車站外面，再也不敢回去搭公車。後來她們改走路去搭火車，一路上<u>素玉</u>都還十分的害怕與生氣！很氣那三個中年男子的惡劣行為，愈想就愈氣，但是同時也氣自己竟然那麼驚慌失措，而且後悔自己怎麼沒有鎮定地離開，使得逛夜市的快樂心情全部蕩然無存，整個心情因為陌生的無聊男子而大受影響！

可能有的非理性思考以及可以轉念的方式：

(1) <u>素玉</u>遇到三個中年男子對她們語言騷擾時，顯得有點**過度的擔心**。

【理性地想想】：這些人也許只是故意開個玩笑嚇嚇她們，對他們並沒有實質的傷害。更何況，公車站隨時都會有人或車子來，他們應該只是口頭上的騷擾，不至於做出什麼傷害她們的事，不用過度擔心與驚慌。

(2) <u>素玉</u>很氣那三個中年男子的惡劣行為，這是**過度的責備**，因為這是拿別人的錯誤來懲罰自己。

【理性地想想】：那些中年男子的語言騷擾當然是錯誤的行為，但是自己繼續在生他們的氣只是又再度傷害自己，對他們一點都沒有實質影響，而且事情都過去了，氣也只是白氣。

(3) <u>素玉</u>很後悔自己當時沒有鎮定地離開，這也是**過度責備**自己。

【理性地想想】：事情都已經發生了，後悔也於事無補。應該好好想的是：以後遇到這一類事該如何因應？以後該如何避免碰到這類事？從這件事可以學到什麼教訓？想這些事遠比後悔重要。

13. 偉新抽到分組報告的最後統整工作

偉新是一位大學生。他選修了一門課，其中有一份作業是採用分組報告的方式。他們小組把報告分成幾個層面，然後用抽籤的方式來分配各個層面的工作，然後由一位同學做最後的整理與統整。結果，他抽到了負責統整報告的工作。其他同學必須把分配到的部分先完成，然後寄到他的信箱給他做最後的統整。

可是，當他收完其他人寄來的資料，準備開始做統整時，發現到有些同學並不是很認真地做他們分配到的部分，寄來的資料很多都是沒用的，且很多資料也都沒有先經過初步整理與篩選。結果，他不只要全部加以重新整理與篩選，很多部分，自己還要重新找資料，才能把整個報告弄好。

偉新很氣同學這麼不負責任，覺得自己很倒霉，為什麼要抽到最後的統整工作，而且還要幫他們把沒做的部分做完，幾乎等於一個人要做所有人的工作。因此，他一面做報告就一面覺得做得很不甘願、很悶、很氣。而且，隔天就要交報告了，已經來不及請其他人把各自負責的部分重做或補做，他只好自己花了好多時間去趕那份報告，很氣他們真不負責任，隨便把一些資料丟給他，愈想就覺得愈倒霉，愈做就覺得一股氣悶在心裡。雖然最後總算完成了，但是整個過程實在很不開心、很不舒服、很疲累！

可能有的非理性思考以及可以轉念的方式：

(1) 偉新很氣同學非常不負責任，隨便把一些資料丟給他去做最後的統整，顯得有些**過度的責備**。

【理性地想想】：此時在心中一直責備其他同學並改變不了事實，因為已經來不及叫他們補做了。何必為了其他人的不負責而自己在生悶氣呢？氣得半天不僅於事無補，更是拿別人的錯來懲罰自己，不僅白白地生氣，也很浪費精神。

(2) 偉新覺得自己很倒霉，為什麼要抽到最後的統整工作，且還要幫其他同

學把沒做好的部分做完？這是**過度的自怨自艾**，同時也是**負面心態**。

【理性地想想】：他們也是用抽籤的方式來決定工作分配的，沒有什麼好抱怨的。既然抽到了最後的統整工作，就只好自己用心去完成它，再怎麼倒霉也一定有人會抽到這項工作。從正面的心態來想：還好是自己抽到，否則如果是由其他同學來完成最後的統整，以他們這麼不負責的態度來看，結果說不定很糟糕。此外，自己雖然多做了一些工作，也增進了自己「蒐集資料、篩選資料與統整資料」的能力，反而比其他同學多學了一些，正是所謂「勞者多能」，何必計較那麼多？更何況，等報告交出去之後再來跟他們檢討這次分組作業的情形，也許他們屆時就知道自己這次花了這麼多的工夫，他們欠自己一份很大的人情。透過檢討，說不定日後的分工責任會更清楚些、更合情合理些。這本身就是一項很好的學習經驗。

14. 嘉宇沒戴安全帽被開罰單

嘉宇是一位大學生。有一天，同學載他到學校附近買早餐，要回去上課時突然被警察攔下來，因為同學只有一頂安全帽，嘉宇就因沒有戴安全帽而被開罰單。他原本想：只到學校外面而已，很快就回校了，再加上他們過去也常常這樣載，也都沒有事，當然沒想到這樣也會被開罰單，因此感到很生氣、很懊惱。而且那時警察態度很不好、看起來兇巴巴的，讓他感覺很不爽！他被警察攔下時，當下就乖乖地拿出行照、駕照呀！而且那時警察突然從旁邊出現，又用警笛叭他們，使得他們突然緊急剎車，把他嚇了一大跳，感覺很危險！更令他生氣的是，當時在他們後面還有班上的另外三位男生共乘一輛機車且都沒戴安全帽，但是卻沒有被開罰單。

回到學校之後，嘉宇和同學兩個人就一直互相抱怨那個警察，然後回想當時莫名其妙的狀況，愈想就覺得愈倒楣！班上那三位共乘的同學還一直說真謝謝他們，要不然就是他們被抓了！聽了就覺得自己更倒楣，也好討厭那位警察，開罰單就開罰單，態度幹嘛那麼不好啊！而且警察用警笛叭他們也實在太突然了、太危險了，愈想就愈氣！

可能有的非理性思考以及可以轉念的方式：

(1) 嘉宇很生氣被警察開罰單，且覺得警察態度很不好、看起來兇巴巴，感覺很不爽，這是**過度的責備**。

　　【**理性地想想**】：警察也只是在執行他的任務，沒有什麼不對，而且戴安全帽也的確比較安全，不要因為距離短且在學校附近而疏忽。沒戴安全帽本來就是自己不對，誰也無法預測在學校附近就不會發生什麼意外。這次被開罰單也算是給自己一個小小的警惕，以後才會更加注意，不會心存僥倖、不隨便違反交通規則！至於那位警察「態度很不好、看起來兇巴巴」，也許因為警察當天心情不好，或者他對所有違規者的態度都是那樣嚴厲，才看起來兇巴巴的樣子，因此也不用過度責備他。

(2) 嘉宇一直抱怨那個警察「只對自己開罰單，而沒有開罰另外三位男生共乘一輛機車且都沒戴安全帽」，這是**過度的自怨自艾**。

　　【**理性地想想**】：警察一次也只能抓一輛違規，大概來不及或還沒有看到另外三位男生，所以只能自認倒楣，不用過度抱怨，而且罰單都已經開了，抱怨也改變不了事實，只是讓自己更不開心而已。

15. 智明搭的火車誤點來不及轉搭客運

　　智明是就讀於高雄某中學的一位高中生，平時住在學校宿舍。有一個週末，他要坐火車從高雄到臺南，然後再從臺南搭客運到玉井老家。但是他搭乘的火車從高雄開車時就已經誤點十分鐘了，愈到後面，誤點的時間愈增愈多。他開始緊張起來，因為他原本預留轉車的時間只有二十分鐘，很怕到臺南要轉搭客運時會來不及，而且他要轉搭到玉井的客運班次很少，如果趕不上原本想搭的那個班次，還要多等一個多小時。因此，他愈想就愈害怕真的會來不及搭上客運，心裡一直很焦慮，希望火車能開快一點，但是從高雄到臺南中間的停靠站好多，而且今天的旅客好像特別多，每一站都停了好久，讓他愈來愈焦急。隨著時間過去，眼看原本要轉搭的客運開車時間已經到了，而自己仍然還在火車上，確定來不及轉車了，他開始一面在心裡痛罵臺鐵的誤點為何如此嚴重，一面又感到很後悔（當初不該搭這班莒光號火車，預留轉車的時間太少，停靠站又多）、很倒霉（今天

的旅客好像特別多，每一站都停了好久，讓他來不及轉搭客運）。

可能有的非理性思考以及可以轉念的方式：

(1) 智明發現火車誤點愈來愈多，開始緊張起來，很怕來不及轉搭客運，這是**過度的期待與擔心**。

　　【理性地想想】：火車並不會因為自己的緊張和害怕而開得快些，屆時如果真的來不及轉搭客運，也只能另想辦法或等下個班次的客運，自己的擔心、緊張或害怕都是多餘。

(2) 智明痛罵臺鐵的誤點太嚴重，使得他來不及轉搭客運，這是**過度的責備**。

　　【理性地想想】：臺鐵的誤點可能有很多的因素，而且當天旅客可能真的太多。責罵或生氣只是氣壞自己，根本於事無補，且誤點都已經成為事實，再怎麼氣也沒有用。

(3) 智明對於搭上這班莒光號火車感到很後悔、很倒霉，這是**過度的自怨自艾**，也有一點**過度追求完美**。

　　【理性地想想】：畢竟，每一個人難免都會碰上「人算不如天算」的事，也不可能事事都那麼如意、那麼完美。比較重要的是，從這次的經驗學到：以後買車票時要預留足夠的轉車時間，不要太緊湊。

16. 蕙香的姊姊不幫忙打掃臥室

　　蕙香是一位國小三年級的學生。有一個週末下午，她覺得臥室有點髒亂，因此就臨時起意開始動手打掃臥室。和她住同一個臥室的姊姊明明看到她在打掃，卻假裝沒看到，還是很悠哉的聽著她的音樂、唱著她的歌，完全漠視自己在打掃臥室。蕙香心裡真的很氣，覺得臥室又不是她一個人的，每次這麼辛苦的打掃乾淨，結果姊姊都不會想要維護這個環境，從來不肯幫忙打掃。她心裡真的超級生氣的，一面打掃又一面感覺很委屈、很不甘心，為何每次都只是她在維護臥室的清潔。

可能有的非理性思考以及可以轉念的方式：

(1) 蕙香對於姊姊不肯幫忙打掃臥室感到超級生氣，這是**過度的責備**。

　　【理性地想想】：自己在心中生氣只是拿別人的錯誤在懲罰自己，對於

維護臥室的清潔並沒有實質的幫助。此外，姊姊也許過於沉浸在自己的音樂中，並沒有看到她在打掃，而且「姊姊假裝沒看到自己在打掃」這也只是蕙香自己心中的推想，不見得是事實。比較理性的是，蕙香應該和姊姊好好協商如何分工，以共同負起維護臥室整潔的責任。

(2) 蕙香一面打掃又一面感覺很委屈、很不甘心，這顯示出她有點**過度的自怨自艾**。

【理性地想想】：自己也是臨時起意開始打掃臥室，並沒有事先跟姊姊約定好共同打掃，不能埋怨姊姊沒有幫忙。此外，蕙香認為每次都只是她在維護臥室的清潔，這也是太過自怨自艾，因為姊姊或許有時也會主動打掃，而自己並沒有發現。她自己覺得臥室有點髒亂就開始動手打掃，那是因為自己比較愛乾淨，自己想要打掃，又沒有人強迫她這麼做，所以也沒有什麼好委屈的。或許姊姊那時並不覺得需要打掃，何必埋怨姊姊沒有幫忙。與其自己覺得委屈、不甘心，倒不如那時直接跟姊姊提議是否該一起來打掃臥室了？或者事先和姊姊說好何時或什麼情況下就要打掃臥室，或者談好輪流打掃的方式。

17. 其雄被載發生車禍受傷

其雄是一位高中生。有一天，他的同學騎機車載他一起去補習班。沒想到在路途中，由於載他的那位同學騎車速度過快，為了閃避一輛正要轉彎的貨車，同學緊急刹車，使得機車轉個大彎然後傾倒了。坐在後座的他整個人都摔倒在地，導致他的腳扭傷、大腿也受了一些輕傷，而載他的那位同學反而一點事都沒有，機車也只有一點點刮痕，沒有什麼大損害。同學載他去就醫的途中，一直跟他道歉那時的確騎車太快了些，以致造成了他的受傷。

接下來很長一段時間，其雄都不能走路，只能靠枴杖或者輪椅來幫助行走。每次想到這點，他就覺得自己很倒楣、很無辜，但是他也知道那位同學不是故意的，心裡又不能去怪他。由於受傷之後，做什麼事情都必須要麻煩其他同學，又覺得很不好意思，也不想欠同學這麼多人情；但是即使想要自己做，卻又力不從心。所以，心裡更加深了對那名同學的怨恨。總

之,他覺得自己很倒楣、也很氣憤,但是又不能怪別人,心裡真的是矛盾到了極點!

可能有的非理性思考以及可以轉念的方式:

(1) 其雄因車禍受傷,覺得自己很倒楣、很無辜,且受傷之後,做什麼事情都要麻煩同學,覺得很不好意思,不想欠這麼多人情,這些都是**負面心態及過度的自怨自艾**。

【**理性地想想**】:都已經受傷了,一直覺得自己很倒楣、很無辜,或覺得不好意思麻煩同學,根本於事無補。更何況,此次車禍只是他自己受傷,且沒有造成嚴重的傷亡,應該是不幸中之大幸。反過來說,如果是同學受傷,他對同學的虧欠可能更大。

(2) 其雄一方面知道那位載他的同學不是故意的,不能去怪同學,但是另一方面又放不下心中對那位同學的氣憤和怨恨,這顯示出他有些**過度的責備**。

【**理性地想想**】:同學因騎車太快導致自己的受傷,且一直跟他道歉,他應該也覺得很愧疚了,何必在心中過度埋怨或氣憤,再怎麼生氣也不會改變已經受傷的事實。而且,自己也都已經知道不能去怪同學,又在心中持續氣憤,只是對自己的二度傷害,對於受傷的康復沒有任何幫助,也加重了心裡的矛盾與痛苦。

18. 秋蓉沒有受邀參加同學的慶生

秋蓉是一位大學生。隔天是她一個很要好的同學的二十歲生日,有一群同學要幫她慶生,但是秋蓉卻沒有被邀請去共同籌劃慶生會。她還是從某一位同學那裡才偶然得知這件事情,讓她心裡很難受,覺得自己好像很沒有人緣,大家有活動也不會找她!她愈想就愈覺得心裡很難過,覺得自己沒人要,也很生氣大家怎麼可以這麼過分,連這麼重要的事情都不肯跟她說,還沒找她一起去籌劃好同學的慶生會。她甚至開始感到,大家對她的友情好像都只是表面上的,原來一直都是自己在自作多情!心中愈想就愈不舒服。

隔天她終究還是去參加了好同學的慶生會,畢竟二十歲生日也只有這一

次，她不想因此而錯過一個很要好的同學之生日。然而，在生日聚會中，她還是覺得很不開心，始終覺得同學們好像都不夠重視她，把她看成可有可無似的。

可能有的非理性思考以及可以轉念的方式：

(1) 秋蓉很生氣大家這麼過分，連籌劃同學的慶生會這麼重要的事情都不肯跟她說，這是有點**過度的責備，且誇大事情的嚴重性**。

【理性地想想】：她只是沒有參與籌劃同學的慶生會而已，並非錯過了同學的慶生會，即使真的錯過了慶生會，也不是什麼嚴重的事情。自己一個人生悶氣也沒辦法改變事實，慶生會本來就是一件開心的事，何必為了沒有參與籌劃就把自己弄得很不開心。

(2) 秋蓉覺得自己沒人要，都是自己在自作多情，同學們不夠重視她，這是**過度的自貶與妄自菲薄**。

【理性地想想】：「自己沒人要、自己在自作多情、同學們不夠重視她」只不過是她自己的想像或推測，不見得是事實。或許別人有想要約她一起籌劃，但卻找不到她；或者因為她自己太忙，別人不想麻煩她；或者她們只是一時忘了要找她而已，並不是故意不找她。總之，她可以直接問她們為何不找她參與籌劃慶生，不用自己妄自菲薄，那樣只會造成自己的不開心而已，且增加了跟同學之間的隔閡。

附錄五　喜歡或不喜歡的特質

姓名：　　　　　日期：

你覺得同學可能會如何描述目前的你？ （至少寫一項）	你的哪些行為可能促使同學如此描述你？ （針對左邊相對的項目來寫， 如果沒有相應的行為就不用寫）
1.	1.
2.	2.
3.	3.
你希望你的同學會如何描述你？ （至少寫一項）	為何你希望別人這樣描述你？ （針對左邊相對的項目來寫， 如果沒有特別的理由就不用寫）
1.	1.
2.	2.
3.	3.
在別人的特質中，你比較喜歡的有哪些？ （至少寫一項）	哪些行為可能促使你如此描述這些特質？ （針對左邊相對的項目來寫， 如果沒有相應的行為就不用寫）
1.	1.
2.	2.
3.	3.
在別人的特質中，你比較不喜歡的有哪些？（至少寫一項）	哪些行為可能促使你如此描述這些特質？ （針對左邊相對的項目來寫， 如果沒有相應的行為就不用寫）
1.	1.
2.	2.
3.	3.

附錄六　因應同儕為難的壓力情境

針對以下每兩個情境，請在右邊欄位寫下你的因應方式：

同儕為難的壓力情境	你的因應方式及背後的思維或考慮
1. 你和一些同學一起去唱KTV。過了不久，突然有一個同學拿出一些事先準備的啤酒來，且開始為大家倒酒。你覺得國中生實在不宜喝酒，也不想喝，但是身邊一個個同學都跟著喝了起來，甚至開始起哄，慫恿你也一起喝。你陷入兩難：跟還是不跟？	
2. 你邀請班上幾位死黨週末到鄉下你家的一棟大別墅渡假及過夜。到了晚上，你的父母都睡覺去了，你們幾位死黨同住一個大房間也準備入睡，但是仍然興奮地聊天。有一位同學突然拿出一包香菸來準備開始抽菸，並逐一遞出香菸給同學。有同學接下了香菸也準備抽。你覺得在房間抽菸不妥，也不想抽，但是又不想掃他們的興。你陷入兩難：讓他們抽菸還是制止他們？	
3. 在期末考前兩天，你在班上的三位好朋友來找你，他們想請你在考試時幫一下他們（因為你的成績最好）：在考試時用肢體暗號傳遞選擇題的答案給他們（剛好你的座位都比他們前面），他們甚至都已經想好了整套暗號的傳遞方式。你覺得作弊很不應該，但是又很怕傷害你們的友情。你陷入兩難：幫還是不幫？	
4. 班上和你一直很要好的「死黨」正在討論這個週末要去看電影，且邀你和他們一起去。你提到下週一學校即將舉辦期中考，這個週末要好好讀書、準備考試。他們七嘴八舌地在旁邊不斷諷刺或慫恿你：「唷，那麼用功，只有你需要讀書哦！」「看一場電影會死哦！」「你只會讀書，真無趣！」「我們還是死黨嗎？」你陷入兩難：要跟他們去看電影還是不跟？	
5. 你班上的某些同學（裡面也有你的好朋友）正在作弄、譏笑一位同學，這位同學平常的穿著與舉止就常常顯得有點怪異，也常常講一些很無厘頭的話。你很不認同他們這種為難同學的行為，但是，每次看到同學在為難他，你就陷入兩難：要阻止同學的為難行為或放任不管？	

本學習單改編自Vernon（1989:58）

國家圖書館出版品預行編目資料

學校情緒教育：理念與實務／饒見維著. --
初版. -- 臺北市：五南圖書出版股份有限公
司, 2021.02
　　面；　公分
　ISBN 978-986-522-437-0（平裝）

1.情緒教育

521.18　　　　　　　　　110000302

1I3U

學校情緒教育：理念與實ā

作　　者 ― 饒見維（422）

發 行 人 ― 楊榮川

總 經 理 ― 楊士清

總 編 輯 ― 楊秀麗

副總編輯 ― 黃文瓊

責任編輯 ― 李敏華

封面設計 ― 王麗娟

出 版 者 ― 五南圖書出版股份有限公司

地　　址：106台北市大安區和平東路二段339號4樓

電　　話：(02)2705-5066　　傳　真：(02)2706-6100

網　　址：https://www.wunan.com.tw

電子郵件：wunan@wunan.com.tw

劃撥帳號：01068953

戶　　名：五南圖書出版股份有限公司

法律顧問　林勝安律師事務所　林勝安律師

出版日期　2021年2月初版一刷

定　　價　新臺幣380元